신라의 건국과
사로 6촌

신라의 건국과
사로 6촌

신라사학회

景仁文化社

학술대회 개회식 모습

개회식 기념사진(김관용, 문경현, 김창겸)

개회식 기념사진

학술대회 종합토론

(좌)장일규(신라사학회 총무이사, 국민대학교) 개회식 사회
(우)조범환(신라사학회 연구이사, 서강대학교) 주제발표 사회

방청석 모습

학술대회 기념사진(발표자, 토론자, 사회자, 재단관계자)

알천 양산촌 표암 유적 현장답사

간행사

신라사학회는 지난 2011년 10월 7일(금) 천년 신라의 고도 경주에서 (재)표암문화재단의 후원으로 성대한 학술대회를 개최하고, 그 결과를 종합 정리하는 작업의 하나로서 연구서 '신라의 건국과 사로 6촌'을 출간한다.

신라는 한반도의 동남부에서 여러 정치세력들을 아우르며 나라를 세웠다. 사서史書에 보면, 신라는 하늘에서 내려온 사로 6촌의 우두머리들이 표암瓢嵓에 모여 나라를 세우기로 결정했다고 한다. 알천 양산촌閼川楊山村, 돌산 고허촌突山高墟村, 자산 진지촌觜山珍支村, 무산 대수촌茂山大樹村, 금산 가리촌金山加利村, 명활산 고야촌明活山高耶村 등 사로 6촌의 정치세력은 혁거세赫居世와 알영閼英을 받들어 모시고 신라를 건국하였다. 때문에 사로 육촌과 육부는 신라가 국가 체제를 정비하고 비약적인 발전을 하는 과정에서 항상 정치와 문화를 이끌어가는 주요 세력으로 역할과 기능을 하였다.

신라는 천년 동안 국가를 유지한 세계 역사상 그 유례가 드문 왕조이다. 그 결과 신라는 일통삼한一統三韓을 이루어 우리 민족을 통일하고 찬란한 역사와 문화를 창달하여 우리 민족문화의 기틀을 마련하였다. 이러한 신라의 역사문화를 올바르게 이해하기 위해서는 무엇보다도 그 건국의 모체인 '사로 6촌'의 실상을 구체적으로 밝힐 필요가 있다.

이 책은 지난 학술대회에서 공개 발표하고, 또 신라사학보 23호(2011년 12월 31일 간행)에 수록된 문경현(경북대학교), '신라 건국과 사로斯盧 6촌村'을 비롯하여 김병곤(동국대학교), '사로국斯盧國의 출범과 신라인의 건국관', 채미하(경희대학교), '신라의 6촌과 산악제사山嶽祭

祀’, 김선주(다산학술문화재단), ‘신라의 건국신화와 알영閼英’, 차순철(동국문화재연구원), ‘신라왕경과 북천 범람에 따른 상관관계 검토’와 같은 학회지에 게재된 이부오, ‘거서간기居西干期 간층干層의 동향을 통해 본 사로斯盧 6촌의 성격’ 등 7편 연구논문, 그리고 학술대회 때 각 주제 발표에 대한 지정토론문과 종합토론 녹취록을 한권의 책으로 엮었다. 그 목적은 전문 역사학자 뿐만 아니라 일반 대중들에게도 신라의 역사와 문화에 대한 이해를 쉽게 하고 관심과 애정을 갖게 하기 위함이다.

물론 한번의 학술대회와 한권의 책으로 신라 건국의 실상 모두를 알기에는 역부족이다. 그러나 이것을 시작으로 향후에 좀더 알차고 깊이 있는 연구와 학술대회를 통해 신라의 건국은 물론 역사와 문화에 대한 많은 것이 밝혀지리라 믿는다. 우리 신라사학회는 이것을 추진해 나갈 예정이다.

이 책이 출간되기까지는 많은 분들의 노력과 도움이 있었다. 먼저 훌륭한 연구논문 발표와 수록 허락을 해주신 문경현 선생님을 비롯한 발표자 여러분, 또 바쁘신 일정에도 불구하고 멀리 경주까지 오셔서 학술대회 토론좌장을 맡아주신 국민대학교 김두진 명예교수님과 토론자 여러분에게 감사드린다. 그리고 학술대회를 후원해 준 (재)표암문화재단과 이상록 이사장님의 무궁한 발전을 기원드리며, 아울러 재단관계자 분들과 학술대회와 이 책의 간행에 노고를 함께 한 신라사학회 실무진들에게 고맙다는 말씀드린다.

또 바쁜 일정에도 불구하고 때를 맞추어 이 책을 멋스럽게 출간해준 경인문화사 한정희 사장과 신학태 편집부장, 안상준 편집원에게 진심으로 감사드린다.

2012년 6월
신라사학회장 김 창 겸

목 차

신라 건국과 사로 6촌

문 경 현[*]

1. 들머리

신라의 건국은 경주평야에 자리 잡은 사로斯盧 6촌이 연합하여 나라를 세워, 6촌 촌장이 모여 건국의 시조왕 혁거세 거서간赫居世 居西干을 선출했다는 개국설화를 가지고 내려왔다. 이와 같은 건국설화는 『삼국사기』의 '시조 혁거세 거서간'조와 『삼국유사』의 '신라 시조 혁거세왕'조에 기록되어 있다. 신라 건국 연대를 『삼국사기』에는 전한前漢 선제宣帝 오봉五鳳 원년元年 갑자년甲子年이라 하고, 『삼국유사』에는 전한前漢 지절地節 원년元年 임자년壬子年이라 한다.

이 신라의 건국설화를 검토하여 그 형성 과정과 형성의 역사적 분석을 시도하며, 신라 고유신앙 중 제일가는 신앙인 산악山岳숭배사상과 설화의 관련성을 검토하며, 신라 건국 전설의 실상과 건국연대를 구명하고자 하

[*] 경북대학교 명예교수

는 시도가 이 논고를 계획한 목적이라 하겠다. 그와 같은 관점에서 신라 건국 설화와 건국 사실을 연구 개진해 나가고자 한다.

2. 사로 6촌

진한辰韓의 땅에 조선朝鮮의 유민遺民이 이동해 와서 산곡 간에 나누어 살면서 6촌을 형성했다는 것이 『삼국사기』의 기사이다. 그러나 『삼국유사』에는 진한의 땅에 옛 6촌이 있었다고 했다. 이를 옮겨 실으면 ①알천 양산촌閼川楊山村, ②돌산 고허촌突山高墟村, ③자산 진지촌觜山 珍支村, ④ 무산 대수촌茂山大樹村, ⑤금산 가리촌金山加利村, ⑥명활산 고야촌明活山高 耶村이다.

이 6촌 세력을 대표하는 촌장 중 가장 유력하고 지도적인 인물은 고허 촌장 소벌공蘇伐公이다. 소벌은 경주, 즉 신라를 칭하는 말이다. 그러니 소벌공은 신라의 지배자를 의미한다. 신라라 함은 원초의 경주평야에 자리 잡은 사로국을 의미한다. 『삼국유사』에는 이 분을 소벌도리蘇伐都利라 하니, '도리'는 들 즉 촌·부의 의미이며 나아가 들의 지배자를 의미한다. 소벌공이 양산(남산南山) 기슭을 바라보니 나정 우물 옆 숲 속에 말이 꿇어앉아 울고 있었다. 가서 보니 큰 알이 있어 갈랐더니 어린애가 나왔다. 이를 거두어 길러 13살이 되자 6부 사람들이 이를 국왕으로 받들어 세우니, 전한 선제 오봉 원년 갑자甲子 4월 병진丙辰이었다고 한다.

이 분이 신라시조 박혁거세 거서간이다. 성을 박 같은 알에서 나왔다 하여 박씨朴氏라 했다. 그리고 국호를 서라벌徐羅伐이라 했다. 그후 유리 왕 9년(A.D. 32)에 6부의 이름을 개정하고 성姓을 내려 주었다고 한다. 그 내용은 다음과 같다.

① 양산부楊山部를 들부[1]로 성 이李.
② 고허부高墟部를 사들부로 성 최崔.
③ 대수부大樹部를 점들(모들)부로 성 손孫.
④ 간진부干珍部를 본피부로 성 정鄭.
⑤ 가리부加利部를 한기부로 성 배裵.
⑥ 명활부明活部를 습비부로 성 설薛.

한편 『삼국유사』에는 건국설화인 6촌 설화가 보다 구체적이다. 이를
보면 다음과 같다.

① 알천 양산촌: 장 알평謁平. 처음 표암봉瓢嵓峯에 내려왔다. 급들부 이李씨
　시조.
② 돌산 고허촌: 장 소벌도리蘇伐都利. 처음 형산兄山에 내려왔다. 사들부
　정鄭씨 시조.
③ 무선 대수촌: 장 구례마俱禮馬. 처음 이산伊山에 내려왔다. 점들(모들)부
　손孫씨 시조.
④ 자산 진지촌: 장 지백호智伯虎. 처음 화산花山에 내려왔다. 본피부 최崔씨
　시조.
⑤ 금산 가리촌: 장 지타祉沱. 처음 명활산明活山에 내려왔다. 한기부 배裵씨
　시조.
⑥ 명활산 고야촌: 장 호진虎珍. 금강산金剛山에 내려 왔다. 습비부 설薛씨의
　시조.

3. 6촌의 성격과 발전과정

『삼국사기』 신라본기 시조왕 즉위 원년조에 '조선 유민이 산골짜기
사이에 나누어 살았다. 이를 6촌이라 한다.'고 하면서 6촌 이름을 서술했
다. 그러나 박혁거세 거서간을 국왕으로 추대하는 기사에서는 6부인이
그를 추대했다[2] 한다. 왕 17년에 왕이 6부를 순무했다 하며,[3] 남해차차

웅 11년에 왜병倭兵이 침략하자 6부 경병勁兵을 동원하여 이를 방어했다
한다.4) 무엇보다도 유리니사금 9년에 6부의 이름을 개정하여 사성賜姓했
다5)는 기사는 매우 주목된다. 이를 인용하면

> 양산부를 돌부라 하고 성 이李이다.
> 고허부를 사돌부라 하고 성 최崔이다.
> 대수부를 점돌부라 하고 또한 모돌부라 한다. 성 손孫이다.
> 간진(돌)부를 본피부라 하고 성 정鄭이다.
> 가리부를 한기부라 하고 성 배裵이다.
> 명활부를 습비부라 하고 성 설薛이다.

　이와 같이 본디 부의 명칭으로 존재했던 6부의 명칭을 개정했다고 한
다. 6촌의 존재는 찾아볼 수 없다. 이제까지 6촌이 6부로 변한 시기를
유리니사금 9년으로 보고 있으나, 이 같은 인식은 잘못된 것이다. 『삼국
사기』 어디에도 6촌명을 개정하여 6부로 개칭했다는 기사는 볼 수 없다.
　다만 6부 이름만 바꾸었다고 한다. 여기서 6부는 혈연집단 거주 촌락
이 아닌 행정구역이란 인상을 짙게 시사하고 있다. 이 기사에 연속된 다
음의 기사를 검토해 보겠다.

> 　왕이 이미 6부를 정하고 그 가운데를 둘로 나누어 왕녀王女 두 사람으로 하
> 여금 각각 부部내의 계집들을 거느리고 무리를 만들었다. 가을 7월 16일부터
> 매일 일찍 6부의 뜰에 모여 길쌈을 하고 밤중에 마쳤다. 8월 보름에 이르러 그
> 공적이 많고 적음을 평가하여 진 편은 술과 음식을 내고 이긴 편에 치사하였
> 다. 이에 노래하고 춤추고 온갖 놀이를 하니 가배嘉俳라 한다. 이때 진 계집들
> 이 일어나 춤추고 노래하여 '회소회소會蘇會蘇'라 한다. 그 노래가 슬프고 우
> 아하여 후인이 그 곡에 맞추어 노래를 지어 회소곡會蘇曲이라 이름했다.

　만약 6부가 씨족집단 혈연정치집단이었다면 각 부에 격의 우열이 있
으므로 두 편으로 나누어 편을 가르기 어려웠을 것이다. 이는 행정구역

이기 때문에 가능했다.

후대에 음운 변화로 '가위'로 변한 '가배'가 국초인 유리왕대 있었다
는 기사는 신빙성이 없다. 이 '가배'란 명절은 훨씬 후대인 통일신라시대
에 이루어진 국경일이며 명절이다.

8세기에 도당구법승渡唐求法僧으로 당唐에 가서 장보고張保皐의 신세를
지며 8개월이나 장보고가 세운 신라방新羅坊 내의 적산赤山 법화원法化院
절에 유숙하며 가배를 목격 체험한 일본日本의 자각대사慈覺大師 엔닌(圓
仁)이 지은 『입당구법순례행기入唐求法巡禮行記』에 의하면 축제일 3홀 밤
낮을 백종 음식을 장만하고 가무를 즐기는 축제 명절에 대하여 신라인
주지住持에게 물었다. 당에도 일본에도 없는 신라만의 명절이 이채로워
그 내력을 물었던 것이다. 주지의 대답이 매우 충격적이었다. 그 명절의
유래는 신라가 발해渤海[실은 高麗(高句麗)]를 쳐서 크게 이긴 전승기념일
을 경축하는 명절이라 했다.[6] 발해는 고려국高麗國의 후신으로 자처하여,
일본과 교류할 때 고려국高麗國이라 했다.

이때 신라인 승려가 말하는 대고구려對高句麗 승전은 문무왕 8년 7월
고구려의 대군을 사천원蛇川原 전투에서 격파하고 대승리한 전승을[7] 의
미하는 것인 듯하다. 바로 9월에 나당연합군이 평양성平壤城을 함락하고
고구려 보장왕寶藏王의 항복을 받았던 것이다.

6촌 문제를 고찰해 오는 과정에서 도출할 수 있는 결론은 애당초 6촌
은 존재하지 않았고 처음부터 6부가 존재했으며, 이를 바탕으로 신라 건
국설화를 후대에 만들 때 6촌 설화를 만들었다는 것을 연역할 수 있다.

신라 도성都城에는 6부란 행정구역이 있었다. 이 6부의 설치연대가 언
제인가는 추정하기가 어렵다. 최초로 신라사가 중국의 사서에 기재된 『양
서梁書』 신라전新羅傳에[8] 다음과 같은 기록이 있다.

> 그 풍속에 성을 부르기를 건모라健牟羅라 한다. 그 도읍의 안을 돌 볼啄評
> 이라 하고 그 도읍의 외부를 읍륵邑勒이라 하니, 중국의 군현郡縣을 말한다.
> 나라에 6돌 볼과 52읍륵이 있다.

이 기사에 나오는 6돌 볼(啄評)은 6부를 지칭한 것이다.

금석문에서 6부의 이름이 등장하는 것은 443년(눌지왕 11)에 세운 포항
영일 냉수리 신라비에 돌, 사돌, 본피, 사피의 4개 부명이 등장한다.[9]
524년(법흥왕 11)에 세운 울진 봉평리 신라비에 돌, 사돌, 본피, 잠돌 4
개 부의 이름과 6부라는 기사가 보인다.[10] 이 두 비석에서 4부의 이름만
이 등장하는 것이 공통점이다. 돌부, 사돌부, 본피부의 기본 3부의 등장
에, 다만 전자는 사피부, 후자는 잠돌부가 등장하는 것이 다를 뿐이다.

두 금석문에서 볼 때, 이때 5세기 중반경에 6부가 존재했음을 알 수
있다. 신라 고비석 두 개가 발견되기 이전까지 신라왕경 6부의 완성을
대개 6세기 하반에서 7세기 사이로 보았다.[11] 그러면 이 6부를 바탕으로
사로 6촌이 형성된 시기는 언제일까. 그것은 촌村자와 사성賜姓의 성姓을
가지고 유추하면 그 해답을 얻을 수 있다.

1) 촌村

촌村자가 사상 최초로 등장하는 것은 후한 허신許慎의『설문해자說文解
字』에 촌邨자로 나온다. 그러나 이는 지명으로 나오지 촌락의 뜻은 나오
지 않는다. 촌村자는 육조시대 이후에 등장한다. 도연명陶淵明의 시 "전원
에 돌아가자(歸園田居)"에 "머흘 머흘 먼 사람의 촌村"이란 구절에 처음
보인다. 한대漢代의 향鄕－정亭－리里의 촌락 조직이 전란으로 붕괴되자
진대晉代에 촌村이 발생하였다. 도연명이 살던 마을인 남리南里가 남촌南
村이라고도 호칭되었다. 남조南朝에서 촌장村長·촌사村司란 관명칭이 나
타났다. 그것은 징세, 도로, 안전, 치안을 담당했다.

촌은 당나라 당호령唐戶令에 의해서 법률로 규정되었다. 도시의 방坊에 대하여 촌에는 촌정村正이 두어졌다. 촌이 행정촌락 또는 자연촌락으로 촌락을 의미한 것은 당나라 때부터이다.[12) 우리나라는 5세기에 건립한 국강상광개토경평안호태왕비國岡上廣開土境平安好太王碑[13)에 촌이 등장한다. 이것이 우리 역사상 효시이다.

따라서 B.C. 1세기 한漢 원봉년간에 개국했다는 6촌 설화는 이 시대에는 이루어 질 수 없다. 적어도 600년 뒤인 5세기 이후에야 신라에서 촌을 논할 수 있을 것이다. 그리고 6성의 사성 문제는 완전 허구이다. 신라는 6세기 이전에는 왕족 자체도 성이 없었다. 신라의 군왕이 김씨를 칭성한 것은 외교상 필요에서 북제北齊에 청하 4년 2월에 조공하는 사절을 보낼 때 김진흥金眞興이란 성명을 사용한 것이 사상 김씨金氏 칭성의 효시이다.

박씨의 등장은 668년(문무왕 8)에 대고구려전對高句麗戰에 논공행상시 등장하는 한산주漢山州 소감少監 박경한朴京漢이 최초이다.[14) 같은 해 한성도독漢城都督 박도유朴都儒, 그리고 『일본서기』에 676년(문무왕 16) 일본에 사신으로 간 박무마朴武摩와 박근수朴勤脩가 사상 최초로 등장하는 박씨의 등장이다.[15) 이것은 박씨가 칭성한 시기를 시사한다 하겠다. 박씨의 칭성은 통일 직후인 문무왕대, 즉 7세기 중기로 보겠다.

신라 왕족이 김씨를 칭성한 것은 선덕여왕대로 생각된다. 『일본서기』에 김씨 성이 최초로 등장하는 것은 647년(선덕여왕 16)에 사신으로 간 김춘추金春秋가[16) 처음이다. 그래서 신라 왕족이 진흥왕 이후 김씨를 칭하게 된 것이 선덕여왕대로 보여진다.

중국의 사서에 의하면 왕이 아닌 왕족으로 사신 간 인물은 김춘추로서 648년(진덕여왕 2)에 당에 사신간 것이 효시이다.[17)

그 외의 6성은 모두 통일 이후에 등장한다. 최씨는 신라 말에 등장한다. 진흥왕대 건립한 창녕 척경비, 북한산 순수비, 마운령 순수비, 황초령 순수비, 단양 적성비에 많은 인명을 기재했으나 성은 없다. 진흥왕 자신만이 외교상 국서에 성을 칭한 것은 전술한 바와 같다.

중대에 왕족 김씨, 귀족 박씨·설씨라 칭하는 구귀족이 대두했다. 그러나 6성의 등장은 신라 하대의 호족 귀족의 대두와 함께 나타난 것이다. 9세기에 찬한 『원화성찬元和姓纂』에[18] 의하면 당대唐代의 명성은 청하 최씨淸河崔氏, 박릉 최씨博陵崔氏, 범양 노씨范洋盧氏, 농서 이씨隴西李氏, 영양 정씨滎陽鄭氏, 하동 배씨河東裵氏, 하동 설씨河東薛氏, 낙안 손씨樂安孫氏 등이다.

이 유명한 당나라 망족명벌의 성을 본받아 취하여 신라의 호족 귀족이 칭성했다. 6성의 순서가 이李, 최崔의 순으로 된 것은 『원화성찬』의 순서이다. 7세기 『정관씨족지貞觀氏族志』에서는 최씨, 이씨의 순이었다. 최씨가 황실皇室인 농서 이씨보다 앞에 있다고 당 태종太宗의 진노를 사서 폐기했던 것이다.

요컨대 6촌 설화는 6부 행정구역을 바탕으로 신라 하대에 만들어진 건국설화로 보는데 무리가 없다고 보겠다.

2) 6촌의 성격

6부 6촌의 성격에 대해서 다양한 학설이 제기되었다. 이를 소개하면 다음과 같다.

백남운白南雲은 6부를 6개의 씨족으로 구성된 부족동맹이라고 보았다.[19]

이병도李丙燾는 6촌 6부와의 관계를 고구려의 5족 5부와 같다고 하여 초기의 6촌은 일종의 씨족적 취락으로서 각 촌은 각기 족장 하에 혈연적 또는 지연적으로 결합된 사회조직이고, 6부는 일종의 행정구역으로서 씨족사회가 붕괴되어 행정조직이 발달한 때의 산물이라 했다.[20]

다케다 유끼오(武田幸男)는 6부를 사회적 성격으로서는 신라의 추요의 땅인 경주 분지의 요충에 거주하는 특정된 6개의 지연집단이며, 정치적 측면으로 특정지우면 왕경지배자 공동체라고 했다.[21]

노태돈盧泰敦은 6부를 의제적 혈연집단이 주도하는 단위 정치체라고 논했다. 이와 같은 단위 정치체는 응집력을 가진 배타적 지배집단의 성격에서 전제왕권의 강화와 중앙집권화 과정에서 일원적 수취체제와 관료조직의 확립으로 인하여 단위 정치체로서의 성격을 상실하고 수도의 행정구역화한 것이라고 했다.[22] 노태돈의 이 학설은 최신의 독특한 이론으로, 이 단위정치체설은 이문기李文基·신형식申瀅植·전덕재全德在에 의하여 전폭적으로 수용되었다.[23]

일찍이 이마니시 류(今西龍)는 6부를 다음과 같이 논하였다.

> "이 6부란 무엇인가. 원시시대에 있어서 6부는 혈속단일까. 나는 생각건대 혈속단은 아닐 것이며 제종의 것이 집합한 tribe가 아닐까고 생각한다. tribe는 선조를 같이하는 집합을 필요로 하지 않는다. … 6부는 세습하는 장이 있고, 시장 같은 것을 만들고 연합의 모습을 이룬 것이다."[24]

여기서 이마니시 류가 사용한 tribe의 개념을 정확히 알 수 없다. 오늘날 인류학적 용어로써 tribe를 의미하는 것은 분명히 아니다.

그리고 미지나 아키히데(三品彰英)는 6부部를 양梁의 집단이라 하고 양梁의 집단은 읍락, 즉 지연공동체의 단위라고 했다.[25]

이제까지 부의 실체를 규명한 여러 학설 중에서 지연집단이라고 한 일본인 다케다·이마니시·미지나 3인의 학설과 국내의 백남운·이병도·노태돈 3인의 혈연집단설이 대조적이다. 이 중 다케다의 견해는 나의 견해와 접근한다.

6부라는 것은 처음부터 혈연집단이 아닌 지연집단이었으며, 이 지연공동체가 4세기 나물 매금奈勿寐錦 때 신라가 국가체제를 정비 강화하여 가면서 신사하고 부용한 종주국인 선진 고구려의 도성제 및 행정체계를 도입하여 새로운 도성을 건설하면서 행정구역화의 기능을 띠어 갔다고 보고자 한다.26)

이 행정구역으로서 6부는 후대의 행정구역과는 그 기능이 구별된다. 이 부의 행정구역은 지연공동체적 성격을 가지고 있었다. 따라서 거주 지역에 따라서 그들의 지연은 강한 소속감 내지는 귀속의식을 가진 공동 체적 성격을 가지고 있었다.

우리 민족은 고대에 있어서 혈연 보다 지연을 중시했다. 그와 같은 전 통은 오랜 동안 본관本貫과 아내의 고향故鄕을 중시했고, 지금도 시골에 가면 무슨 성姓보다도 앞서, 신라인이 부명部名을 관칭하듯이, 거주 내지 출신지명을 우선한다. 어느 마을에 사는 아무개라고 거주지명을 먼저 댄 다. 그리고 택호를 사용하고 있다. 즉 아내가 살던 친정 곳의 이름을 그 집 내외의 택호宅號로 쓴다. 대구서 시집왔다면 '대구댁', 그 남편을 '대 구어른'이라고 한다.

신라 상대는 지연공동체적 의식이 강하였기 때문에 출신 거주지역에 따라서 신분의 격이 결정되었다. 6부는 신라를 지배 통치하던 핵심 지배 집단이 거주하는 원신라 경도京都를 의미한다. 6부는 경도를 의미하기도 한다.

신라의 지배층인 골품은 이들 6부인에 한정되었다. 그리고 경도의 명 칭인 시블은 서벌, 사로, 시라, 금성, 시림, 동경, 신라라는 다양한 명칭 은 동훈동음同訓同音으로 달리 표기된 것이다. 시블이라는 도시국가가 발 전하여 변진 제국弁辰諸國을 병합한 광역 왕국의 명호로 발전하였다. 마 치 로마와 바빌로니아라는 도시가 커져서 나라 이름이 된 것과 같다.27)

『삼국사기』와 『삼국유사』의 유리왕대 기사에서 6부 사성 기사와 6부

시조 기사는 전혀 신빙성이 결여된 먼 후대의 날조로 일고의 가치가 없다.

돌(梁, 喙)부의 성이 최씨요. 사돌부의 성이 최씨라는 사실만을 보아도 얼마나 허구인가를 알만하다. 현재까지 발견된 금석문에 의하면 모즉지 매금왕牟卽智寐錦王, 거칠부지 이간居柒夫智伊干 등 진골 김씨가 소속한 부가 돌부이다. 남산신성비 제3비에 의하면 돌부 주도리에 축성 공역에 동원되는 부역을 담당하는 평민층의 존재가 확인된다.28)

사돌부에는 사부지 갈문왕徙夫知葛文王, 지도로 갈문왕至都盧葛文王과 무력지武力智 잡간迊干, 유신庾信 대각간大角干 등이 소속한 부이다. 이를 볼 때 진골 왕족 김씨와 신김씨가 소속되었다. 뿐만 아니라 이 부에 최치원崔致遠, 강수强首 사찬沙湌, 취복聚福 나마奈麻, 필부匹夫 급찬 級湌29) 등 두품족頭品族이 거주했고, 효녀 지은知恩, 가실嘉實, 도화녀挑花女 등 백성도 거주하고 있었다.30)

6부에는 각 계층의 백성이 거주하고 있었다. 그러나 본피부, 모량부, 한기부, 습비부에는 진골 왕족은 거주하지 않았다.

모량부 박씨왕비족설은 신빙성이 전혀 없다.

> ㉠ 제24 진흥왕은 이름이 삼맥종三麥宗(또는 심맥부深麥夫)이고 김씨이며, 아버지는 법흥왕의 아우 입종갈문왕立宗葛文王이요 어머니는 지소부인只召夫人이다. 왕비는 색도부인色道(또는 식도息道)夫人 박씨이니 모량리 영실英失 각간角干의 딸이다(『삼국유사』 왕력)
>
> ㉡ 지철로왕智哲老王은 성은 김씨이다. … 배필을 구하기 어려워 세 도에 사신을 보내어 구하니, 모량부 큰 나무 밑에서 상공의 딸을 얻어 수레를 보내어 궁중에 맞이하여 황후로 삼았다(『삼국유사』 기이)
>
> ㉢ 왕비는 박씨 사도부인思道夫人이다(『삼국사기』 권4, 신라본기4)

위 기사를 종합 검토하여 진흥왕의 왕비가 모량(돌)부 박씨족이고, 또 중고 왕실 모돌부 박씨 왕비족설은 오늘날 국사학계의 통설이다.31)

나는 이와 같은 견해에 근본적으로 생각을 달리 한다. 신라에 왕비족은 존재하지 않았다. 신라 왕족은 진골 김씨족 내에 근친혼을 행한 족내혼제族內婚制(endogamy)였다. 신라 왕족의 혼인형태는 결코 족외혼제族外婚制(exogamy)가 아니었다. 박씨는 진골이 아니며 두품 귀족이었다. 왕모·왕비의 성은 박씨라 한 것은 동족혼同族婚 사실을 기피한 동성불혼이란 중국 유교사상 윤리와 책봉체제가 만들어 낸 산물이다. 실제는 박성 김씨였다. 그래서 신라 왕족 진골족은 성 박이요 씨가 김이었다는 개념이 성립된다. 왕족 외에 두품 귀족 박씨가 별개로 존재했다.[32]

모들(량)부에 왕비족 박씨가 존재했다면 진흥왕대에 건립한 현존 5개의 비문에 모들(량)부를 관칭하는 인물이 등장해야만 한다. 그런데도 한 사람도 없으며 모들(량)부도 전혀 등장하지 않는다.

그런데도 모들부, 본피부, 습비부에 진골이 거주한다고 주장하는 학자가 비일비재하다. 그들은 그 증거로 영일 냉수리 신라비와 울진 봉평리 신라비에 등장하는 본피本彼 두복지頭腹智 간지干支, 잠들부岑喙部 기흔지異昕智 간지干支, 사피斯彼 모사지暮斯智 간지干支를 관위로 보아 이벌찬伊伐飡 내지 伊飡이찬으로 본데서 연유한다.[33] 나는 이 간지干支를 관위가 아닌 부간部干이란 직명으로 보았다.

따라서 진골의 거주는 들·사들에 국한되었다고 보며, 여타의 4부에는 진골이 거주하지 않았다고 본다. 4부에는 두품족, 민, 노비 등 계층적으로 거주했다고 보겠다. 6부는 지연집단이며 행정구역이기 때문에 단일 혈족이 거주하는 것은 아니었다. 그러나 지배계급에 따라서는 어느 부를 칭하느냐에 따라 그들의 신분의 고귀가 결정된다. 들·사들은 최고의 왕족 지배층이었고, 다음에 본피가 두품족으로 두 부의 다음에 가는 비중을 가졌다.[34]

신라의 도성이 비대해지고 신라의 국력 인구가 팽창하여 지배족 진골의 수가 증가하자 진골이 들, 사들에만 거주할 수 없게 되고 6부에 진출하여 광대한 고대광실을 짓고 거주하게 되었다. 그래도 그들의 출신은 돌이나 사돌을 칭하게 되었다.

신라 하대에 왕위를 겨루던 김주원金周元이 경성 북 20리 알천閼川 북에 거주하여 홍수로 건널 수 없어 김경신金敬信이 원성왕元聖王으로 즉위한 극적인 사건을 볼 때, 진골인 김주원이 한기부 밖에 거주한 것이 그 좋은 예이다.[35]

궁궐을 보면 돌부에 대궁大宮·양궁梁宮이 있고, 사돌부에 사량궁沙梁宮이 있었다. 통일 후인 신문왕 원년에는 본피부에 본피궁本彼宮이 창건되고, 통일신라에서 각 부에 여러 궁궐이 세워졌다.[36] 이와 같은 현상은 6부의 발전과 변천과정을 말해준다고 보겠다.

여기서 요약하면, 앞에서 고찰해온 과정에서 도출할 수 있는 해답은 다음과 같다. 6촌 설화는 결코 B.C. 1세기경 신라 건국기의 건국신화가 아니라는 것이다. 6성姓은 당시에는 존재하지도 않았고 통일신라시대에 형성된 설화라 보았다.

이 6촌 설화의 성립시기를 유추할 수 있는 귀중한 금석문이 있다. 신라의 명족 최씨와 이씨의 시조가 6촌 촌장의 후예가 아닌 중국 이민의 후예란 사실을 일급사료인 신라말 고려초의 대문호 최치원崔致遠과 최언위崔彦撝(최인연崔仁渷)가 지은 고승의 탑비문에서 살펴보겠다.

　　㉠ 속성 최崔씨이다. 그 선조는 한족漢族이니 산동山東지방의 으뜸가는 씨
　　　족이었다(최치원 찬, 「진감선사탑비명」)
　　㉡ 대사의 속성은 최崔씨이다. 그 선조는 박릉博陵 지방의 으뜸가는 씨족
　　　이었다(최언위(최인연)찬, 「선각대사변광령탑비명」)
　　㉢ 대사의 속성은 최崔씨이다. 그의 선조는 주周나라 상보尙父 강태공姜太
　　　公의 먼 후예이며, 또한 제齊나라의 정공丁公 여급呂伋의 후손이다(최
　　　인연(언위)찬, 「낭공대사백월서운탑비명」)
　　㉣ 속성은 이李씨이다. 그의 선조는 주周나라 때 비덕閟德인 주하사柱下史

를 지낸 노자老子의 후손이었다.(최언위 찬, 「법경대사자등지탑비명」)

　이와 같이 신라말 고려초에 군림한 고승은 중국 산동지방의 망족望族으로서 전란으로 동국東國에 와서 신라인이 되었다는 이민의 후예이라고 했다. 즉 고승의 선조 최씨가 두 사람 다 사돌부 돌산 고허촌장 소벌도리가 시조나 그 후예가 아니다.

　이씨 또한 중국인으로 중국의 한반도 원정군으로 종군해서 한반도에 잔류한 이민자의 후손이라 했다. 돌부 알천 양산촌장 알평공을 시조로 한다는 말은 전무하다.

　이와 같은 씨족 시조 관념은 6촌 사성설화가 이 당시에는 없었기 때문이다. 6촌 사성설화는 아마도 고려 초기에 정립되었다고 보겠다.

　학자들의 6촌 6부의 거주 성씨의 제설을 정리하여 도표로 만들어 이해를 돕고자 한다. 학자에 따라 여러 견해가 나오고 있다.

학자	돌부	사돌부	본피부	모돌부	한기부	습비부
이병도	박	김	석			
김철준	박 김	김		박	석	
천관우	김	박	김 박 타혈족집단			
이기백	박	김		박		
이기동	김			박		
노태돈	김 박	김 중심부족	김 박 기타 성	박 중심 김	김박 기타성	김박 기타성
문경현	김(진골)	김, 신김(진골)	박(두품족)	박(두품족)		

내가 돌부를 김씨로 보고 사돌부를 김씨·신김씨新金氏로 본 것은 5·6
세기의 금석문에서 본 것이며, 본피부·모량부를 박씨로 본 것은 당서에
왕족은 김씨 귀족은 박씨라는 기사에서 진골 거주지인 돌·사돌을 제외
한 유력한 부인 본피부와 모돌부에 박씨의 거주지로 보았다. 많은 학자
들이 돌부를 박씨로 본 것은 신라 상고의 건국전설을 역사 사실로 신봉
함에서 본 것이다.

4. 박혁거세고

『삼국사기』 시조 성 박씨 이름 혁거세. 호 거서간이다. 개진해 온 바
와 같이 기원전 1세기 신라 건국기에는 신라인이 성씨를 갖지 않았다.
그래서 신라시조 혁거세 거서간이 박씨라 한 것은 수백 년 후대에 만든
것이란 것은 의심의 여지가 없다.

그리고 혁거세의 시조 설화도 상당히 후세에 만들어졌다고 보겠다. 나
는 남해거서간에 주목한다. 남해는 거서간居西干과 차차웅次次雄이란 두
개의 왕호를 가졌다. 신라에서 거서간은 시조왕에게 올리는 칭호이다. 이
렇게 볼 때 남해왕은 어느 시기까지 시조왕이었는데 후대에 혁거세 왕을
그 위에 가상加上(加冠)한 것이라고 보여 진다. 후대에 내려올수록 역사를
유구하게 하기 위하여 내려오는 설화 전설을 역사 사실화하여 위에 왕을
포개어 올리는 가상(가관)작업을 한다. 그래서 가장 위에 왕이 가장 늦게
만들어진 왕이다.[37]

내가 가관설加冠說 — 가상설加上說을 제기하여 신라상고사의 허구를 논
한 것이 1970년대이다. 이 주장은 지금도 변함없는 나의 지론이다.

『삼국유사』 권1, 기이1, 제2남해왕조에, '이 임금은 세 왕의 제일 첫

째'란 기사가 있는 바, 이것은 세 왕(황), 즉 남해, 노례(유례), 탈해의 제
일 첫째 왕이라고 한 것이다. 남해거서간 다음이 왕이 노례·유례왕은 매
우 주목된다. 시조왕의 뜻인 미추이사금 다음의 왕 또한 유례(누리치·세
리지世里智)니사금이다.

　고구려 시조 주몽왕 다음이 유리(유류)왕이다. 이 3자는 모두 같은 뜻
으로 시조왕 다음 왕을 뜻한다. 그렇게 볼 때 유례 위가 남해거서간이
되는 것이다. 시조 남해거서간 위에 후대에 혁거세 거서간을 가관(가상)
하여 올려놓으니, 남해는 차차웅이란 칭호로 바꾸고 원 칭호인 거서간을
갖기도 했다.

　그러면 혁거세가 등장하는 시기는 어느 시대일까 하는 문제가 제기된
다. 현재까지 발견된 신라시대 금석문에서 박혁거세란 기록은 전무하다.
뿐만 아니라 박씨왕의 이름도 전무하다.

　『신당서新唐書』권220, 동이열전145, 신라전에 왕성王姓 김金, 귀인성貴
人姓 박朴이라 기록했다. 이『신당서』의 기사는 매우 중요하며 객관적인
공정한 기록이라는데 부정적인 사람은 없을 것이다.

　신라 당대에 건립한「적인선사조륜청정탑비」에 혜철선사의 성이 박씨
경사인이라 쓰고 왕손이란 설명이 없다. 또하나 신라시대에 세운「원랑
선사대보선광탑비」에 대통선사의 성이 박씨라 하면서 왕족의 후예란 기
사가 없다. 당唐『속고승전續高僧傳』에 원광법사圓光法師가 박성이라 하면
서 왕족의 후예란 설명이 없으며,『송고승전宋高僧傳』에 의상대사義湘大師
는 성이 박씨라 기록했으나 그 가계가 왕족이란 설명이 없다. 이 당시
김씨 고승의 기록에서는 신라 왕족이라 소개하고 있다.

　이로써 고찰할 때 신라시대 박씨 왕족은 없었다고 밖에 볼 수 없다.[38]
그러면 박혁거세의 이름이 금석문에서 처음 등장한 것은 고려 초기까지
없었으며 고려 중기 1158년(의종 12)에 기록한 박경산朴景山의 묘지명에

사상 최초의 박혁거세 이름이 등장한다. 박경산은 유명한 문호 박인량朴寅亮의 아들이다. 관이 금자광록대부金紫光祿大夫에까지 이르렀다. 형 박경인朴景仁·박경백朴景伯과 더불어 삼형제 등과자로 일세에 이름을 떨쳤고, 삼형제 모두 재상이 되었다. 박경산 보다 37년 전에 죽은 형 박경인의 묘지명에 그의 선조는 북경도위北京都尉 적오赤烏 찰산후察山侯라 한다. 적오가 신라로부터 죽주竹州로 들어가 찰산후가 되었다 한다.

같은 형제인데, 박경산 묘지명에 선조를 계림인鷄林人이니 신라 시조 혁거세의 후예라 한데 대하여, 37년 전에 죽은 형 박경인의 묘지명에는 선조는 북경도위 적오라 했다.

박경인 묘지명: 赤烏 … 琮 – 忠厚 – 寅亮 – 景仁
박경산 묘지명: 赫居世 … 赤古 – 直胤 – 遲胤 – 守卿 – 承位 – 琮 – 忠厚 – 寅亮 – 景山

박경산 묘지명은 시조 적오赤烏를 쓰고 그 뒤에는 4대조(증조) 종琮, 충후忠厚, 인량寅亮만 기록하고 그 위의 조상을 생략했다. 그러나 박경산의 묘지명은 중시조 적고赤古 이하를 다 기록한 것이 특색이다. 박경인 묘지명에 시조 적오赤烏가 박경산 묘지명에는 중시조로, 적오가 적고赤古로 기재되어 있다. 적오赤烏는 적고赤古라고도 썼던 것을 알 수 있다.

형제간에 죽은 전후 37년 동안에 엄청난 변화가 일어났던 것이다. 박경인의 묘지는 『삼국사기』가 찬진되는 1145년(인종 23)보다 23년 앞선 반면에, 박경산의 묘지는 『삼국사기』 찬진후 13년 뒤였다. 따라서 박씨의 시조로 혁거세가 적고의 위에 가관(가상)된 것은 『삼국사기』와 관계된다고 보여진다. 박혁거세와 박씨왕조를 기록한 것은 『삼국사기』가 처음이었다고 보여진다.

이 당시 박인량 가문은 박혁거세의 후손이란 정연한 가계를 가지고 있었다 『삼국사기』의 박씨왕가 기록은 박인량朴寅亮이 지어 비부에 비장한 『고금록古今錄』 10권에 기록된 기사를 많이 참고 했다고 추정된다.39)

5. 신라 건국

이제까지 신라의 건국에 있어 6촌 설화를 고찰 검토해 왔다. 이 장에서는 역사적인 신라건국의 연혁과 그 연대를 다루고자 한다.

현재 전하는 『삼국사기』에 실린 신라본기의 역사는 진흥왕대 거칠부가 『국사國史』를 지은 후 통일신라기에 개찬이 있었으며, 고려 중기에 개찬이 있었다고 보는 두 번에 걸친 대대적 개찬이 있었다고 보겠다.

통일 이전 개찬되지 않은 원초 신라사는 지금 진평왕대 교류가 성했던 수隋나라에 기록된 신라사에서 그 원형을 찾을 수 있다고 본다.

> ㉠ 그 왕은 본시 백제인이 바다로부터 신라로 도망쳐 왕이 되었다. 왕위를 세습하여 김진평金眞平에 이르렀다(『隋書』 권81, 열전46, 동이 신라).
> ㉡ 그 왕은 본시 신라인이 바다로부터 신라로 들어와서 드디어 그 나라의 왕이 되었다. 처음에 백제에 부용했으며 백제가 고려를 정벌하자 전역을 견디지 못하여 서로 거느리고 신라에 귀부하여 드디어 강성하게 되었다. 그래서 백제를 습격하고 가락국(대가야)에 부용하게 되었다. 왕위를 세습하여 30세에 진평왕에 이르게 되었다(『北史』 권94, 열전82, 신라).
> ㉢ 『괄지지括地志』에 이르기를 신라왕의 성은 김씨이다. … 김성이 서로 습습하여 30여대가 되었다. 그 선조는 백제에 부용했다(『翰苑』 만이부, 신라).

이 세 자료를 예히 검토해 보면 신라 시조는 백제인이 바다로 도망쳐 들어와서 신라의 국왕이 되었다. 그래서 백제에 부용하고 있었다. 그후 백제가 고구려와 전쟁으로 쇠약해지자 백제를 습격하고 가야국(대가야)

에 부용했다는 사실을 알게 된다. 그 후 신라는 백제·임나(대가야)·왜의 연합군이 신라를 유린하자 고구려에 부용하여 광개토대왕의 군사 원조로 백제·가야(임나)를 굴복시켰다. 그리고 고구려의 원조로 강국으로 성장했다.

신라가 중국의 사서에 최초로 등장하는 『양서梁書』 신라전에는 다음과 같이 기록하였다.

> 진한왕은 항상 마한인을 초빙하여 왕으로 삼았다. 그래서 서로 계승해 왔다. 진한은 스스로 왕을 세우지 못했다. 유이민이기 때문이란 것이 명백하다. 항상 마한의 통제를 받았다.

이 기사도 신라의 왕은 대대로 마한, 즉 백제인이 계승했다는 사실을 말해준다.

위의 여러 사서에 실려 있는 바와 같이 백제인이 바다로부터 도망쳐 신라에 들어가 왕이 되었다는 건국설화는 고구려·백제·신라 3국 공통의 동일 형태이다. 고구려의 시조 주몽朱蒙도 부여夫餘에서 도망쳐 들어와서 고구려의 시조왕이 되었고, 백제도 시조 온조溫祖가 고구려에서 도망쳐 들어와서 백제 시조왕이 되었다. 신라도 앞에서 본바와 같이 백제로부터 도망쳐 들어왔다.

이 도입설화逃入說話는 부여→고구려→백제→신라로 이어지는 도입의 역사이다. 여기서 백제로부터 신라에 도망쳐 들어간 인물이 누구였느냐 하는 문제를 푸는 것은 신라건국사를 밝히는데 매우 중대한 의미가 있는 것이다.

나는 이 바다로부터 신라에 도입한 백제인을 탈해脫解로 보고자 한다. 이 탈해의 설화는 신라 시조설화 중 가장 상세하고 풍부 다양하다. 탈해는 미지나 아키히데(三品彰英)의 연구와 같이 국혼신 호국신으로 제일의 신격이었다.[40]

해로로 금관가야金官伽倻에 침입하여 수로왕首露王과 겨루다 지고 동쪽으로 신라로 들어갔다는 『가락국기』의 설화와 『삼국유사』탈해왕조의 설화에 의하면, 탈해는 신라 아진포阿珍浦에 상륙하여 토함산吐含山에 올라가 석총石塚을 쌓아 7일을 머물다가, 월성月城으로 진출하여 월성의 지배자 박공[瓠公]에게서 기지로써 월성을 빼앗아 월성의 지배자가 되었다. 그는 본시 대장장이라 했다. 그는 단야족鍛冶族의 수령인 shaman smith였으며, schmied könig(鍛冶王)이었다. 그는 철기문화의 위력으로 신라의 왕으로 군림했다.

이와 같은 탈해설화는 『수서』·『북사』에 기록된 신라에 도입한 백제인의 왕 전설과 유사하다. 석탈해 집단이 백제로부터 신라에 들어와서 신라의 국왕이 되었다. 이 석탈해가 신라 김씨 왕족의 시조왕이라 한 성한이라고 보고자 한다. 성(星·聖·勢)한(漢·韓)의 싀음과 싀(昔)음이 당시 음이 같다. 김씨 김도 음이 싀였으니, 탈해가 신라의 국조신 시조요 김씨 왕조의 시조왕이었다고 보고자 한다.

그러면 역사적 신라왕국의 건국 연대는 언제일까? 중국의 역사서에 신라 건국연대를 기록한 책은 『한원翰苑』이 유일하다. 그 것을 인용하면 다음과 같다.

> 근원을 열고 구성을 개척하여 나라를 개국한 것은 금수金水(진晉·송宋)의 연간이다.

즉 신라가 개국 조업祚業한 것은 중국 남조의 진晉나라와 송宋나라의 연도 사이의 연대이다. 남조 동진東晉은 317~420년간 존속하고, 420년에 송나라가 개국하여 478년까지 존속했다. 그러니 금수, 즉 진송연간은 4세기로 잡으면 대과 없을 것이다.

그리고 신라의 건국에 중요한 시사를 주는 기사가 『태평어람太平御覽』

권781, 사이부 동이 신라의 내용이다.

> 『진서晋書』에 말하기를 부견왕符堅王 건원 18년에 신라왕 누한樓寒이 위두衛頭를 사신으로 파견했다. 나라가 백제의 동쪽에 있고 그 나라 사람은 아름다운 머리카락이 한 발이 넘는 사람이 많다. 또한 말하기를 부견왕시에 신라왕 누한이 사신을 파견하여 조공을 했다. 부견이 말하기를 해동의 사실이 옛날과 같지 않는 것은 무슨 까닭이냐고 물음에 답하여, 또한 중국의 시대 변혁과 같아 나라 이름이 바뀌었기 때문이라고 했다.

그리고 『자치통감資治通鑑』 권104, 진기26 태원 2년조에

> 봄에 고구려 신라 사람이 다 사신을 보내어 진秦나라에 조공했다

그리고 고려 태조 4년(939)에 최언위가 찬한 「비로암진공대사보법탑비」에는 다음과 같은 기록이 있다.

> 속성 김씨이니 계림 사람이다. 그 선조는 식흔왕으로부터 내려와서 나물매금에 이르러 흥기하여 자손이 많아져 백세에 뻗어갔다.

이상의 세 자료를 면밀히 검토하면 신라 사신이 진나라에 간 건원 18년은 382년이다. 『삼국사기』 나물마립간 26년(381)에 사신을 파견했다고 기록하여 1년의 시차가 보인다. 신라왕 누한樓寒은 나물왕의 이름이다. 『자치통감』에 신라 사신이 간 태원 2년은 377년이다.

이 4세기의 연대는 나물매금 때다. 나물매금 26년에 전진 부견왕符堅王이 신라사신 위두衛頭에게 말하기를 경이 말하는 해동의 사실이 옛과 다름은 무엇이요 하니, 마치 중국의 시대 변천으로 국명의 바뀐 것이라고 한 말은 삼한의 진한이 옛날과 다르고 신라라는 사신이 온 것을 말한

것이다. 이는 4세기에 신라가 건국한 것을 말해주는 것이다.

이를 볼때 신라는 나물매금 때, 즉 4세기경에 한반도 동쪽에 치우쳐 있어 건국이 가장 늦고 대륙 문물의 수용에 있어서 가장 늦은 것이다. 고구려의 건국은 B.C. 1세기경이었고, 백제의 건국은 A.D. 1세기경이었는데 반하여 신라는 A.D. 4세기경이었다.[41]

6. 성한왕

금석문상에 있어서 신라 시조로 등장하는 성한왕星漢王의 사료는 5종이 있다. 나는 이 성한왕에 주목하고자 한다.

　　㉠ 15대조 성한왕(「문무왕릉비문」)
　　㉡ 속성은 김씨이며 그 선조는 계림인이다. 그 국사를 상고하니 참으로 성
　　　　한의 자손이다(「광조사진철대사보월승공탑비」)
　　㉢ 속성은 김이고 계림인이다. 그 선조는 성한왕으로부터 내려와서 나물
　　　　왕에 이르러 흥했다(「비로암진공대사보법탑비」)
　　㉣ 태조 성한(「흥덕왕릉비편」)
　　㉤ 태조 성한이 천년의 왕업을 열었다(「김인문묘비」)

이 다섯 종의 금석문이 실질적인 신라 건국의 주인공인 김씨 왕가의 시조왕에 대한 자료이다.

이 성한왕이 신라말 고려초의 국사國史에 신라의 시조왕으로 기술되어 있었다. 12세기에 이루어진 『삼국사기』에는 이 성한왕의 이름이 자취를 감추고 말았다. 김씨왕조의 시조 알지閼智의 이름이 올라있고, 그 위에 기관하여 석씨왕조와, 더 위에 포개어 가관하여 박씨왕조의 혁거세가 시조왕으로 올라있다. 혁거세의 이름이 알지이며 김씨 시조의 이름도 꼭

같은 알지이다.

삼국통일 후 영주 문무왕의 능비에 시조 성한왕이 15대조라 했다. 그리고 한漢나라 투후秺侯 김일제金日磾의 자손이라 했다.[42] 문무왕릉비에는 '투후제천지윤秺侯祭天之胤 전칠엽傳七葉' 다음에는 단비斷碑로 결락되어 다만 투후의 후손임을 추정할 따름이었으나, 김씨부인金氏夫人의 묘지명이 발견되자 신라김씨가 투후의 후손을 칭한 것을 알게 되었다.[43]

신라 왕실은 중국의 상고 소호小昊 김천씨金天氏의 후손이라 했다.[44] 그래서 김씨라고 했다 한다. 김유신가金庾信家도 같은 소호김천씨의 후손이라 했다. 소호 김천씨는 중국의 시조 황제黃帝의 아들로 5제帝에 드는 인물이다. 흉노匈奴는 그 선조가 하후씨夏后氏의 후손이라 한다.[45] 하후夏后 제계씨帝啓氏는 황제 우禹의 아들이다. 우는 황제黃帝의 현손玄孫이다.

그러니 김일제金日磾는 황제黃帝의 후손이요 신라 왕실도 황제의 후손이니 동조동본同祖同本이다. 김일제는 흉노의 휴도왕休屠王의 태자인데, 한 무제漢武帝에게 포로로 잡혀갔다. 그리고 무제를 섬겨 투후에까지 오른 명신이다. 그의 자손 7세가 내시內侍로 있던 명문 중의 명문이었다.

김일제의 후손이라 하여 불명예롭지 않고 영광이었다. 신라 김씨는 황금문화와 묘제, 마구 등 기마민족문화를 가져 흉노족의 친연족으로, 북방에서 남하 이동해온 기마민족이었다고 추정된다.[46]

7. 표암봉과 표암 성지

『삼국유사』 신라시조 혁거세왕조에 기술한 신라건국설화는 역사적 건국과는 별개의 민족건국설화이다. 이 유구한 민족 전승의 건국설화도 위대한 민족문화 유산이다. 6촌 촌장이 모두 천손강림天孫降臨사상에서 하늘에서 경주평야 부근의 산악에 강림했다.

그러나 오늘까지 6촌 촌장이 강림한 산악의 봉우리를 전래하여 오고 6촌 촌장의 후예란 씨족에 의하여 천년동안 수호 기념하여 전승한 성지는 오직 이 금강산 표암봉과 이를 기념 제향하는 표암재瓢嵒齋뿐이다.

이 강림설화는 신라 최고의 민족신앙인 산악숭배에 바탕하고 있으며,[47] 신라의 정치 의결제도인 화백회의和白會議의 전설을 내포하고 있는 점에서 매우 귀중한 신라의 건국설화이다.

신라 건국설화의 상징적 성지로서 표암은 우리 역사에서 갖는 의미는 참으로 크다고 생각한다. 이 위대한 건국설화의 현장을 1천년 동안 지키고 전승해온 경주 이씨들의 시조 숭배사상과 헌신적 전승을 우리는 높이 평가해야 한다.

그러므로 이 귀중한 건국설화의 고장과 처소를 우리는 자손만대에 기념하여 수호 계승해야 한다고 생각하는 바이다.

신라 건국전설의 유일한 상징적 처소를 지켜온 씨족에 감사해야 한다. 그리고 국가 사적으로 기념해야 함이 마땅하다고 생각하는 바이다.

8. 마무리

이제 개진해온 논고를 마무리하고자 한다. 신라의 건국과 사로 6촌을 다루어 먼저 6촌을 고구해 왔다. 6촌 6부의 사실은 신라 건국에서 설화 전승이다. 나는 6촌 설화의 허구와 비역사적 문제점을 분석하여 6촌은 본시 존재하지 않았으며 6부가 존재해오다 이 6부를 바탕으로 6촌 설화를 만들어 신라 건국사의 맨 위층에 가관한 것으로 보았다. 신라에서 촌이란 용어가 사용한 시기는 6세기에서 7세기경이라고 보았다.

따라서 6촌설화의 형성시기도 6·7세기 이후라고 보았다. 6촌 사성은 당나라의 명벌망족의 성을 취해다가 6성 사성설화를 만들었다고 보며, 그 시기는 신라 말에서 고려 초기로 보았고, 박혁거세의 전설을 역사 사실로 신라사의 최상층에 가관한 시기를 12세기 고려시대로 보았다.

역사적인 신라의 건국 시기는 4세기경이라고 보았다. 그리고 신라사가 후대 통일후에 개찬하기 이전 신라사의 원형을 진평왕대에 북조北朝와 수나라와 활발히 교류할 때 중국에 전해져 남북조시대의 『북사』 신라전과 『수서』 신라전에서 찾았다. 여기에 기술된 백제인이 바다로부터 신라에 도입하여 왕이 되었다는 사료의 가치를 평가하여, 탈해가 백제로부터 신라에 도입한 시조왕이라고 보았으며, 이 인물이 김씨왕조의 시조왕이라 한 성한왕의 투영이라고 보았다.

실질상 신라 건국자는 김씨왕이며 이들의 근원은 중국 삼황인 황제黃帝의 아들인 소호 김천씨가 그들의 비조이고, 흉노의 제천금인의 왕 휴도왕의 태자 김일제가 한나라에서 제후의 지위에 올라 자손 7세가 혁혁한 내시를 계승한 한나라 최고위층 귀족의 후예라는 건국시조 전승을 가지고 내려온 것을 조명하였다.

박씨는 왕족이다. 신라 진골 왕족의 성은 박이요 씨는 김이었다. 그래서 왕모王母·왕비王妃의 성은 박을 칭함이 보통이었으며, 왕명王名도 신덕神德·경명景明·경애景哀는 김씨金氏이면서 박성朴姓을 칭했다. 그러므로 신라 왕족은 박성김씨朴姓金氏라는 동일왕족同一王族 내의 성씨姓氏를 칭한 것에 불과하다. 상대上代 박씨왕朴氏王과 김씨왕金氏王은 동일왕족이었다. 이는 주대周代의 성씨姓氏제도와 Rome의 성(GENS) 씨(Familia)제도를 연상케 한다. 이와 유사하다 하겠다. 통일 후는 왕족 박성과 별계의 박씨 귀족 6두품, 5두품 씨족이 따로 있었다.

그리고 귀중한 민족 건국설화의 전승은 위대한 민족사의 문화유산으로, 그 천손강림한 알천 양산촌의 촌장 알평공이 내려온 곳인 표암봉을 1천여 년 동안 보존 전승한 유일무이한 건국 전설의 고장 처소로 높이 평가하여, 이곳을 민족 건국설화의 탄생지로 영원히 보존 전승할 가치가 있음을 강조하는 바이다.

주석

1) 梁은 이두다. 량으로 읽으면 안 된다. 훈이 돌이다. 이 음은 지금 없어지고 남쪽에서는 돌, 북쪽에서는 달이라 한다. 이를 喙이라고도 하는데, 역시 음은 돌이다.

2) 『삼국사기』 권1, 신라본기 시조 혁거세 거서간.

3) 위의 책, 권1, 시조왕 시조 혁거세 거서간 17년조.

4) 위의 책, 권1, 남해차차웅 11년조.

5) 위의 책, 권1, 유리이사금 9년조.

6) 圓仁, 『入唐求法巡禮行記』.

7) 『삼국사기』 권6, 신라본기6, 문무왕 8년 추 7월 16일.

8) 『梁書』 권54, 諸夷列傳 東夷 新羅傳.

9) 문경현, 「영일 냉수리비에 보이는 부의 성격과 정치운영의 문제」 『한국고대사연구』 3, 1990 참조.

10) 문경현, 「거벌모라 남미지비의 새 검토」 『수촌 박영석 교수 화갑기념 한국사학논총』 上, 1992 참조.

11) 末松保和, 「新羅六部考」 『新羅史の諸問題』, 1954, 294~307쪽.

12) 富川尙志, 「육조시대의 촌에 관해서」 『六朝史硏究』, 1958 참조.

13) 「국강상광개토경평안호태왕비」 『조선금석총람』 상, 조선총독부, 1919.

14) 『삼국사기』 권6, 신라본기 6, 문무왕 8년 겨울 12월 22일조.

15) 『일본서기』 권25, 효덕천황 대화 3년 정미.

16) 『일본서기』 권25, 효덕천황 대화 3년 정미년.

17) 『舊唐書』 권3, 태종 정관 22년조.

18) 『元和姓纂』.

19) 白南雲, 『朝鮮社會經濟史』, 1933, 324쪽.

20) 이병도, 「신라의 기원문제」 『한국고대사연구』, 박영사, 1976, 600쪽.

21) 武田幸男, 「新羅六部とその展開」 『朝鮮史硏究會論文集』 28, 1991.

22) 노태돈, 「삼국시대의 부에 관한 연구」 『한국사론』 2, 서울대, 1975.

23) 이문기, 「삼국 중고의 육부에 관한 일고찰」 『역사교육논집』 1, 1980 ; 전덕재,

「신라 6부 체제의 변천과정 연구」『한국사연구』 77.
24) 今西龍, 『新羅史研究』, 近澤書店, 1933, 32쪽.
25) 三品彰英, 「骨品制社會」 『古代史講座』 7, 學生社, 1963, 186~188쪽.
26) 문경현, 「상중고기 신라 6부의 사적 고찰」 『국사관논총』 45, 1993.
27) 문경현, 「신라국호의 연구」 『대구사학』 2, 1970 : 「신라국 형성과정의 연구」 『대구사학』 6, 1973.
28) 「경주남산신성비」 제3비.
29) 최치원: 『삼국사기』 권46, 열전 최치원.
   강수: 같은책, 권47 열전 강수.
   취도: 같은책, 권47 열전 취도.
   필부: 같은책, 권47, 열전 필부.
30) 효녀지은: 『삼국사기』 권48.
   가실: 같은책, 권48, 가실
   도화녀: 『삼국유사』 권1, 기이2, 도화녀비형랑.
31) 末松保和, 「新羅中古王代考」 『新羅史の諸問題』, 1954, 176~177쪽에서 중고시대의 특징은 왕비족 박씨의 존재 시기라 했다. 그는 이 시대 혼인형태를 김남박녀의 혼인형태라 했다. 우리 학계는 말송보화의 박씨왕비족설을 탁견으로 받아들여 김철준, 이기백, 한우근, 변태섭, 노태돈, 이기동 등이 그들의 저술에서 전폭적으로 수용했다.
32) 문경현, 「신라 박씨의 골품에 대하여」 『역사교육논집』 13·14합집, 1990 참조.
33) 이문기, 「울진 봉평비와 중고 육부 문제」 『한국고대사연구』 2, 1988, 168쪽.
34) 561년(진흥왕 22)에 세운 창녕비에 둘부, 사둘부 외에 본피부에 '말□지 급척간'이란 인물이 유일하게 등장한다. 그러니 둘, 사둘 다음의 부가 본피부이다. 그러나 이 부에는 진골이나 고관은 없다.
35) 『삼국사기』 권10, 신라본기10, 원성왕 즉위조.
36) 『삼국사기』 권39, 잡지8, 직관 중 內省.
37) 문경현, 「신라 시조왕의 연구」 『신라사연구』, 경북대학교출판부, 1983. 나는 신라 상고사를 연구해오면서 상고세계는 후세에 내려올수록 加冠되는 것에 착안하여 가관설을 주장하는 논문을 발표하게 되었다. 이 논문은 1979년 일본 東洋文庫 朝鮮史研究會에서 발표했다.
38) 문경현, 앞의 논문.
39) 문경현, 앞의 논문.
40) 三品彰英, 『日鮮神話傳說の研究』, 1975, 171쪽 ; 金在鵬, 「脫解考」 『朝鮮學報』 56, 1969, 13~58쪽.
41) 문경현, 「신라 건국설화의 연구」 『대구사학』 4, 1972 참조.
42) 문경현, 위의 논문.

43) 「문무왕릉비」: 西安 碑林博物館藏碑 「李璆夫人京兆金氏墓誌銘」.

44) 『삼국사기』 권28, 백제본기 6, 의자왕기 말미 史論.

45) 『사기』 권110, 흉노열전 50.

46) 문경현, 「진한의 철산과 신라의 강성」 『대구사학』 7·8합, 1973.

47) 문경현, 「신라인의 산악숭배와 산신」 『신라문화제학술발표회논문집』 12, 1991
    참조.

사로국의 출범과 신라인의 건국관

김 병 곤[*]

1. 머리말

오늘날 신라인들이 스스로 작성한 역사서는 전하지 않는다. 다만 고려 시대 편찬된『삼국사기』나『삼국유사』의 관련 기사 등을 통해 그들의 건국 인식을 간접적으로 접할 수 있다. 그러나 기본적으로 관련 기록에 나오는 신라의 건국 과정을 신뢰하기란 쉽지 않다. 아마도 신라인들은 자국의 건국 시기나 전후 상황을 정확히 알 수 없었을 것이다. 신라의 건국기는 체계적인 역사 기록 정착 이전의 시기였을 뿐만 아니라 후대의 고려나 조선처럼 기존 왕조의 붕괴 속에 일단의 정치집단이 새 왕조의 시작이라는 인식을 가지고 건국한 것이 아니었기 때문이다. 그러므로 신라인은 후대 지배 체제의 정비 속에 자국의 역사서를 편찬하며, 구전되어 내려오던 역사 지식(건국 기년과 초기 왕들의 행적 등)을 왕실 차원에

[*] 동국대학교 사학과 강사

서 나름대로 재구성하였을 것이다. 그리고 그러한 역사 기록들이 고려시대까지 전해져 오늘날 우리가 접하는 건국신화의 형태로 존재하게 되었다고 여겨진다.

이에 본고에서는 『삼국사기』와 『삼국유사』에 실린 사로국(서라벌)의 건국 신화를 통해, 건국의 주요 사안에 대한 신라인들의 인식을 살펴보고자 한다. 사로국 건국에 대한 현전 기록의 대략을 보면, 경주 일대의 몇 개 촌이 모여 서라벌(사로국)이라는 소국을 만들었고, 사로국이 인근 소국을 통합하면서 신라라는 국가로 성장하였다. 이러한 건국 과정에서 특히 주목할 만한 핵심 사안은 1) 사로국 출범의 기층집단, 2) 건국시조 박혁거세의 출자, 3) 건국 기년 등이 될 것이다. 그리고 최종적으로 이러한 건국관이 정리 내지 성립될 수 있었던 시점 등을 규명해 보자.

2. 기초 자료의 정리와 비교

고려시대 편찬된 각종 사서에 신라의 모태인 사로국의 건국 과정이 기록되어 있다. 분량이 많은 감도 있지만, 논지 전개상 필요한 관련 내용을 인용한다. 편찬 시기가 가장 앞선 『삼국사기』의 관련 기록부터 보자.

> A-1. 시조의 성은 박씨이고 이름은 혁거세이다. 전한前漢 효선제孝宣帝 오봉五鳳 원년元年 갑자甲子 4월四月 병신丙辰「혹은 정월 십오일이라고도 한다」 즉위하여 거서간居西干이라 하였는데, 당시 나이 13세로 국호를 서나벌徐那伐이라 했다. 이보다 먼저 조선朝鮮 유민遺民이 산곡지간山谷之間에 6촌六村을 이루어 분거分居하였다. 첫째 알천 양산촌閼川楊山村, 둘째 돌산 고허촌突山高墟村, 셋째 자산 진지촌觜山珍支村「혹은 우진촌이라 한다」, 넷째 무산 대수촌茂山大樹村, 다섯째 금산 가리촌金山加利村, 여섯째 명활산 고야촌明活山高耶村

으로 이들이 진한辰韓 6부六部가 되었다. 고허촌장古墟村長 소벌공
蘇伐公이 양산楊山 기슭을 바라보니 나정蘿井 옆 숲 속에 말이 꿇어
앉아 울고 있었다. 이를 찾았는데 홀연히 말은 사라지고 단지 대란
大卵이 있어 갈라 보니 어린아이가 나왔다. 이에 거두어 길러 십여
세에 이르니 유달리 풍채가 크고 어른스러웠다. 6부 사람들은 그 아
이의 출생이 신이神異하므로 모두 우러러 받들게 되었고, 이때에 이
르러 그를 왕으로 추대했다. 진인辰人은 호瓠를 박朴이라 하였다. 처
음 대란大卵이 호瓠와 같았기 때문에 박朴을 성姓으로 삼았다. 거서간
居西干은 진언辰言으로 王을 말한다「혹은 귀인貴人의 칭호이다」.[1]

2. 5년 춘정월 용이 알영정閼英井에 나타났는데 오른쪽 옆구리로 여자
   아이가 탄생하였다. 노구老嫗가 그것을 보고 이상하게 여겨 거두어
   기르며 우물 명으로 이름을 삼았다. 장성함에 있어서 덕과 용모가
   아름다웠는데, 시조가 그 이야기를 듣고 맞아들여 비妃로 삼았다.
   현행賢行이 있고 내보內輔가 뛰어났다. 당시 사람들이 그들을 2성
   二聖이라 하였다. … 61년 춘3월 거서간께서 승하하였다. 사릉蛇陵
   에 장사지냈으니 담엄사의 북에 위치한다.[2]

3. 전한 효선제 순십칠년 오봉 원년 시조 박혁거세거서간 즉위 원년.[3]

4. 지금 살펴보면 신라시조 혁거세가 전한 오봉 원년 갑자에 개
   국하였다. 왕도는 길이가 3,075보이고 넓이는 3,018보35리이
   며 6부가 있다. 국호를 서야벌徐耶伐 혹은 사라 혹은 사로 혹
   은 신라라 하였다. 탈해왕 9년에 시림에서 계괴鷄怪가 있었으
   므로 다시 계림이라 이름하고 그것으로 국호를 삼았다가 기
   림왕 10년에 다시 신라로 이름하였다.[4]

한편 편찬 시기는 상대적으로 늦지만 『삼국사기』를 보완하겠다는 시
각에서 편찬된 『삼국유사』에도 신라의 건국과정을 기록했는데, 그 내용
은 상대적으로 자세하다.

B-1. 진한辰韓의 땅에 옛부터 6촌六村이 있었다. 하나는 알천 양산촌閼川
     楊山村으로 남쪽의 지금 담엄사曇嚴寺 방면이다. 촌장村長은 알평謁
     平인데, 처음에 (하늘에서) 표암봉瓢岩峰에 내려와서 바로 급량부及
     梁部 이씨李氏의 시조가 되었다. 둘째는 돌산 고허촌突山高墟村으로
     촌장村長은 소벌도리蘇伐都利인데, 처음에 형산兄山에 내려와서 바

로 사량부沙梁部 정씨鄭氏의 시조가 되었다. 지금은 남산부南山部라
하여 구량벌仇良伐 마등오麻等烏 도북道北 회덕廻德 등 남촌南村이
이에 속한다. 셋째는 무산 대수촌茂山大樹山으로 촌장村長은 구례마
俱禮馬인데, 처음에 이산伊山에 내려와서 바로 점량부漸梁部 일운一
云 모량부牟梁部 손씨孫氏의 시조가 되었다. 지금은 장복부長福部라
하여 박곡촌朴谷村 등 서촌西村이 이에 속한다. 네 번째는 취산 진
지촌嘴山珍支村으로 촌장村長은 지백호智伯虎인데, 처음에 화산花山
에 내려와서 바로 본피부本彼部 최씨崔氏의 시조가 되었다. 지금은
통선부通仙部라 하여 시파柴巴 등 동남촌東南村이 이에 속한다. 최
치원崔致遠이 곧 본피부인本彼部人이다. 지금 황룡사皇龍寺 남쪽과
미탄사味呑寺 남쪽에 고허古墟가 남아 있는데 이것이 바로 최후崔侯
의 고택古宅이라고 하니 확실하다. 다섯째는 금산 가리촌金山加利村
으로 촌장村長은 지타祗沱인데, 처음에 명활산明活山에 내려와서 바
로 한기부漢岐部 일운一云 한기부韓岐部 배씨裵氏의 시조가 되었다.
지금은 가덕부加德部라 하여 상하서지上下西知 내아乃兒 등 동촌東
村이 이에 속한다. 여섯째는 명활산 고야촌明活山高耶村으로 촌장村
長은 호진虎珍인데, 처음에 금강산金剛山에 내려와서 바로 습비부習
比部 설씨薛氏의 시조가 되었다. 지금에 임천부臨川部라 하여 물이
촌勿伊村 잉구진촌仍仇珎村 궐곡闕谷 등 동북촌東北村이 이에 속한
다. 상문上間을 살펴보니 이 6부六部의 시조始祖는 모두 하늘에서
내려온 것 같다. 노례왕 9년 처음으로 6부명을 고치고 또 6성을 하
사하였다. 지금 세속에서는 중흥부를 모母로 하고, 장복부를 부父로
하고, 임천부를 자子로 하고 가덕부를 여女로 하는데 그 실상은 자
세하지 않다. 전한前漢 지절地節 원년元年 임자壬子「고본古本에 이
르기를 건호建虎 원년元年 또는 건원建元 3년 등이라고도 하나 모두
틀렸다」 3월 삭일朔日에 6부六部의 시조始祖들이 각기 자제子弟들
을 데리고 알천閼川 안상岸上에 모여서 의논하여 이르기를, 우리의
위로 백성을 다스릴 군주君主가 없어 백성들이 모두 방일放逸하고
자기 하고 싶은 대로 하니, 어찌 덕있는 사람을 구하여 그를 군주君
主로 삼아 나라를 세우고 도읍을 정하지 않겠는가 하고는 높은 곳
에 올라 남쪽을 바라보니 양산 아래 나정蘿井 옆에 번개불같은 이
상한 기운이 땅위에 늘어져 있고 백마 한 마리가 꿇어앉아 절하고
있는 모습이 보였다. 이윽고 그곳을 찾아가 보니 자주빛 알「청색 큰
알이라고도 한다」이 하나 있고 백마는 사람들을 보자 길게 울부짖
으며 하늘로 올라 갔다. 그 알을 갈라 동남童男을 얻었는데 외양이

단정하고 아름다웠다. (사람들이) 그를 경이롭게 여겨 동천東泉에서 씻기니 몸에서 광채가 나고 새와 짐승들이 따라와 춤추며 천지天地가 진동하고 해와 달이 밝게 빛났다. 이로 인하여 혁거세왕赫居世王이라 이름하고「아마 향언鄕言일 것이다. 혹은 불구내왕弗矩內王이라고도 하니 밝게 세상을 다스린다는 뜻이다. 설명하는 자가 이르기를 이는 서술성모西述聖母의 탄생이니 중국 사람들이 선도성모仙桃聖母를 찬양하여 현자賢者를 잉태하여 나라를 열었다는 말이 있는 것도 이러한 까닭이라 하였다. 계룡鷄龍이 상서를 나타내고 알영閼英을 낳았다는 이야기도 서술성모의 현신을 말한 것이 아닐까」 <u>위호位號를 거슬감居瑟邯「혹은 거서간居西干이라고 하니</u> 이는 그가 처음 입을 열어 스스로 일컫기를 '알지거서간閼智居西干이 한번 일어난다'하였으므로 그 말로 인하여 일컬었는데, 이로부터 왕자의 존칭이 되었다」이라 했다. 당시 사람들이 다투어 축하하며 이르기를 지금 천자天子가 이미 내려오셨으니 마땅히 덕있는 여군女君을 찾아 그에게 짝지어야 한다 하였다. 이날 <u>사량리 알영정閼英井「혹은 아리영정娥利英井이라고도 한다」가에 계룡鷄龍이 나타났는데 왼쪽 옆구리를 통해 동녀童女가 탄생하였다「혹은 용이 나타나 죽으매 그</u> 배를 갈라 동녀를 얻었다 한다」. 자태와 용모가 특이하게 아름다웠는데 입술이 닭 부리같이 생겨 장차 월성月城 북천北川에서 씻기니 그 부리가 스스로 떨어져 버렸다. 그런 까닭에 하천 이름을 발천撥川이라 하였다. 남산 서쪽 기슭에 궁실을 짓고 <u>두 성스런 어린아이를 봉양하였다.</u> 남자아이는 알에서 태어났는데 알이 마치 호瓠와 같았고, 향인鄕人들은 호를 박朴이라 하였으므로 이로 인해 성을 박으로 했다. 여자아이는 태어난 우물의 이름을 따서 이름을 지었다. <u>2성二聖의 나이가 13세에 이른 오봉五鳳 원년元年 갑자甲子에 사내아이를 세워 왕으로 하고 이어서 여자아이를 세워 후后로 삼고 나라 이름을 서라벌徐羅伐 또는 서벌徐伐「지금 속세에서 경자京字를 훈訓으로 서벌徐伐이라 하는 것도 이러한 까닭이다」혹은 사라斯羅 또는 사로斯盧라 하였다.</u> 처음 왕이 계정雞井에서 태어났던 까닭에 혹은 계림국雞林國이라고도 했으니 계룡이 상서로움을 나타냈기 때문이다. 일설에는 탈해왕대 숲에서 닭 울음소리를 듣고 김알지를 얻었던 까닭에 국호를 계림으로 고쳤다가 후세에 드디어 신라라는 국호를 정하였다고 한다. 나라를 61년 동안 다스리다가 왕이 하늘로 승천하였고 7일 후에 유체遺體가 땅에 흩어져 떨어지고 왕후 역시 돌아가셨다. 국인들이 합하여 함께 묻으려 했는데 큰 뱀이 가로막았

으므로 오체五體를 각각 매장하여 오릉五陵을 만들고 역시 사릉蛇
陵이라 하였다. 담엄사 북쪽 능이 이것이다.5)
2. 전한 선제 오봉 갑자 4월. 제1대 혁거세. 성은 박이고 알에서 태어
났다. 나이가 13세가 되던 갑자년에 즉위하여 60년 동안 (나라를)
다스렸다. 비는 아이영娥伊英 (또는) 아영娥英이라 한다. 국호는 서
라벌徐羅伐 또는 서벌徐伐 혹은 사로斯盧 혹은 계림鷄林이라 한다.
일설에 따르면 탈해왕 때에 이르러 처음으로 계림의 호를 두었다고
도 한다.6)

이상의 기록을 통해 각 사서에 나타난 건국 상황을 표로 만들어 비교
정리해, 이해의 편의를 도모해 보자.

〈표 1〉 건국 신화 비교표7)

항목	삼국사기 '시조 박혁거세'	삼국유사 기이편 '신라시조 혁거세왕'	왕력
시조 휘	혁거세	혁거세	혁거세
시조 성	박 / 瓠와 같은 알의 생김새에서 유래(辰言)	박 / 알의 생김새에서 유래	박
즉위 (건국) 기년	전한 효선제 (詢十七年 ; 연표) 오봉 원년 갑자 4월 병진 (혹은 정월 15일)	오봉 원년 갑자	전한 선제 오봉 갑자 4월
왕호	거서간(辰言으로 왕;貴人의 칭호)	혁거세왕(혹 弗矩内王, 서술성모, 선도성모) / 居瑟邯(혹 居西干 - 유래 설명)	
재위	13세 즉위 / 61년 재위	13세 즉위 / 62년 재위	13세 즉위 / 60년 재위
국호	徐那伐(본기) / 徐耶伐, 斯羅, 斯盧, 新羅(지리지)	徐羅伐, 徐伐, 斯羅, 斯盧, 鷄林國, 일설 탈해왕대 계림, 후세 신라	徐羅伐 / 徐伐, 斯羅, 鷄林(일설 탈해왕대 계림)
지리적 족적 유래	朝鮮遺民이 山谷之에間 六村을 이루고 分居	辰韓之地 / 古有六村	

항목	삼국사기 '시조 박혁거세'	삼국유사 기이편 '신라시조 혁거세왕'	왕력
국가의 기반	6촌-진한 6부	6촌(6촌에 대한 상술-촌명과 지역, 시조명, 시조 탄강)	
건국 계기		전한 지절 원년 임자 3월 삭일 6촌장과 자제의 입방설도 의지	
탄생의 전조	고허촌장 소벌공이 나정 옆 숲속의 말 발견	양산하 나정 옆에 전광, 백마,	
탄생처	大卵을 가르니 嬰兒 출생	紫卵(靑大卵이라고도 한다)을 가르니 동남 탄생	卵生
탄생 기년		전한 지절 원년 임자 3월 삭일 (古本 건호 원년, 건원 3년-오류로 평가)	
왕의 성장	소벌공의 양육	6촌민의 봉양	
죽음	승하	하늘로 승천, 7일 후 유체 산락	
능	사능-담엄사 북	五陵, 蛇陵-담엄사 북	
비의 휘	閼英-우물 이름	閼英(혹은 娥利英)-우물 이름	娥伊英 / 娥英
비의 탄생	혁거세왕 5년 춘정월 알영 정에 나타난 용의 右脅	사량리 알영정 가에 계룡의 左脅을 통해(혹은 용이 죽고 난 후 배를 가르고) 동녀 탄생	
비의 성장	老嫗의 양육	6촌민의 봉양	

이상의 기록에 나타난 서술상의 특징을 간단히 살펴보면, 『삼국사기』 신라본기에 실린 박혁거세의 건국신화는 같은 책에 실린 주몽의 건국신화나 온조의 건국담에 비해 분량상(주기 포함) 소략한 편이다. 이는 당시까지의 전승이 부족했던 까닭일 수 있지만 의도적인 개찬의 결과로 보인다. 물론 『삼국사기』를 편찬한 김부식金富軾은 본서 「백제본기」의 말미

사론을 통해 "하늘에서 금궤가 내려온 까닭에 성을 김씨로 했다는 신라 고사(알지의 탄강담)는 괴이하여 믿을 수 없지만, 전함이 오래되어 부득 이하게 이야기를 잘라 낼 수 없었다."라고 하며 사가로서 술이부작述而不 作의 자세를 존중했다.[8] 비록 혁거세의 탄생담을 지적한 것은 아니나 혁 거세의 건국담도 신화로 통칭하는 바와 같이 신이함이 상당부분 존재한 다. 그러므로 혁거세의 건국담에 대한 김부식의 인식도 알지의 탄강담에 대한 시각과 동일했을 것이다. 그러나『삼국유사』에 실린 혁거세의 건국 신화와 비교하면 본서에서는 6촌에 대한 설명은 촌명의 소개에 그치며 거의 생략되어 있고, 혁거세 탄강시의 신이함도 간결하게 처리되어 있다. 반면『삼국사기』고구려 본기에 실린 주몽의 건국신화는 신이한 내용이 많은 부분을 차지한다. 그런데 중국 사서에 보이는 고구려의 건국신화와 비교할 때,『삼국사기』에서는 이에 대한 산삭이 거의 없었다. 아마도 중 국 사서에 혁거세 신화는 전하지 않으나 주몽신화는 누차 적기되어 있었 던 까닭에 이를 존중했던 것으로 판단된다. 이 문제는 본고의 주요 고찰 대상이 아니므로 더 이상의 고구는 피한다.

건국기년은 신라본기와 지리지 연표 등에 모두 B.C. 57년으로 일치하 나 지리지와 연표는 건국 연대까지만 기록되었고, 신라본기에는 월일(사 월 병진)까지 기록하였다. 그리고 정월 15일이라는 이설이 전함을 주기 했다. 이설이 별개 사료에서 인용된 것인지 동일 사료에 부기된 이설을 재인용하였는지 명확치 않다. 그리고 조선유민들로 이루어진 6촌이 사로 국의 기층집단이며 6촌 중의 하나인 고허촌의 촌장 소벌공이 큰 알에서 태어난 혁거세를 취하여 양육시켜 13세가 되자 왕으로 추대하여 서라벌 이 건국되었다고 한다. 「신라본기」에는 건국시 국명이 서나벌徐那伐이라 하였지만 「지리지」에는 서야벌徐耶伐로 되어 있으며 이칭인 사라·사로 신라 등도 일괄 소개했다. 역시 별개 자료에서 유래된 것인지 불분명하나, '나'와 '야'는 음은 물론 자형의 유사함으로 상통되었을 여지가 높다.
한편 본서에는 혁거세 비인 알영閼英의 탄생담이 5년조에 독립적으로 기
록되어 있다. 알영정에 나타난 용의 오른쪽 옆구리를 통해 태어나 노구
의 양육 속에 덕이 있음이 알려져 비가 되었다고 하는데『삼국유사』와
차이가 많다.

한편『삼국유사』의 찬자인 일연一然은『삼국사기』를 본사로 삼고, 서
두격인 기이편의 자서에서 신이사의 기록을 천명한 바 있다. 그런 까닭
에 본서는 상대적으로 신이한 내용을 풍부히 가지며 다양한 이설을 주문
註文으로 첨부하기도 했다.『삼국사기』에 비해 기존 사료에 대해 상대적
으로 삭탈의 여지가 적었다. 그런데 '고조선'조의 고기 인용 단군신화를
보면, 불교적인 인식이(昔有桓因＝謂帝釋也, 忌三七日) 습합되어 기초적인 전
승에 일정부분 보완이나 변형이 있었음을 알 수 있다. 물론 혁거세의 건
국신화는 혁거세 왕호에 불거내왕이나 서술성모 등의 불교적인 설명이
주기되어 있기는 하다. 다만 본문 내용 가운데 불교적인 수식이 부재하
며 대체로 재래의 토착 신앙(천신신앙, 수신신앙, 수목신앙 등)이 혼재되
어 있다. 그러므로『삼국사기』보다는 본서에 실린 사로국의 건국신화가
고유 전승의 원형을 보다 많이 유지하고 있는 것으로 판단된다.

특히 혁거세가 건국시조임에도 불구하고 6촌과 6촌장 그리고 이들이
입방설도하기 위한 노력 및 역할에 대한 서술의 비중이 높다. 그리고 천
강한 자주빛 알 속에서 혁거세가 6촌장에 의해 발견되던 기년도 월일(전
한 지절 원년 임자 3월 삭일)까지 기록하였으며 고본을 인용해 건호 원
년, 건원 3년의 이설도 있음을 주기했다. 고본이라 적기하며 이설을 소개
한 것으로 보아 본 안건과 관련된 별도의 자료가 존재했음을 알 수 있다.
그리고 왕비인 알영의 탄생이 혁거세의 탄생과 같은 날 알영정 가에 나
타난 계룡 왼쪽 옆구리를 통해 태어난 것으로 서술되었다. 그리고 혁거

세와 알영의 양육은 6촌민에 의한 것으로 기록되어 있다. 알영의 행적은 『삼국사기』와 상당한 차이가 있다. 국호도 서라벌徐羅伐 이외에 서벌·사라·사로·계림 등의 이칭을 소개했다.

상기 기초 자료들에 일부 차이점이 보이나, 이러한 차이가 발생하게 된 이유와 과정을 한편의 논문으로 모두 살펴 볼 수 없다. 대체로 사로국 건국과 관련한 이해는 건국의 기층 집단과 건국시조 그리고 건국 기년 등이 핵심 사안이라 하겠다. 이 문제에 주목해 관련 기록이 출현하게 된 당대 신라인들의 인식과 근거 등을 살펴보도록 한다.

3. 기층 집단에 대한 인식

『삼국사기』에 나타난 삼국 시조의 건국 과정을 보면 고구려 주몽과 백제 온조 등은 영웅적인 면모와 혜안을 지닌 인물로 건국에 능동적 내지는 핵심적 역할을 하고 있다. 반면 신라 시조 박혁거세는 6촌장에 의해 거두어져 양육된 후 왕으로 추대되는 수동적인 모습을 가졌다. 그리고 이러한 6촌을 기반으로 사로국이 건국되었으므로, 6촌이 국가 건립의 기층 집단으로 인정될 수 있다. 이와 같이 사로국의 건국에 6촌의 비중이 부각되어 있음은 6촌과 촌장에 대해 자세한 서술을 하고 있는 『삼국유사』는 물론 내용이 소략한 『삼국사기』도 동일하다. 다만 6촌의 출자가 『삼국사기』에는 '조선유민'으로 『삼국유사』에는 '진한에 예부터 있던 6촌(辰韓古有六村)'으로 다르게 기록되어 있다. 그러나 『삼국사기』에도 출자가 조선 유민이었음과 6촌명을 설명하고 '이것이 진한의 6부'로 연결되어 최종적으로 상통한다.

그러므로 상기 기사들을 기반으로 사로국의 기층집단을 언급할 차례이지만, 학계에서는 6촌의 존재에 대해 불신하는 견해도 있다. 곧 6촌이 사로국의 모체가 된 것은 아니며, 후대 신라가 세력을 확장하는 가운데 축차적으로 6부를 형성케 되고 이를 역급하여 6촌을 위작하였다는 것이다.9) 구체적으로 탁啄·피彼·기岐의 세 부部가 존재하였는데 부 간의 세력 차가 발생하며 유력부가 분열, 탁부啄部는 탁啄과 사탁沙啄 및 모탁牟啄(牟梁·漸梁)으로, 피彼는 본피本彼와 사피斯彼로, 기岐는 한기漢岐로 부명이 바뀌며, 마립간 시대 6부가 분화 성립한 것으로 보는 견해가 대표적이다.10) 이러한 견해가 과거 사실에 적중한 것이라면 6촌장의 역할이 강조된 건국담은 허구이며 이러한 인식도 눌지왕대 이후 가공된 것으로 이해해야만 한다.

다만 현재 학계에서는 대체로 6부의 전신으로 6촌의 존재를 인정하는 의견이 많다.11) 그런데 여기서 6촌의 지리적 범위 및 후대 6부와의 상관성에 대한 규정이 필요하다. 그것은 6촌이 어떠한 지리적 범위를 가졌는지에 따라 족적 유래에 대한 기본적인 접근 방식이나 이해 범위의 설정에 영향을 미치기 때문이다. 더구나 학계에서는 『삼국사기』의 건국신화에서 6촌명을 나열하고 이것이 '진한6부辰韓六部'라는 기록을 주목하여, 6촌의 범위가 경북 일대에 산재해 있다는 견해가 일찍부터 대두된 바 있다.12) 근래 경주 일대를 중심으로 존재했다는 견해가 대세인 듯하나,13) 결과적으로 상호 양립할 수 없는 견해이다.

필자는 6촌과 이를 기반으로 성립된 사로국은 경주 일대를 중심으로 출현하였다고 판단한다. 시기상 후대적인 관점이지만 골품제도骨品制度가 왕경지민王京之民을 대상으로 했음은 6촌의 지역적 범위를 방증한다. 신라는 6세기 초 왕경지민을 대상으로 하는 골품제도를 법제화하여 그들만의 고유한 신분제 사회를 구축하였는데,14) 이는 오로지 왕경지민을 대상으로 한다. 더욱이 본 제도를 제도적으로 운영하는데 활용된 관등제官等

制가 경위京位와 외위外位의 이원적 구조를 지녔고, 이는 왕경의 민과 비왕경非王京의 민(진한의 나머지 제소국諸小國 민民)을 구별 내지 차별하는 신라 지배 집단의 인식을 전제로 한다.

골품제도는 신라가 통합시킨 집단의 지배층을 신라의 지배 체제 안에 정착시키면서, 자신들의 기득권 내지 특권을 유지하고 통합민을 차별적으로 흡수하며 마련되었다.[15] 그러므로 본 제도의 연원은 경주 일대에 근거지를 둔 사로국斯盧國의 대외 팽창과 더불어 구체화되기 시작하였다. 곧 골품제도의 근저에 존재하는 차별의식은 6부민들에게 뿌리깊은 것으로 6촌이 본래 경북일대에 널리 포진했었거나 또는 진한 12국 중의 6국이었다면 왕경민만의 우월한 신분적 지위를 담보하는 골품제도는 형성될 수 없었을 것이다. 근래 고고학적 조사 성과를 바탕으로 6촌의 위치를 경주 인근에 비정하는 의견이 다수이기도 하며,[16] 결과적으로 필자는 사로국을 형성한 6촌은 경주 일대에 존재했으며, 후대 6부의 전신으로 이해하겠다.

그러므로 6촌을 사로국의 기층집단으로 인정하며, 상기 기사에 보이는 족적 유래에 대한 인식의 출현 과정을 검토해 보자. 우선 보다 원형을 간직한 『삼국유사』에서는 '진한의 땅에 예부터 6촌이 있었다'고만 하여 출자를 조선 유민과 연결시킬 만한 부분이 없다. 그런데 일연은 『삼국유사』 「진한조」에서 『후한서』를 전거로 진한을 구성한 '진세秦世 망인亡人'의 존재를 알고 있었다. 그러나 혁거세 건국담에는 '진세 망인'이 언급되지 않았다. 전후로 배치된 '진한조'와 '혁거세왕조'의 기사를 연계한다면 진세망인 = 진한 성립 = 진한지지 고유 6촌의 공식이 성립될 수 있다. 일연이 그러한 상관성을 염두에 두고 '혁거세조'를 서술했는지 불분명하다. 한편 본서는 『국사國史』를 인용하여 혁거세 30년 낙랑인의 내투來投, 유리왕 4년 낙랑인과 대방인의 내투를 기록하였다(낙랑군조). 여기서 『국사』를 전거로 하는 혁거세 30년의 낙랑인 내투는 『삼국사기』에 동일 기사가 확인되지 않는다. 유리왕 4년의 낙랑인과 대방인 투항은 『삼국사기』 신라본기 유리왕 14년 낙랑인 투항 기사의 착오로 볼 수 있다. 그러나 『삼국사기』에는 대방인 내투 기사가 없으며 대신 낙랑인을 6부에 분거했음이 부기되어 일정 이상의 차이가 있다. 이로 보아 민족적 유래에 관한 기록은 『구삼국사舊三國史』를 인용한 것이거나[17] 다른 전거에서 확보한 것으로 여겨진다. 물론 학계에서는 『삼국유사』의 인용문 중에 그 전거로 밝힌 '국사國史'·'삼국사三國史'·'본기本紀(記)' 등이 『삼국사기』 인용의 범주를 벗어나지 못한다는 견해도 제시되어 있다.[18] 이러한 논란과 상관없이 기이편의 제 기사를 통해 볼 때, 『삼국유사』 혁거세 신화에 나오는 6촌민의 출자는 중국 자료를 바탕으로 개작되었을 가능성보다 신라측 전거에 충실했다고 판단된다.

한편 『삼국사기』에는 '조선유민이 6촌을 이루었다'고 하여 적어도 이 부분에 있어서만은 일연과 김부식이 참고한 건국신화의 전거가 상이相異했다. 『삼국사기』를 편찬한 김부식은 합리적 유교주의 사관에 입각하였지만, 동시에 일부 사대주의적 태도를 갖추고 있다고 비판받는다. 그러므로 김부식이 6촌의 유래를 고조선과 결부시킨 것은 어떤 문헌 기록에 근거한 것이 아니라 막연히 중국中國 성현聖賢이 동천東遷하여 이룩하였다고 생각되는 고조선의 유민을 신라의 근본으로 내세운 것이라 보기도 한다.[19] 그런데 중국 정사인 『삼국지』나 『후한서』 「한전」을 보면 진한 12국의 선은 '진세 망인'이며 사로국은 진한 소국의 일원으로 기록되어 있다. 여기서 비롯된 진한과 신라의 연관성에 대한 이해는 『양서』를 지나 『북사』에 이르기까지 변함없었다.[20] 김부식이 『삼국사기』를 편찬하며 다양한 중국 사료를 참고하였던 것을 감안하면 이를 따르거나, 『삼국유사』 신라시조 혁거세왕조의 내용처럼 '진한지지辰韓之地 고유6촌古有六村'

이라는 내용에 가깝게 기록할 여지가 있었다. 그렇지만 김부식은『삼국지』「한전」에서 비롯된 진한의 선[진한의 종·진세 망인] 관련 기사는 찬의 형식(A－③)을 통해 부수적으로 언급하는데 그쳤다. 또한『삼국지』「한전(마한조)」를 보면 준왕의 남천이나 환·영제桓·靈帝 말기의 한漢 군현郡縣 백성의 한국韓國 유입 기사 등이 실려 있어, 조선 유민은 진한보다 마한과 직결시킬 만한 요소가 많다.

그러나 이러한 중국 사료로부터 자유로이 김부식은 신라사의 출발점으로 매우 중요할 수밖에 없는 혁거세 원년조의 건국담에 6촌의 출자를 조선 유민이라 기록했다. 그러므로 김부식이 사대주의적 입장에서 중국 사료만을 참고하는 입장이었다면, 이러한 6촌의 조선 유민설은 이례적이다. 그러면 이 기사의 전거는 어디서 구할 수 있었을까? 결과적으로 중국 자료의 활용도 아니고 전적인 창작도 아니라면 김부식이『삼국사기』에 언급한 '조선 유민설'은 전함이 오래되어 부득이하게 잘라낼 수 없는 고유한 신라의 전거에서 비롯되었다고 할 수 있겠다.

『삼국사기』와『삼국유사』를 통해 보면, 신라인들은 사로국을 형성한 주요 집단에 대해 '진한 6촌'과 '조선 유민' 두 가지로 인식하고 별도 전승을 남겨 두었던 것이다. 이를 종합적으로 서술한 것이『삼국사기』혁거세 건국신화로, '조선 유민이 6촌을 형성했고 이것이 진한 6부'라는 방식으로 표출되었다. 학계에서는 6촌을 이루었던 집단의 출자를 경주 일대 지역에서 확인되는 지석묘 축조 집단으로 파악하기도 한다.[21] 그러나 필자는『삼국사기』에 보이는 조선 유민이라는 기사를 존중하여, 6촌 집단을 연의 동방경략 이후 비파형 동검과 이형 동기를 지닌 고조선 유민의 남하로부터 세형동검과 주조철부를 지닌 준왕 집단의 남하 시기 사이에 경주 일대에 정착한 조선 유민으로 이해한 바 있다.[22]

4. 건국 시조에 대한 인식

앞의 <표 1>에 보이듯이 모든 관련 기록에 신라의 건국시조는 혁거세라 하여 이설이 없다. 그런데 혁거세는 천강자의 신분을 가지고 있어서 외부로부터 새롭게 유입된 인물이나 집단의 장으로 여겨진다. 앞에서도 간단히 언급했지만 혁거세가 보여준 이러한 천강에 대한 김부식의 시각을 다시 살펴보자.

"신라고사新羅古事에 이르기를 하늘에서 금궤金櫃가 내려왔기 때문에 성姓을 김씨金氏로 하였다고 하나 그 말은 괴이하여 믿을 수 없다. 신臣이 사史를 엮으며 그 전함이 오래되어 부득이하게 그 이야기를 떼어낼 수 없었지만, 또한 듣기에 신라인들은 스스로 소호김천씨小昊金天氏의 후예이므로 성을 김씨라 했다."하며 후자의 전거로 「김유신비金庾信碑」·「삼랑사비문三郎寺碑文」 등을 부기했다.23) 김부식은 「신라고사」를 전거로 하는 알지의 탄생담은 괴이하여 믿기 어렵다고 했지만, 김씨 왕실이 시조로 소호김천씨를 언급하였다는 중대 이후의 전거까지 밝히며 이에 신뢰를 표명하였다.24) 중국 상고 신화에 나오는 인물인 소호김천씨 역시 신이적 인물이지만 여기서 비롯되었다는 김성金姓 유래에 대한 평가 및 전거에 대해 김부식은 우호적인 시각을 지녔던 것이다. 이와 같은 두 인물과 전거에 대한 평가를 비교할 때, 알지 탄생담을 전한 「신라고사」는 「김유신비」 등 보다 이전의 것으로, 그 내용을 전하는 기록이나 이야기가 매우 오래되었음을 알 수 있다.

김부식은 「신라고사」에 전하는 김알지의 탄강을 믿을 수 없지만 단지 전함이 오래되었기에 기록하였는데, 그에게는 박혁거세의 건국신화도 다를 바 없었다. 동일하게 혁거세의 건국신화도 믿기 어려워 떼어내고 싶

었겠지만, 전함이 오래되었기에 기록할 수밖에 없었던 것이다. 다만 『삼
국유사』의 혁거세신화에는 6촌장의 시조가 각기 산에 천강했음을 적기
했지만, 『삼국사기』의 혁거세 건국신화에서는 6촌장에 대한 서술이 극도
로 생략되어 있다. 『삼국유사』와 비교할 때, 『삼국사기』에는 촌장에 대
한 일정한 산삭이 있었지만 혁거세에 대한 신이담은 존중했다. 결국 김
부식의 상기와 같은 입장 표명을 통해 우리는 탄강의 기본 구조를 가진
혁거세 신화와 석·박씨의 시조 탄생담 등이 중국적인 소호김천씨와 대비
되는 신라 고유의 전승이었음을 알 수 있다.

그러면 이러한 박혁거세에 대한 시조관의 성립 시기를 살펴보자. 신라
는 소위 박·석·김의 삼성 왕위 교립기가 있었던 관계로 삼성 집단은 그
들의 시조를 개별적으로 숭상하였다. 그런 까닭에 오늘날까지 혁거세는
박씨 왕족, 탈해는 석씨 왕족, 알지는 김씨 왕족의 시조로 전승되어 온다.
이러한 전승이 존재하고 가능했다는 것은 삼성 교립의 사실성을 전제로
한다. 그런데 혁거세를 시조로 모신 박씨 집단은 8대 아달라왕을 마지막
으로 더 이상 왕위에 오르지 못하였다. 이후 9대 벌휴왕으로부터 16대
흘해왕에 이르기까지 석씨 왕족의 시대가 전개된다. 또한 17대 나물왕
이후 김씨 왕실이 박씨와 석씨 집단을 도태시키고 왕위를 독점하며, 삼
성의 왕위 교립은 종료되었다.

이러한 정치 환경의 변화는 신라의 시조관 및 시조묘 제례의 변천을
야기했다. 특히 김씨 왕실이 지닌 시조관은 변화가 많았다. 우선 알지가
김씨 시조로서 주목받은 시기는 천강자나 그 후예가 왕위에 오를 수 있
다는 상고기 계승관에 입각할 때,[25] 최초의 김씨 왕인 미추왕대에 단초
를 열었을 것이다. 물론 알지의 탄생 연도가 A.D. 65년설[26] 및 A.D. 60
년설과 61년설[27] 등이 있어 다양한 저본이 상정되지만, 알지가 상고기
유일한 김씨 시조로 인정되었음은 이론이 없다. 그리고 소지~지증왕대

천강자 알지를 주신으로 모신 신궁이 설립되며 알지에 대한 시조관이 왕실 차원에서 공인되었을 것이다.[28] 그런데 김씨 왕실은 중고기를 거치며 가계 의식의 구체화 속에 왕실의 분지화 현상이 나타났고, 방계로 즉위한 무열왕은 중국 상고 신화에 나오는 소호김천씨를 그들의 시조로 새롭게 천명했다.[29]

결과적으로 상고기 삼성 교립의 양상과 석씨 및 김씨 왕실의 시조관을 참고한다면 혁거세를 건국시조로 하는 인식의 성립 하한은 마지막 박씨 왕인 아달라왕대가 된다. 그러나 그들의 고유 시조가 있었던 석씨왕 시대에 들어서도 혁거세를 시조로 모시는 건국관의 변화는 없었다. 이는 이미 뚜렷한 건국시조관의 정착을 시사한다. 그러므로 아달라왕대 이전 시조관의 정립이 있었지만 뚜렷한 시기나 계기를 설정하기 어렵다. 다만 이러한 시조관의 성립 시점을 찾아본다면, 그를 주신으로 삼아 시조묘를 건립한 남해왕 3년부터[30] 비롯되었다고 하겠다.

이후 김씨 왕실은 지증왕대 신궁을 설치하며 시조묘 제례의 변화를 도모했다. 당시 김씨 왕실이 상고기부터 왕위를 놓고 경쟁했던 박씨와 석씨 집단을 압도했다면, 혁거세나 탈해에 대한 전승은 단절의 여지가 있었다. 또는 강력한 왕권의 출현했던 중대에 신라사가 건국기부터 재정리되었다면, 중국으로부터 유래된 소호김천씨가 신라의 건국 시조로 존재했었을 것이다. 그러나 이러한 개변없이 고유의 혁거세 건국 신화와 상대적으로 사적 위상이 떨어지는 탈해 신화가 전승되고 있다. 이러한 현상은 중고기는 물론 중대 왕실조차 어찌할 수 없는 건국시조로서의 혁거세와 전통적인 삼성三姓 집단의 시조관이 확립되어 있었기 때문이다.

그러면 건국 시조인 혁거세의 사적 내력은 어디서 비롯되었을 것인가. 필자는 일찍이 6촌민이 조선유민이었음과 혁거세가 천강자로 묘사된 점, 그리고 B.C. 1세기대로부터 경주 지역에 조성되기 시작한 토광 목관묘와

목곽묘의 존재를 주목하여 사로국의 성립을 고찰한 바 있다. 곧 연의 동방
경략 이후로부터 위만 조선의 출현에 따른 준왕準王 남천 단계의 조선 유
민(先來)들이 경주 일대에 선주 토착 세력화하여 6촌을 형성하였는데, 위만
조선 멸망 이후 선진 철기문화를 소유한 조선의 유민(後來)들이 한사군의
식민 지배를 피해 남하하여 6촌과 결탁하며 사로국을 성립시켰다고 보았
다.31) 이러한 추정이 과거 사실에 적중한 것이라면 혁거세는 선진문화를
소유한 후래 조선유민의 지도자로서 동일한 민족적 출자를 가진 6촌민의
추대를 받아 사로국을 건국하고 시조로 등장하였다고 이해할 수 있다.

5. 건국 기년과 건국관의 정리

신이한 혁거세의 탄생과 건국신화 속에 그를 추대한 6촌민의 출자가
포함되어 있음은 역시 6촌의 출자관이 고유했었음을 시사한다. 더불어
전술한 바와 같이 박혁거세 건국 신화의 도입부에 6촌의 출자를 조선 유
민이라 할 수 있었던 것도 본 기사가 「신라고사」류에 기록되어 있었기
때문에 가능했을 것이다. 곧 사로국 시대의 신라인들(6부민)은 그들의 족
적 유래가 조선유민이었음을 인식하고 있었고, 이를 바탕으로 "(사로국
건국)보다 먼저 조선朝鮮의 유민遺民들이 산곡山谷의 사이에 분거分居하며
6촌六村을 이루었다."는 출자관을 남길 수 있었다.

이 기사는 조선 유민들이 위만조선기로부터 한사군漢四郡 설치 이후
식민 지배를 피해 누차에 걸쳐 한반도 남쪽으로 이동, 경주 일대에 집중
적으로 정착했던 사실을 파악하는 사료적 근거로 이용되었다. 그것이 가
능한 것은 B.C. 1세기 전후에 경주 일대에 출현하는 고고 자료들이 서북
한 지역의 위만조선기 및 한사군기의 청동기·철기 문화와 연결되므로,32)

이를 사로국의 건국은 물론 이후의 지속적인 고조선계 유민의 도래와 연계시킬 수 있기 때문이다. 그러므로 근래 이루어진 고고학적 조사 결과를 참고하면, 관련 기사의 신뢰성은 현재적인 입장에서 별다른 논란의 여지가 없다.

또한 신라인들에 의해 가장 널리 인정된 건국 기년도 당대 지배층이 지닌 그들의 고조선 출자관을 뒷받침한다. 건국 기년에 대한 신라인들의 인식을 살펴보자. 현전 기록에 보이는 신라 건국 기일은 2가지 기년은 3가지 전승이 있다. 일단 『삼국사기』에는 전한前漢 효선제孝宣帝 오봉五鳳 원년元年 갑자甲子(A.D. 57) 4월 병진33)에 건국되었다고 하며 별도로 건국 기일을 정월 15일로 주기했다. 그런 까닭에 건국 기일에 대한 2가지 전승이 있게 되는데, 이에 건국 기년을 오봉 원년으로 정리한 자료가 둘 이상의 계통으로 전해졌다고 이해한다.34) 다만 『삼국사기』에서 이설을 전하는 복수의 자료 전승은 건국 기일에 한정될 뿐, 오히려 역설적으로 기년에 관한한 일치된 두 가지 전승이 존재했음을 반증한다.

한편 『삼국유사』에도 6촌장들이 전한前漢 지절地節 원년元年 임자壬子(A.D. 69)35)에 혁거세와 알영을 얻고 13세가 되던 오봉五鳳 원년元年 갑자甲子에 왕으로 추대하였다고 한다. 결국 『삼국사기』와 『삼국유사』 모두 신라의 건국기년을 A.D. 57년이라 하였다. 그러나 『삼국유사』에서는 혁거세의 탄생년인 지절 원년에 '고본古本'을 인용하여 '건호建虎 원년元年(A.D. 25)설'36)과 '건원建元 3년(B.C. 138)설'을 소개했다.37) 기년 차가 큰 까닭에 '고본'을 13세기 말까지 전해지던 별도의 저본으로 이해하기도 하지만,38) 현재 고본의 실체를 확인할 수 없는 까닭에39) 단정하기 쉽지 않다. 동일 저본(고본)에서 이설로 주기되어 있었을 여지도 존재하기 때문이다. 다만 『삼국유사』에 관련 기록에 주기된 이설들이 '고본'에서 인용되었음은 지절 원년과 다른 이설의 탄생 기년이 별도의 전거로 존재했음을 시사한다. 왜냐하면 주기시 전거없이 인용한 경우 별도 전거의 여부를 알 수 없지만, 관련 전거가 별도의 자료일 경우『삼국사기』는 '고기古記' 내지 구체적인 서명(『책부원구册府元龜』·김대문의 『계림잡전鷄林雜傳』·『당서唐書』·『통감通鑑』 등)을, 『삼국유사』는 '고본古本'·'일본一本'·『일본제기日本帝紀』·『향기鄕記』·『당사唐史』·『당서唐書』·『국사國史』·「사중기寺中記」 등을 적기하는 경향성이 나타나기 때문이다.[40]

한편 이설을 기록한 고본에도 혁거세의 즉위시 나이가 13세였는지 알 수 없다. 다만 고본에 기록된 혁거세의 탄생년(A.D. 25년이나 B.C. 138년)을 기반으로, 『삼국사기』와 『삼국유사』에 혁거세가 13세 되던 해에 즉위했다는 일치된 전승을 단순히 연결한다면, A.D. 37년이나 B.C. 126년을 새로운 건국 기년으로 산출할 수 있다. 그런데 일연은 고본 기년을 오류로 단정했고 이 고본을 김부식도 참고했는지 불분명하나, 최종적으로 김부식 일연 그리고 「왕력」의 찬자 등은 건국 기년을 모두 B.C. 57년으로 기록했다. 그것은 이 기년이 신라인들이 전해준 각종 기록에 보이는 건국 기년 중 가장 신뢰할 수 있었기 때문일 것이다.[41]

그런데 신라의 건국 기년으로 공인된 B.C. 57년이 위만조선 멸망 후 최초의 갑자년이라는 점이 주목된다. 대체로 삼국시대 각국은 뚜렷한 건국관과 연대를 기점으로 시작된 것은 아니므로 후대의 어느 시점에서인가 각국의 건국 기년이 창출되었을 것이다. 그러므로 신라의 건국 기년인 B.C. 57년은 신라 중심주의 입장에서 고구려의 건국 기년인 B.C. 37년과 같은 일갑자一甲子 안에 있는 최초의 갑자년을 건국 기년으로 채택한 결과로 보거나[42] 또는 낙랑군樂浪郡 개설 후 최초의 갑자년인 까닭으로 채택되었다는 견해[43] 등이 제시된 바 있다. 이러한 건국 연대관은 가장 선진적인 고구려나, 한사군의 역사를 기초로 신라의 건국 기년을 이해한 것이다.

　그러나『삼국사기』「신라본기」의 시조 혁거세 즉위년조에 "조선朝鮮 유민遺民들이 산곡山谷 간에서 6촌을 이루었다."는 기사가[44] 시사하듯, 신라인들은 자신들의 선先이 조선 멸망 이후 남하한 유민이었음을 알고 있었다. 그러므로 굳이 고구려의 건국 기년이나 한사군의 설치 연대를 기준으로 자신들의 건국 기년을 설정할 필요가 없었다. 오히려 신라인들은 자신의 선先이 조선 유민이었다는 고유의 출자관을 바탕으로, 고조선 멸망 이후 최초의 갑자년甲子年[變革歲]인 B.C. 57년을 자국의 건국 기년으로 채택하였다고 이해하는 것이 자연스럽다. 곧 갑자년의 건국 기년은 신라인 자신이 건국기 주요 집단의 출자가 바로 고조선에 있었음을 이해하고 이를 전제로 창출되었던 것이다.[45]

　그러면 기층집단으로 조선유민이 인정되고 시조로 혁거세가 등장하며, 건국 기년이 B.C. 57년으로 설정되는 전통적인 건국관의 확립 시기를 생각해 보자. 소호김천씨설의 전거가 통일 이후 작성되었음을 감안하면, 「신라고사」를 전거로 하는 알지 등에 대한 시조인식은 이보다 앞선 시기에 정립되었을 것이다. 그렇다면 신라 고유의 시조관이 기록에 정착될 수 있는 하한은 바로 진흥왕대 이루어진『국사』편찬기 외에 특별히 비정될 만한 시점이 없다. 물론『국사』편찬을 주장한 이사부異斯夫의 경력과 자비마립간慈悲麻立干을 기점으로 「신라본기新羅本紀」의 성격이 크게 다른 점 등을 근거로, 5세기 후반에서 6세기 초두에 걸친 축성築城 기사를 중심으로 본서가 편찬되었다는 견해가 제시된 바 있지만[46] 지나치게 지엽적 문제에 집착하여 지지를 얻지 못하였다. 오히려 삼국시대의 역사서는 모두 중앙집권적 지배체제를 완성한 직후에 편찬된 것으로 보아 국가의 위엄을 과시하는 데 그 목적이 있었으니,[47] 진흥왕대의『국사』역시 중고 왕실의 정통성을 천명하고, 유교적 정치 이념에 입각하여 왕자의 위엄을 과시하는 성격의 사서로 판단한다.[48]

한편『삼국사기』는 왕권의 존엄성과 신성성을 부각시켰을 뿐만 아니라 편찬과 관련된 당대 정치실권자인 이사부異斯夫·거칠부居柒夫로 대표되는 귀족의 입지와 역할을 중시하는 방향으로도 편찬되었다고 한다.[49] 그런 까닭에『국사』편찬기에 왕실을 비롯한 지배집단의 신성성을 확보하기 위한 과정에서, 귀족세력화한 박씨 왕계의 시조 혁거세와 석씨 왕계의 시조 탈해 등이 공식적으로 인정되어 기록될 수 있었을 것이다. 현재까지 박씨 시조인 혁거세와 석씨 시조인 탈해 그리고 김씨 시조인 알지의 신이한 탄생담이 모두 전승된다는 것은『국사』편찬기에 이들을 시조로 하는 3성 집단의 교립도 동시에 인정되었음을 시사한다.

상술한 바와 같이『삼국사기』에는 혁거세의 건국 기일 그리고『삼국유사』에는 고본을 전거로 한 혁거세 탄생년에 대한 이설이 전한다. 이는 관련 내용이 여러 사람들에 의해 누차에 걸쳐 기록되었던 결과이다. 다만 건국 기일이나 시조의 탄생 기년에 대한 정리는 어느 일개인에 의해 자유로이 이루어질 수 있는 것은 아니며 그런 경우라도 후세에까지 전승되기 어렵다. 그러므로 상기 안건에 대한 다양한 이설이 전함은 국가적 차원에서 누차에 걸친 역사 기록 정리에 대한 노력이 상정될 수 있다. 다만『삼국사기』에 따르면 진흥왕대의『국사』편찬 이전이나 이후 시기 뚜렷한 국가적 차원에서의 역사 편찬은 확인되지 않는다.

8세기 초 한산주 도독을 역임했던 김대문金大問이 신라 고유 왕호인 자충(차차웅)과 니사금, 마립간 등에 대한 서술을 남겨 놓은 것으로 보아, 중대 이후에도 상고사에 대한 관심이 존재했음은 인정된다. 그러나 주제의 성격상 시조나 건국 기년에 대한 정리는 국가적 차원의 역사 서술인『국사』편찬 이후 이에 대한 이설이 특별히 제시 내지 창출될 만한 여지는 줄어든다. 그런 까닭에 건국기년 못지않게 비중이 있는 시조 혁거세의 탄생년이『삼국유사』에 고본을 전거로 하여 이설로 2종 소개된 점은

『국사』편찬 이전에 최소한 건국 시조에 대한 기록의 정리가 누차 존재
했다고 여겨진다. 그런데 혁거세는 건국시조이자 박씨 왕실의 시조였다.
당연히 그의 탄생년과 건국 기년은 신라 초기 왕실이자 그의 후손인 박
씨 집단에 의해 가장 많은 관심을 받았을 것이다. 그러므로 혁거세 탄생
년에 대한 이설은 아마도 박씨 왕 시대인 상고기에 출현되었을 여지가
많다. 이러한 이설들은 이후 구전이나 개별 기록으로 전해져 오다가 진
흥왕대 이루어진『국사』편찬기에 다양한 전승들을 일률적으로 정리하
며 주기되었던 것으로 판단된다.

6. 맺음말

현전하는 가장 오래된 역사서인『삼국사기』를 보면, 세 나라의 건국순
서가 신라·고구려·백제 순이며, 그에 따라 본기의 배열도 신라가 가장
전치되어 있다. 그러나 본기의 내용을 점검해 보면 삼국의 사회적 정치
적 발전을 보여주는 관등 제도의 정비나 율령 반포 그리고 불교 수용 등
이 이루어진 순서는 고구려·백제·신라이다. 신라에서 율령 반포나 불교
수용 등이 이루어진 시기는 고구려에 비해 약 150여년 가량 늦다. 곧 고
구려의 사회 발전이 가장 선진적이었고 신라가 가장 후진적이었지만, 오
로지 건국 연대만은 신라가 가장 빠른 것으로 기록되어 있다. 그런 까닭
에 건국 기년은 물론 건국 관련 기사로부터『삼국사기』의 초기 기록에
대한 불신의 한 원인이 되었고, 의도적인 개작이나 조작의 결과라는 견
해가 제시될 수 있었다.

신라를 비롯한 삼국은 후대의 고려나 조선과 달리 개국에 대한 정확한
이해와 인식을 가지고 출범했던 것도 아니고 체계적인 기록 정착의 이전

시기이기도 했다. 아마도 후대 자신들의 구전 전승이나 단편 기록 등을 모아 왕실 차원의 사서 편찬을 통해 건국 시조와 기년 등이 선택적으로 정리되었을 것이다. 더구나 신라 건국 관련 기록은 건국 시조 혁거세의 존엄성을 높이기 위해 천강자라는 분식이 이루어지며 신화적인 내용이 큰 비중을 차지하기도 한다. 그러므로 『삼국사기』나 『삼국유사』에 전하는 신라의 건국 기년과 건국 과정은 전적인 사실에 기반했다기 보다 그들의 구전과 기억에 의지하던 내용을 후대 어느 시점에서인가 정리한 결과일 것이다.

그러므로 신라의 건국 신화를 전적으로 신뢰할 수 없음은 당연하지만 전적으로 과거 사실과 유리된 창작의 결과만은 아니다. 이에 본고에서는 신라의 모태인 사로국의 성립에 관여한 기층집단과 건국 시조 혁거세 그리고 건국 기년의 설정 등에 대한 신라인들의 인식을 살펴보고 최종적으로 이러한 인식이 정리된 시점까지 검토해 보았다. 이를 요약하면 신라인들이 고유하게 이해하고 있던 사로국 형성의 기층 집단(6촌)은 위만조선 성립 전후시기에 경주 일대 지역으로 흘러들어왔던 (선래)고조선 유민들로 파악할 수 있다. 한편 건국시조인 혁거세는 입방설도를 도모하던 6촌장에게 발견되어 양육되다가 왕위에 올라 사로국을 건국한 인물로 묘사되어 있다. 탄강의 흔적을 지닌 것으로 보아 외부 유입 집단의 장으로 여겨지는데 현 경주 일대지역에 대한 고고학적 조사 성과를 참고할 때, 대체로 위만조선 멸망 이후 한사군의 식민 지배를 피해 남하한 (후래)고조선 유민 집단의 장으로 여겨진다. 곧 경주 지역에 정착했던 고조선 유민이 동일한 족적 유래를 가진 유민을 받아들여 사로국이 출현하였던 것이다. 더구나 『삼국사기』와 『삼국유사』 등은 모두 신라의 건국 기년을 B.C. 57년이라 하였는데, 이 해는 고조선 멸망 이후 최초의 갑자년이라는 것이 사로국의 형성과 고조선 유민의 상관성을 더욱 신뢰할 수 있게 한다. 물론 이 해에 실제 신라가 건국되었다기 보다는 신라인들이 그들의 연원이 고조선에 있었음을 숙지하고 있었기 때문에, 자국사를 정리하는 과정에서 BC 57년을 선택한 결과였을 것이다.

한편 혁거세는 건국시조이자 초기 왕실인 박씨 왕족의 시조이다. 그런데 신라는 상고기 박씨 석씨와 김씨 등에 의한 3성 집단의 왕위 교립이 있었고, 이후 김씨 왕실의 확립과 김씨 왕실 내에서의 가계 분화가 나타났다. 이 과정에서 시조묘 제례의 변천(시조묘, 신궁, 오묘제)과 더불어 시조관의 다변화(박혁거세, 김알지, 성한, 소호김천씨, 미추왕)도 존재하였다. 그럼에도 불구하고 초기 왕실인 박씨 집단의 시조 혁거세가 건국시조로의 위상을 유지하고 있을 뿐만 아니라 상대적으로 사적 위상이 떨어지는 탈해 신화도 전승되었다. 이는 김씨 왕권이 확립된 중고기는 물론 전제왕권기라 평가받는 중대 왕실도 어찌할 수 없는 혁거세를 비롯한 전통적인 삼성 집단의 시조관이 확립되어 있었기 때문이다. 중대 왕실이 소호김천씨를 시조로 설정했던 것을 참고해 보면, 이러한 시조관의 확립은 중대 이전 시기 국가적 차원의 시조관 정립이 있었기에 더 이상 개변할 수 없었을 것이다. 그렇다면 진흥왕대 이루어진 『국사』 편찬기 외에 특별히 비정될 만한 시점이 없다.

박혁거세의 탄생 기일에 대한 이설이 존재하는데 김씨왕 재위기 이에 대한 관심과 정리가 있었다고 보기 어렵다. 그러므로 건국시조 박혁거세의 행적에 대해서는 박씨왕 재위기인 상대에 이에 대한 관련 전거의 정리가 누차 있었을 것이며, 이후 건국 기년 그리고 상고기 왕실 시조 등에 대한 고유 전승들이 구전이나 「신라고사」의 형태로 전해지다 진흥왕대 『국사』 편찬을 계기로 나름대로 정설과 이설로 정리되었다고 여겨진다. 당연히 이러한 모든 내용이 사실이라고 볼 수 없지만, 그러한 고유 전승의 기반에는 고조선의 멸망 전후 발생한 유민들이 경주 일대에 누차 정착하면서 사로국을 건립했던 행적이 자리한다고 판단된다.

주석

1) 『삼국사기』 권1, 始祖 朴赫居世 居西干 元年.
2) 『삼국사기』 권1, 시조 박혁거세 거서간 5년 봄 정월.
3) 『삼국사기』 권29, 연표(상).
4) 『삼국사기』 권34, 잡지3, 지리1.
5) 『삼국유사』 권1, 기이2, 신라시조 혁거세왕.
6) 『삼국유사』 권1, 왕력1, 신라 제1 혁거세.
7) 편찬시기가 가장 빠른 『삼국사기』의 관련 기록을 기본 항목으로 『삼국유사』와 본 책에 수록된 왕력의 내용을 분류해 정리했다.
8) 『삼국사기』 권28, 백제본기6, 義慈王 論讚.
9) 津田左右吉, 「三國史記の新羅本紀について」 『古事記及び日本書紀の硏究』, 1924 ; 末松保和, 「新羅建國考」, 1932 및 「新羅六部考」, 1936 : 『新羅史の諸問題』, 東洋文庫, 1954 ; 三品彰英, 「骨品制社會」 『古代史講座』 7, 學生社, 1963 ; 武田幸男, 「新羅六部와 그 展開」 『碧史李佑成敎授停年退任紀念論叢 民族史의 展開와 그 文化』, 1990 ; 全德在, 「上古期 新羅六部의 性格에 대한 考察」 『新羅文化』 12, 1995 : 『新羅六部體制硏究』, 一潮閣, 1998.
10) 朱甫暾, 「三國時代의 貴族과 身分制 - 新羅를 중심으로」 『韓國社會發展史論』, 一潮閣, 1992, 9~19쪽.
11) 李丙燾, 「新羅의 起源問題」 『修訂版 韓國古代史硏究』, 博英社, 1976 ; 丁仲煥, 「斯盧六村에 對하여」 『釜山 文理大學報』 3, 1960 : 「斯盧六村과 六村人의 出自에 대하여」 『歷史學報』 17·18, 1962 ; 李鍾恒, 「新羅六部考」 『國民大學論文集』 1, 1969 ; 金元龍, 「斯盧六村과 慶州古墳」 『歷史學報』 70, 1976 ; 李宇泰, 「新羅의 村과 村主」 『韓國史論』 7, 1981 ; 金在弘, 「新羅 中古期의 村制와 地方社會 構造」 『韓國史硏究』 72, 1991 : 「신라[사로국]의 형성과 발전」 『역사와 현실』 21, 1996 ; 姜仁求, 「斯盧六村과 國家의 成立段階 試考」 『考古學으로 본 韓國古代史』, 學硏文化社, 1997.
12) 末松保和, 앞의 책, 1954 ; 金哲埈, 「新羅上古社會의 Dual Organization(上)」

『歷史學報』1, 1952 : 『韓國古代社會研究』, 서울대 출판부, 1990 ; 千寬宇, 「三韓의 國家形成(上)」『韓國學報』2, 1976 : 『古朝鮮史·三韓史研究』, 一潮閣, 1989 ; 文暻鉉, 『新羅史研究』, 慶北大 出版部, 1983 ; 徐毅植, 「'辰韓六村'의 性格과 位置」『新羅文化』21, 2003 ; 宣石悅, 『新羅國家成立過程研究』, 혜안, 1996 : 「신라본기의 전거자료 형성과정」『韓國古代史研究』42, 2006.

13) 今西龍, 「新羅史通說」『新羅史研究』, 國書刊行會, 1933 ; 李丙燾, 「三韓問題의 新考察(7)」, 1938 : 『韓國古代史研究』, 博英社, 1976 ; 李鍾旭, 「新羅上古時代의 六村과 六部」, 1980 : 『新羅國家形成史研究』, 一潮閣, 1982 ; 김재홍, 앞의 논문, 1996 ; 權五榮, 「斯盧六村의 위치문제와 首長의 성격」『新羅文化』14, 1997 ; 李根直, 「新羅 三姓始祖의 誕降地 研究」『慶州史學』16, 1997 ; 李仁哲, 「斯盧 6村의 형성과 발전」『震檀學報』93, 2002 ; 朴洪國·鄭尙洙·金志勳, 「斯盧 6村의 위치에 대한 試論」『新羅文化』21, 2003.

14) 申東河, 「新羅 骨品制의 形成過程」『韓國史論』5, 서울대, 1979, 31~57쪽 ; 李基白·李基東, 『韓國史講座』Ⅰ-古代篇-, 一潮閣, 1982, 211~212쪽 ; 李鍾旭, 「新羅骨品制의 起源」『東方學志』30, 1982, 164~166쪽 : 「新羅骨品制研究의 動向」『韓國古代의 國家와 社會』, 一潮閣, 1985, 214쪽 ; 申瀅植, 『新羅史』, 이화여대 출판부, 1985, 160~163쪽 ; 宣石悅, 「新羅 骨品制의 成立基盤과 그 構造-麻立干時期의 支配體制 整備와 관련하여-」『釜大史學』11, 1987, 4~21쪽.

15) 李基白·李基東, 앞의 책, 1982, 217~223쪽 ; 朱甫暾, 앞의 논문, 1992, 3~9쪽.

16) 일부 문헌사학계에서는 경주 일대의 지석묘사회를 6촌과 연결하여 설명하기도 한다. 李鍾旭, 앞의 책, 一潮閣, 1982 ; 李炯佑, 『新羅初期國家成長史研究』, 嶺南大 出版部, 2000 : 「사로국의 발전과 국읍의 변모」『新羅文化祭學術論文集』26, 2005.
반면 고고학계와 일부 문헌사학계에서는 지석묘 이후의 토광묘 계열 유적을 6촌과 연결하여 설명하는 경향이 강하며 필자도 이에 동의한다.
權五榮, 앞의 논문, 1997 ; 李淸圭·朴姿妍, 「斯盧國 형성 전후의 慶州」『古文化』55, 2000 ; 朴洪國·鄭尙洙·金志勳, 앞의 논문, 2003 ; 金炳坤, 「斯盧六村의 出自와 村長의 社會的 性格」『韓國古代史研究』22, 2001 ; 朱甫暾, 「斯盧國을 둘러싼 몇 가지 問題」『新羅文化』21, 2003.

17) 田中俊明, 「『三國史記』撰進と『舊三國史』」『朝鮮學報』83, 1977 ; 강인숙, 「『구삼국사』의 본기와 지」『력사과학』4, 1985 ; 洪潤植, 「三國遺事에 있어 舊三國史의 諸問題」『韓國思想史學』1, 1987.

18) 坂元義種, 「『三國史記』分註の檢討-『三國遺事』と中國史書を中心として」『古代東アジア史論集』上, 吉川弘文館, 1978 ; 李康來, 「『三國遺事』에 있

어서의 '舊三國史'論에 대한 비판적 검토」『東方學志』66, 1990 ; 李康來,「舊三國史論에 대한 제문제-특히『三國史記』와 관련하여-」『韓國古代史研究』5, 1992.

19) 丁仲煥, 앞의 논문, 1962, 431~432쪽.

20) 金炳坤,「中國 正史 新羅傳에 記錄된 新羅 初期 王系 및 主要 集團의 出自」『史學研究』91, 2008, 14~31쪽.

21) 李鍾旭, 앞의 책, 1982, 12~54쪽 ; 姜仁求, 앞의 책, 1997, 392~393쪽 ; 李炯佑, 앞의 책, 2000, 45~53쪽.

22) 金炳坤, 앞의 논문, 2001, 121~156쪽.

23)『삼국사기』권28, 백제본기6, 義慈王 論讚.

24) 한편 중대~하대에 건립된 금석문 중에는 김씨 집단의 시조로서 태조 성한('15代祖 星漢王'-「文武王陵碑」/ '太祖 漢王'-「金仁問墓碑」/ '太祖 星漢'-「興德王陵碑片」/ '星漢'-「廣照寺眞澈大師寶月乘空塔碑」/ '聖韓'-「毘盧寺眞空大師普法塔碑」)이 등장한다. 그러나 성한은 고려시대 사서인『삼국사기』나『삼국유사』에 전혀 언급되지 않았으며, 그 이유에 대해서 필자가 별고를 통해 언급한 바 있다(김병곤,「신라 시조 인식의 변천과 五廟制의 太祖(始祖)大王에 대한 시론」『삼국유사 기이편의 연구』, 한국학중앙연구원, 2005, 223~227쪽, 240~241쪽). 당대 신라인의 시조관을 반영한다는 점에서 성한은 주목할 가치가 있지만 김씨 시조로써 건국 시조 박혁거세와 차별적인 위상을 가진다. 이에 본고에서 주요 고찰의 대상으로 삼지 않는다.

25) 김병곤, 앞의 논문, 2005, 204~220쪽.

26)『삼국사기』권1, 탈해왕 9년 3월.

27)『삼국유사』권1, 기이1, 김알지탈해왕대.

28) 金炳坤,「新羅 初期王權의 成長과 天神信仰」『韓國思想史學』13, 1999 :『신라왕권성장사연구』, 학연문화사, 2003, 261~270쪽.

29) 李文基,「新羅 金氏 王室의 少昊金天氏 出自觀念의 標榜과 變化」『歷史教育論集』23・24, 1999 :「新羅 五廟制의 成立과 그 背景」『金廷鶴博士米壽紀念 考古學・古代史論叢』, 1999.

30)『삼국사기』권1, 남해왕 3년 1월.

31) 金炳坤,「신라초기 왕실집단의 出自와 사회적 성격」『史學研究』65, 2002, 51~72쪽.

32) 金元龍,「慶州 九政里 出土 金石竝用期 遺物에 대하여」『歷史學報』1, 1952 :「三國時代의 開始에 관한 一考察」『韓國考古學研究』, 一志社 1987, 543~545쪽 ; 崔鍾圭,「慶州 九政洞一帶 發掘調査」『博物館新聞』139, 1983 ; 李賢惠,『三韓社會形成過程研究』, 一潮閣, 1984 ; 李鍾宣,「細形銅劍文化의 地域的 特性」『韓國上古史學報』3, 1990 ; 崔秉鉉,『新羅古墳研究』, 一志社, 1992, 91~100쪽 ;

김재홍, 앞의 논문, 1996, 112~113쪽 ; 김병곤, 앞의 책, 2003, 132~179쪽 ; 文昌魯, 앞의 논문, 2004, 183~187쪽.

33) 『삼국사기』 권1, 신라본기1, 시조 혁거세 원년조.

34) 이부오, 「底本 수용의 맥락을 통해 본 『三國史記』 新羅本紀 초기 기사의 이해 방향」 『新羅史學報』 21, 2011, 14~15쪽.

35) 『삼국유사』 권1, 기이1, 신라시조 혁거세왕조.

36) 건원(건무) 원년이 사실에 가까울 것이라고 보는 주장(李仁哲, 「新羅上古世系의 新解釋」 『新羅村落社會史研究』, 一志社, 1987, 336~339쪽)도 있다.

37) 『삼국유사』 권1, 기이1, 신라시조 혁거세왕, '前漢地節元年壬子「古本云 建虎元年 又云 建元三年等 皆誤」'

38) 이부오, 앞의 논문, 2011, 16~17쪽.

39) 이강래, 「『삼국사기』의 삼국 인식」 『韓國史學報』 41, 2010, 45쪽.

40) 물론 고유 전승 기록으로 여겨지는 『삼국사기』의 '고기'와 『삼국유사』의 '국사'의 실체에 대해서는 다양한 견해가 제시되어 있다.

末松保和, 「舊三國史と三國史記」 『朝鮮學報』 39·40, 1966 ; 田中俊明, 앞의 논문, 1977 ; 김석형, 「구『삼국사』와 『삼국사기』」 『력사과학』 4, 1981 ; 김영경, 「『삼국사기』와 『삼국유사』에 보이는 「고기」에 대하여」 『력사과학』 2, 1984 ; 洪潤植, 앞의 논문, 1987 ; 이강래, 앞의 논문, 2010.

41) 이러한 건국 기년에 대한 인식 자체가 정확한 과거 사실에 기반한 것인지 알 수 없다. 그런 까닭에 최초로 근대적 역사학 방법론에 입각해 한국고대사를 연구했던 일본 학자는 물론 오늘날의 일부 국내학자들도 BC 57년의 건국 기년을 인정하지 않고 중국 기록을 기초로 하거나 기년 조정 등을 통해 새로운 기년의 설정을 시도하고 있다. 이러한 다양한 견해는 최근 이부오의 논문 정리(이부오, 「일제강점기 『삼국사기』 신라본기 초기기사 비판론에 대한 극복과정과 과제」 『한국고대사연구』 61, 2011)가 있었으므로 참고하면 전반적인 이해에 도움이 된다. 다만 본고는 건국과정에 대한 후대 신라인들의 인식을 다루는 것이므로 사실 여부에 대한 고찰은 별도의 문제로 더 이상 고구하지 않는다.

42) 今西龍, 앞의 책, 1933, 8~10쪽.

43) 末松保和, 「新羅上古世系考」 『新羅史の諸問題』, 東洋文庫, 1954, 115쪽.

44) 『삼국사기』 권1, 신라본기1, 시조 혁거세 즉위년조.

45) 김병곤, 「국내 史書에 기록된 신라 건국기 주요 지배집단의 유래와 出自認識」 『新羅史學報』 12, 2008.

46) 井上秀雄, 『古代朝鮮』, 日本放送出版協會, 1972, 146~149쪽.

47) 李基白, 改正版 『韓國史新論』, 一潮閣, 1976, 76쪽 ; 한글판 『한국사신론』, 일조각, 1999, 75쪽.

48) 李基東, 「古代國家의 歷史認識」 『韓國史論』 6, 國史編纂委員會, 1979, 9쪽

: 「고대의 역사인식」『于松趙東杰先生停年紀念論叢 – 韓國史學史研究 – 』, 나남출판, 1997, 33쪽 ; 趙仁成, 「三國 및 統一新羅의 歷史敍述」『韓國史學史의 研究』, 乙酉文化社, 1985, 16~18쪽 ; 申瀅植, 「新羅人의 歷史認識과 그 編纂」『白山學報』34, 1987 :『統一新羅史研究』, 한국학술정보(주), 2004, 240쪽.

49) 申瀅植, 앞의 논문, 1987 : 앞의 책, 2004, 244쪽 ; 朴成熙, 「古代 三國의 史書 편찬에 대한 재검토」『震檀學報』88, 1999, 33~38쪽.

토론문 〈사로국의 출범과 신라인의 건국관〉

권 덕 영●

　사로국을 포함한 신라의 건국과 건국주체 그리고 시기 등에 대해서는 지금까지 수많은 논의가 있어왔다. 이러한 문제에 대하여 일정 부분 학계의 의견이 일치하나, 상당 부분에서 일치하지 않는 것도 사실이다. 오늘 김병곤 선생님의 발표는 복잡다단한 이러한 문제를 포함하여 사로국 건국의 주체세력이라 할 수 있는 사로 6촌과 그들이 추대한 박혁거세 집단의 출자 그리고 건국기년 문제를 종합적으로 정리하여 신라인의 사로국 건국관建國觀을 추론하였다.

　사실 사로국의 건국 문제는 한국고대사에 관심을 가지고 있는 사람이면 누구나 한번쯤 고민해 보았고 또 그러면서도 쉽게 풀 수 없던 난제이다. 그런데 발표자는 치밀한 사료분석을 통하여 이 문제를 명쾌하게 설명하였다. 발표자께서는 『삼국사기』와 『삼국유사』의 신라 건국설화를 비교 분석하여, 사로국 건국의 기층집단인 사로 6촌민을 고조선 유민으

● 부산외국어대학교 역사관광학부 교수

로 파악하였다. 나아가 박혁거세 역시 고조선 유민의 일파로 이해하여, 경주지역에 먼저 이주한 고조선 유민(사로 6촌민)이 후래後來한 고조선 유민(혁거세 집단)을 동일한 족적 유래를 가진 유민이라는 친연성에 의거하여 함께 사로국을 출범시켰다고 하였다. 그 결과 그들은 고조선 멸망 이후 최초의 갑자년인 B.C. 57년을 사로국 건국기년으로 삼았는데, 그러한 인식은 박씨 왕위기에 확립되어 전승되다가 진흥왕대『국사』편찬시에 공식적인 '역사'로 정리되었다고 하였다.

신라 건국과 관련한 이러한 주장은 흥미로움을 넘어 파격적이라 해도 지나치지 않을 듯싶다. 그런데 이처럼 파격적인 주장과 결론을 도출하는 과정에서 활용한 자료가『삼국사기』와『삼국유사』의 신라 건국 관련 설화만을 대상으로 했다는 점에서 일말의 불안감을 느낀다. 사실 사로국과 신라의 건국에 관해서는『삼국사기』와『삼국유사』의 기록이 가장 자세하고 체계적이다. 그러나 발표자도 언급했듯이, 그것들은 어디까지나 고려인의 눈을 통한 신라 건국 이야기이다. 그래서 발표자께서는 정밀한 사료비판을 통하여 그 속에서 신라인의 관념을 추출하여 논거로 삼았으나, 역시 미심쩍기는 마찬가지이다. 그래서 혹시 신라인의 진솔한 기록인 신라 금석문 자료와 고려시대 묘지명자료, 기타 여러 사료에서 발표자의 주장을 뒷받침할 수 있는 자료가 없을까 한번쯤 돌아볼 필요가 있다. 다시 말하면 자료를 보다 광범위하게 활용하여 논지를 보강하면 어떨까 하는 생각이다.

토론자가 이 논문을 읽고 가장 먼저 머리에 떠오른 것은 조선후기 실학자 이익李翼과 그의 제자 안정복安鼎福이 주장한 삼한정통론이랄까 마한정통론이었다. 주지하는 바와 같이 삼한정통론은 위만이 고조선을 합당하게 계승하지 않고 찬탈하였으므로 그를 기자조선 정통의 정당한 계승자로 볼 수 없고, 그 정통은 이른바 기자조선의 마지막 왕 기준箕準이

남쪽으로 옮겨와 세웠다는 마한으로 이어진다고 하는 주장이다. 그런데 이 논문에서는 사로국의 건국 주체세력이 바로 앞서거니 뒷서거니 하며 경주로 이주한 고조선 유민이라 하였으므로 사로국은 바로 고조선의 맥을 잇고 있는 셈이다. 그래서 이 논문은 '진한정통론' 혹은 '신라정통론'을 주장하기 위하여 작성한 것이 아닌가 하는 생각이 들었던 것이다. 이 점에 대한 발표자의 견해를 듣고 싶다.

마지막으로 사로 6촌의 위치문제이다. 이 논문에서는 진한 6부 혹은 사로 6촌이 경주 일대에 자립잡고 있던 6개의 촌락이라는 전제하에서 논리를 전개시켰다. 그런데 만약 사로 6촌이 일부에서 주장하듯이, 오늘날의 경상북도 지역에 해당하는 진한 전지역에 흩어진 광역 단위라면 이 논문의 기반이 무너지게 된다. 그럼에도 불구하고 발표자께서는 신라 골품제도가 왕경민王京民을 대상으로 제정·실시되었다는 사실만으로 그러한 주장을 간단히 일축하였다. 그러나 골품제도가 실시된 6세기의 왕경민을 기존의 진한 전역에 흩어져있던 진한 6촌의 지배계층을 왕경민으로 편제한 것으로 이해한다면, 골품제가 왕경민을 대상으로 했다는 사실만으로 사로 6촌이 경주지역에 한정되었다고 단정할 수 없다. 따라서 사로 6촌이 진한 전지역에 퍼져있었다는 광역지역설의 허구성에 대한 보다 구체적인 논거 제시가 필요하다.

이상으로 토론자의 생각을 다소 거칠게 정리하였다. 혹시 잘못 이해한 부분이 있으며 너그러이 양해해 주기 바란다.

신라의 6촌과 산악제사山嶽祭祀

채 미 하 *

1. 머리말

『삼국사기』와 『삼국유사』를 보면 신라사의 첫 머리에 6촌 신화가 나
온다. 이에 연구자들은 여기에 대해 많은 관심을 가졌다. 이를 통해 6촌
의 위치라든가 그 사회의 성격, 그리고 6촌과 신라 6부와의 관계 등1)에
대해 알 수 있었다.

그런데 지금까지의 연구를 보면 6촌의 위치를 후대의 6부 범위까지를 포함
시켜 이해하고 있다. 6촌과 6부의 관계에 대해서는 연구자들의 다양한 견해가
있지만, 현재 6촌과 6부의 계기성은 어느 정도 인정하고 있다. 6촌과 6부의
성격이 다르다는 것도 대부분의 연구자들은 동의하고 있다. 이러한 점을 염두
에 둘 때 6촌의 범위와 6부의 범위는 구분해 보아야 하지 않을까 한다.

그리고 6촌 신화를 후대에 부회되었다고 보기도 하지만, 신화는 사회적

* 경희대학교 사학과 강사

경험이 객관화된 것으로 여기에는 일정한 역사적 경험이 반영되어 있다고 할
수 있다. 대부분의 연구자들 역시 6촌 사회의 기반과 그 기반의 변화에 대해
언급하였다. 하지만 6촌이 6부로 변하면서 6촌 안에는 6촌 세력 외에 새로운
세력이 들어왔다. 6촌 세력과 새로 들어온 다른 세력과의 관계 속에서 6촌
세력은 그 기반이 변하였을 것이다. 이에 여기에 대한 검토도 필요하다.

   또한 6촌과 관련된 기록이 신라 역사의 첫머리에 등장하는 이유도 궁
금하다. 이것은 6촌 사회의 견고성, 공고성과 관련있지 않을까 한다. 신
라 사회에서 공동체의 공고성을 뒷받침해주는 가장 대표적인 것은 산악
과 관련 있는 신앙이었다. 신라는 고대국가로 성장하면서 산악들을 대·
중·소사체계라는 국가제사에 편제하였다. 그러하다면 6촌과 관련 있는
산악들도 신라 국가제사에 편제되었을 것인데, 이들 산악이 신라 국가제
사에 편제된 의미가 무엇인지에 대해서도 생각해 보아야 할 것이다.

   이를 위해 본 논문에서는 『삼국사기』와 『삼국유사』에 보이는 6촌과
관련된 사료를 비교·검토하고 6촌장의 초강지初降地와 촌명村名을 통해 6
촌의 위치를 생각해 볼 것이다. 다음으로 6촌 세력의 기반이 다른 세력들
과의 관계 속에서 어떻게 변화되어 가는지를 검토해 볼 것이다. 그리고
6촌과 관련 있었던 산악이 신라의 국가제사에 편제된 의미가 무엇인지에
대해서도 살펴볼 것이다. 이를 통해 신라 6촌 사회의 여러 모습을 알 수
있을 것으로 기대한다.

2. 6촌과 6촌장의 초강지初降地

   다음은 『삼국사기』와 『삼국유사』에 보이는 6촌과 관련된 사료이다.

A-1. ① 先是 朝鮮遺民分居山谷之間 爲六村 一曰閼川楊山村 二曰突山高墟村 三曰觜山珍支村「或云干珍村」四曰茂山大樹村 五曰金山加利村 六曰明活山高耶村 是爲辰韓六部.[2)]

② 春 改六部之名 仍賜姓 楊山部爲梁部 姓李 高墟部爲沙梁部 姓崔 大樹部爲漸梁部「一云牟梁」姓孫 干珍部爲本彼部 姓鄭 加利部爲漢祇部 姓裴 明活部爲習比部 姓薛.[3)]

2. ① 辰韓之地 古有六村 一曰閼川楊山村 南今曇嚴寺 長曰謁平 初降于瓢嵓峰 是爲及梁部李氏祖「弩禮王九年置 名及梁部 本朝太祖天福五年庚子 改名中興部 波潛東山彼上東村屬焉」二曰突山高墟村 長曰蘇伐都利 初降于兄山 是爲沙梁部「梁讀云道 或作涿 亦音道」鄭氏祖 今曰南山部 仇良伐麻等烏道北廻德等南村屬焉「稱今曰者 太祖所置也 下例知」三曰茂山大樹村 長曰俱「一作仇」禮馬 初降于伊山「一作皆比山」是爲漸梁「一作涿」部 又牟梁部孫氏之祖 今云長福部 朴谷村等西村屬焉 四曰觜山珍支村「一作賓之 又賓子 又氷之」長曰智伯虎 初降于花山 是爲本彼部崔氏祖 今曰通仙部 柴巴等東南村屬焉 致遠乃本彼部人也 今皇龍寺南味呑寺南有古墟 云是崔侯古宅也 殆明矣 五曰金山加里村「今金剛山栢栗寺之北山也」長曰祗沱「一作只他」初降于明活山 是爲漢歧部 又作韓歧部裵氏祖 今云加德部 上下西知乃兒等東村屬焉 六曰明活山高耶村 長曰虎珍 初降于金剛山 是爲習比部薛氏祖 今臨川部 勿伊村仍仇旀村闕谷「一作葛谷」等東北村屬焉 按上文 此六部之祖 似皆從天而降.[4)]

② 弩禮王九年始改六部名 又賜六姓 今俗中興部爲母 長福部爲父 臨川部爲子 加德部爲女 其實未詳[5)]

위의 사료 A-1 ①에 따르면 조선유민朝鮮遺民들이 산곡山谷 사이에 나뉘어 살아 6촌村을 이루었는데, 첫째는 알천 양산촌閼川楊山村, 둘째는 돌산 고허촌突山高墟村, 셋째는 자산 진지촌觜山珍支村(干珍村), 넷째는 무산 대수촌茂山大樹村, 다섯째는 금산 가리촌金山加利村, 여섯째는 명활산 고야촌明活山高耶村이라 하였으며, 이것은 진한辰韓 6부六部가 되었다고 한다. 그리고 A-1 ②에는 유리왕 9년 봄에 6부部의 이름을 고치고 성姓을 내렀는데, 양산부楊山部는 양부梁部로 성은 이李, 고허부高墟部는 사량부沙梁部로 성은 최崔, 대수부大樹部는 점량부漸梁(车梁)部로 성은 손孫, 간진부干珍部는 본피부本彼部로 성은 정鄭, 가리부加利部는 한기부漢祇部로 성은 배裵, 명활부明活部는 습비부習比部로 성은 설薛이라고 하였다.

이러한 내용은 사료 A-2 ①의 『삼국유사』에도 보이는데, 진한 땅에는 옛날 6촌村이 있었다(辰韓之地 古有六村)고 한다. 첫째는 알천 양산촌閼川楊山村, 촌장村長은 알평謁平이고 표암봉瓢嵓峰에 내려왔으며 급량부及梁部 이씨의 조상이다. 둘째는 돌산 고허촌突山高墟村, 촌장은 소벌도리蘇伐都利이고 형산兄山에 내려왔으며 사량부 정씨의 조상이다. 셋째는 무산 대수촌茂山大樹村, 촌장은 구례마俱(仇)禮馬이고 이산伊山(皆比山)에 내려왔으며 점량부漸梁部 또는 모량부车梁部 손씨의 조상이다. 넷째는 자산 진지촌觜山珍支村, 촌장은 지백호智伯虎이고 화산花山에 내려왔으며 본피부本彼部 최씨의 조상이다. 다섯째는 금산 가리촌金山加里村, 촌장은 지타祇沱(只他)이고 명활산明活山에 내려왔으며 한기부漢歧部(韓歧部) 배씨의 조상이다. 여섯째는 명활산 고야촌明活山高耶村, 촌장은 호진虎珍이고 금강산에 내려왔으며 습비부習比部 설씨의 조상이다. 그리고 사료 A-2 ②를 보면 노례왕 9년에 6부의 이름을 고치고 성을 하사했다고 한다.

이상의 사료 A의 내용을 살펴보면 진한辰韓에 6촌6)이 있었고 이것은 유리왕 9년 진한의 6부部7)가 되었으며 각 부에 성姓8)이 하사되었음을 알 수 있다. 그런데 A-1 ①과 A-2 ①에 보이는 6촌 중 자산 진지촌과 무산 대수촌의 순서와, 돌산 고허촌과 자산진지촌의 성姓이 바뀌어 기록되어 있다. A-2 ①에는 금산가리촌의 촌장이 초강初降한 곳은 명활산이며 명활산 고야촌의 촌장이 초강한 장소는 금강산이라고 되어 있지만, 이것은 서로 뒤바뀐 것으로 여겨진다.

이처럼 A-1 ①과 A-2 ①에 보이는 6촌과 관련된 자료에는 차이가 있다. 이것은 자료의 문제인지 아니면 편찬자의 착오인지는 잘 알 수 없다. A-2 ①의 내용에는 불명확한 점도 발견된다. 그렇지만 A-2 ①의 내용은 A-1 ①에는 보이지 않는 6촌장의 이름과 시조의 초강지를 알수 있다. A-2 ①에는 고려 6부에 대한 내용도 반영되어 있는데, 여기에서 신라의 6부가 고려 6부로 재편된 사실과 고려 6부의 범위를 알 수 있다. 그리고 고려 6부의 시점은 '칭금왈자稱今曰者 태조소치야太祖所置也 하례지下例知'로 보아 고려 태조 천복 5년(940)이다. 이 때 급량부는 중흥부, 사량부는 남산부, 점량부(모량부)는 장복부, 본피부는 통선부, 한기부는 가덕부, 습비부는 임천부라고 하였다.[9]

사료 A-2 ②를 보면 일연은 '금속今俗'에서 중흥부를 어머니로 삼고, 장복부를 아버지로 삼고, 임천부를 아들로 삼고, 가덕부를 딸로 삼는데, 그 까닭은 자세하지 않다고 하였다. 여기에서 '금속今俗'의 '금今'은『삼국유사』의 찬자인 일연이 살았던 당대를 말하는 것으로 생각된다. 이것은 사료 A-2 ①에서 알천 양산촌의 남쪽에 지금[今] 담엄사가 있다고 한 것, 금산 가리촌은 지금[今]의 금강산 백률사 북쪽 산이라는 것, 최치원은 본피부 사람이니 지금[今]도 황룡사皇龍寺 남쪽과 미탄사昧呑寺 남쪽에 최후崔侯의 옛 집이 있다고 한 것도 마찬가지이다.

앞의 사료 A-1 ②를 보면 6촌은 신라 6부로 개칭되기 전에 알천 양산촌은 양산부, 돌산 고허촌은 고허부, 금산 가리촌은 가리부, 자산 진지촌은 간진부, 무산 대수촌은 대수부로 불렸다. 이런 점에서 이들 촌은 시조의 초강지에서 그 범위가 확대된 것으로도 생각된다. 그러나 명활산 고야촌의 경우는 명활부로 불렸다. 따라서 명활산 고야촌은 시조의 탄강지인 명활산 주변을 넘지 못한 것으로 여겨진다. 그리고 앞의 사료 A-1 ①을 보면 6촌은 알천 양산촌, 돌산 고허촌, 자산 진지촌, 무산 대수촌, 금산 가리촌, 명활산 고야촌 순서로 되어 있다. 하지만 A-1 ②와 A-2

①에는 무산 대수촌이 자산 진지촌 앞에 기록되어 있다. 이것은 6촌 세력간의 위상에도 변화가 있었음을 반영한 것으로 여겨진다.

이상에서 살펴 본 6촌과 관련된 내용을 <표 1>로 정리하면 다음과 같다.

<표 1> 신라의 6촌

辰韓 六村	촌장	초강지	진한 6부		성	고려 6부	고려 촌(지명)
閼川楊山村	謁平	瓢嵒峰	양산부	(及)梁部	李	中興部(母)	波潛·東山·彼上·東村
突山高墟村	蘇伐都利	兄山	고허부	사량부	최(정)	南山部	仇良伐·麻等烏·道北·廻德 등 南村
觜山珍支村	智伯虎	花山	간진부	本彼部	정(최)	通仙部	柴巴 등 東南村
茂山大樹村	俱禮馬	伊山	대수부	漸梁部(모량부)	손	長福部(父)	朴谷村 등 西村
金山加利村	祇沱	明活山	가리부	漢歧部(韓歧部)	배	加德部(女)	上下西知·乃兒 등 東村
明活山高耶村	虎珍	금강산	명활부	習比部	설	臨川部(子)	勿伊村·仍仇彌村·闕谷(葛谷) 등 東北村

한편 앞의 사료 A-1 ①에는 혁거세의 사로국 건국 이전에 고조선의 유민이 산곡지간山谷之間에 분거分居하여 6촌을 이루었으며 이것이 나중에 진한 6부로 발전하였다고 하였다. A-2 ①에는 '진한지지辰韓之地 고유 6촌固有六村'하였다면서 6촌장을 '6부지조六部之祖'라고 하였다. 이러한 내용을 볼 때 6촌은 사로국 보다는 진한과 관련되어 있는 것으로 볼 수 있다. 이에 6촌의 위치를 경북·충북 일대에 분포되었다고 한다.10) 반면 6촌을 사로국의 모체11)로 보면서 6촌의 범위를 경주 내지는 경주 분지,12) 경주시와 월성군 일대로 보고 있다.13) 이러한 6촌14)의 위치에 대한 다양한 견해를 <표 2>로 제시하면 다음과 같다.

〈표 2〉 신라의 6촌 위치

	알천양산촌	돌산고허촌	자산진지촌	무산대수촌	금산가리촌	명활산고야촌
말송보화	경주	상주	성주	?	?	?
김철준	경주	옥천·상주	?	제천-예천	김천-성주	경주-영천
천관우	경주	상주	영해 울진	의성-예천	개령-성주	경산-영천
금서룡	경주읍 남쪽	남천상류	남천 하류	모량천	?	남천 하류
이병도	남산북·남천남	남천북·북천남	인왕리	모량천	소금강산	명활산
김원룡	월성 남산 서북	서악동일대 교동·노서동	인왕동 탈해왕릉	모량리 금척리	소금강산	보문동
이종욱	월성	오릉·산내면	외동면	모량천-서면	천북면 (양남·양북면)	명활산
오영훈	월성 부근	남산 북록	조양동 부근	鵠城 부근	명활산 부근	황성동 일대
이형우	알천남쪽 남산북록 지역 (남천유역)	남산·남천의 서쪽 沙正里	월성· 황룡사 부근	효현동·모량· 건천 일대	천북면 일대	명활산 동북쪽 보문동 일대
권오영	·	·	경주 동남부 '조양동' 등	모량천-서면 '舍羅里'	경주 북부 '황성동'등	·
이기봉	경주시내 ·見谷面	5릉 남쪽 내남면 및 울주군 두서면 남부	월성·낭산- 명활산 남쪽 유역에서 入室 남쪽까지	서면·건천읍	감포읍·양북· 양남면 및 북천 상류	천북면 일대
박홍국· 정상주· 김지훈	인왕·황남·황오동고분군 및 월성동남방 하안단구	오릉과 포석정 사이의 하안단구·남산 서북록	형제봉의 남쪽·도 지동 형산마을·조양동·구정동 서남부	금척리·건천리·천포리·조전리 일대	헌덕왕릉 서북편 평지·황성동 일대	명활산 서편단 구또는 구릉지대·낭산의 동편

※ 박홍국·정상주·김지훈, 「사로 6촌의 위치에 대한 시론」『신라문화』21, 2003, 119~120쪽의 〈표 1〉과 131쪽의 〈표 3〉 참고.

앞의 <표 2>에 보이는 위치 비정은 문헌 자료, 금석문 자료, 고고학 자료에 의한 것이다. 그렇지만 앞에서도 살펴보았지만, 문헌 자료는 정확하지 않은 부분이 있었다. 게다가 6촌장의 초강지 중 화산과 이산(개비산), 무산이라든가 6촌의 촌명에 보이는 돌산·자산·금산 등의 산 이름은 다른 자료에도 보이지 않는다. 금산 가리촌의 경우 일연은 지금의 금강산 백률사 북쪽 산이라고 하고 있다. 그런데 고려 초의 지명을 보면 상·하서지촌이 보인다. 이곳은 지금의 양남면에 해당하는 곳이다. 돌산 고허촌의 경우 구량벌[15]은 울주군 두서면에 해당한다. 이처럼 금산 가리촌과 돌산 고허촌은 고려 6부의 범위를 포함하고 있다. 그리고 자산 진지촌의 범위와 관련해서 일연은 본피부 사람인 최치원의 옛 집터가 지금도 황룡사皇龍寺 남쪽과 미탄사昧呑寺 남쪽에 있다고 하였다. 황룡사는 지금의 경상북도 경주시 월성月城 동쪽에, 있었으며 미탄사는 지금의 경상북도 경주시 구황동 낭산狼山 서쪽에 있었던 사찰이다.[16] 이로 볼 때 자산 진지촌은 신라 6부의 하나인 본피부의 범위까지 포함하고 있음을 알 수 있다.

이상에서 살펴 본 기왕의 위치 비정은 원래의 6촌이 아닌 이 보다 확장된 신라 6부와 고려 6부의 범위까지를 포함시켜 이해하고 있음을 알 수 있었다.

그렇다면 원래의 6촌은 어디에 있었을까? 이에 6촌장의 초강지와 6촌의 촌명이 관심을 끈다. 촌명 중 알천양산촌은 알천과 양산 두 지역이 합쳐진 복합명사로 보여지며 앞의 것은 시조의 탄강지와 가까운 지역이 아니었을까 한다. 이것은 다른 촌들도 마찬가지였을 것으로 여겨진다.

알천 양산촌의 시조가 초강한 곳은 표암봉으로, 표암봉은 현재의 경주 동천리에 있다. 그리고 촌명의 알천[17]은 『신증동국여지승람』에는 북천北川 혹은 동천東川이라고도 하며 부府의 동쪽 5리에 있다고 한다.[18] 양산은 후술되는 사료 D에 따르면 혁거세가 태어난 나정蘿井이 있었던 곳으로 나정은 『신증동국여지승람』에 부의 남쪽 7리에 있다고 한다.[19] 이로 볼 때 양산은 지금의 남산南山일 것이다. 그리고 일연은 알천양산촌 남쪽에 담엄사가 있다고 하였다.

돌산 고허촌의 시조 탄강지는 형산이다. 『신증동국여지승람』 경주부 산천조에 따르면 형산은 안강현 동쪽 21리에 있으며 신라는 북형산이라 칭하고 중사로 삼았다고 한다.[20] 북형산은 경북 경주시 강동면 국당리에 있는 형산이다. 그리고 경주 서쪽에 위치한 선도산을 형산으로 비정하는 견해도 있다.[21] 왜냐하면 북형산이 고허촌과는 방향이 맞지 않기 때문이다. 그렇지만 『삼국사기』 제사지 신라조(이하 제사지 신라조라 함)를 보면 선도산, 서술은 모량에 있다고 한다. 이에 형산을 서형산으로 보기 보다는 북형산으로 보아도 좋지 않을까 한다. 촌명에 보이는 돌산의 위치가 어디인지 알 수 없지만, 고허는 『삼국유사』 탑상 천룡사조에 남산의 남쪽에 고위산이 있고 거기에 천룡사가 있다고 한다.[22] 돌산 고허촌의 마등오촌과 천룡사 등의 관계 기사로 볼 때 고위와 고허는 같은 뜻으로 볼 수 있다.[23]

자산 진지촌의 시조는 화산에 내려왔다. 화산은 『동경통지東京通誌』에 경주부 북 30리에 있다고 하며 현재 의 경주시 천북면 화산리가 그 곳이 아닐까 한다. 촌명에 보이는 자산과 진지의 현재 위치는 알 수 없지만, 신라 금입택의 하나인 빈지택賓之宅이 반향사反香寺 북쪽에 있다[24]고 하는 점은 주목할 만하다. 무산 대수촌의 시조가 내려온 이산(개비산)과 촌명에 보이는 무산과 대수촌의 위치는 알 수 없지만, 기왕의 위치 비정을 보면 무산 대수촌은 대체로 경주 서편의 모량毛良에 비정하고 있다.[25] 그리고 금산 가리촌 시조는 금강산에 내려왔는데, 『신증동국여지승람』에는 경주부의 북쪽 7리에 있으며 북악北嶽이라고도 불렀다고 하며[26] 현재 경주의 소금강산이다. 금산과 가리의 위치는 알 수 없지만, 일연이 금산 가리촌은 지금의 금강산金剛山 백률사栢栗寺 북쪽 산이라고 한 것으로 미루어 소금강산 일대 지역으로 보아도 큰 무리는 없을 것이다. 명활산 고야촌 시조가 내려온 명활산은 경상북도 경주시 천군동과 보문동에 걸쳐 있는 산이고, 고야의 현재 위치는 알 수 없다.

알천을 중심으로 6촌의 위치를 볼 때 알천 양산촌과 자산 진지촌, 금산 가리촌의 경우는 알천 북쪽에 있었음을 알 수 있다. 명활산 고야촌의 경우는 알천과 가까운 곳에 있었다. 이로 볼 때 4개 촌은 알천 북쪽 내지는 알천과 가까운 지역에 위치하였음을 알 수 있다. 그리고 돌산 고허촌은 알천을 넘어 경주분지, 남산 쪽으로 이동하였다. 이로 볼 때 무산 대수촌은 알천 양산촌을 비롯한 5개 촌과는 지역적으로 구분되어 있었다고 보여진다.

이상에서 신라의 6촌과 관련된 『삼국사기』와 『삼국유사』의 기록을 비교·검토하였고 시조의 초강지와 촌명으로 원래의 6촌 범위를 생각해 보았다. 그렇다면 이러한 6촌의 기반은 무엇이었으며 그것은 어떻게 변화되었을까. 이에 대해서 다음 장에서 살펴보도록 한다.

3. 6촌의 변화

6촌의 기반과 관련해서 우선 사료 A - 1) ①을 보면 조선유민들이 산곡 사이에 나뉘어 살아 6촌을 이루었다(朝鮮遺民分居山谷之間 爲六村)고 하는 것이 관심을 끈다. 6촌을 이룬 것이 조선유민이라는 점과 관련해서 다음 기록이 주목된다.

> B. 辰韓 在馬韓之東 其耆老傳世 自言古之亡人 避秦役來適韓國 馬韓 割其東界地與之.[27]

위의 사료 B를 보면 진한辰韓 기로耆老의 말을 빌어 진秦나라의 고역을 피해 남하하는 유민들이 밀려들자, 마한이 이들에게 동쪽 땅을 따로 내주어 독자적으로 살게 함으로써 진한이 성립되었다고 한다.[28] 그리고 진한 언어 중에 중국계 방언이 다수 포함되어 있다고 한다.[29] 이로 볼 때 사료 B는 진한辰韓이 마치 중국의 진秦나라에서 연유한 듯 서술되어 있지만, 다음이 관심을 끈다.

C. 前此 中國之人 苦秦亂東來者衆 多處馬韓東 與辰韓雜居.[30]

위의 사료 C에서는 이전에 중국인들이 진秦의 난리를 괴로워하여 동쪽으로 온 자들이 많았는데, 이들 중 대부분은 마한 동쪽에 자리잡고 진한辰韓과 잡거하였다고 한다. 이것은 중국 유민이 많았으나, 마한 동쪽에서 진한과 뒤섞여 산 경우가 많았다는 것이다.[31]

다 아다시피 위만조선의 성립과 더불어 한반도 남부로 유민들은 이동하였다.[32] 그리고 철기문화를 지닌 부여계의 백제와 위만조선 및 한족漢族 유민流民이 남하하기 이전에는 진한과 변한은 마한에 예속되어 있었다. 고고학적인 유물들에서도 청동기문화단계의 마한 소국연맹체가 진한이나 변한보다 선진집단이었음을 알 수 있다.[33] 6촌의 기반이 된 조선유민朝鮮遺民은 연燕의 동방 경략부터 준왕準王이 남천할 때 까지 유망한 세력으로 혁거세집단보다 먼저 경주일대에 정착했다. 전자는 비파형동검과 이형 청동기를 지닌 유민이고 후자는 세형동검과 주조철부를 지닌 집단이었다고 한다.[34]

이러한 6촌은[35] 후술되는 D-2를 보면 6촌장들이 알천閼川 언덕 위에 모여 "우리들이 위로 백성들을 다스릴 만한 임금이 없어 백성들이 모두 방종하여 제멋대로 놀고 있으니 덕이 있는 사람을 찾아내어 그를 임금으

로 삼아 나라를 창건하고 도읍을 정"하는 것을 의논하였다. 그리고 D-1
에서는 6부인들이 새로운 세력인 혁거세赫居世를 받들어 왕으로 세우고
있음을 알 수 있다.

6촌의 시조들이 혁거세를 맞이하는 과정과 관련해서 가락국의 9간干
이 수로왕을 맞이하는 것도 관심을 끈다. 그 내용을 보면 가락국에는 9간
이 있었고 이들이 3월 계욕일禊浴日에 구지봉龜旨峰에 모여 수로왕首露王
을 맞는 제의를 주관하였음을 알 수 있다.36) 이것은 6촌장이 혁거세를
맞는 것과 다름이 없다. 그리고 6촌이 6부로 개편되는 것과 마찬가지로
수로왕은 9간들의 이름을 바꾸었다.37)

그리고 6촌 중 혁거세를 맞이하는 데 있어 주도적인 역할을 한 세력과
관련해서는, 다음이 관심을 끈다.

> D-1. 高墟村長蘇伐公 望楊山麓 蘿井傍林間 有馬跪而嘶 則往觀之 忽
> 不見馬 只有大卵 剖之 有嬰兒出焉 則收而養之 及年十餘歲 岐嶷
> 然夙成 六部人以其生神異 推尊之 至是立爲君焉 辰人謂瓠爲朴
> 以初大卵如瓠 故以朴爲姓 居西干 辰言王「或云呼貴人之稱」.38)
> 2. 前漢地節元年壬子「古本云建虎元年 又云建元三年等 皆誤」三
> 月朔 六部祖各率子弟 俱會於閼川岸上 議曰 我輩上無君主臨
> 理蒸民 民皆放逸 自從所欲 盍覓有德人 爲之君主 立邦設都乎
> 於時乘高南望 楊山下蘿井傍 異氣如電光垂地 有一白馬跪拜之
> 狀 尋撿之 有一紫卵「一云青大卵」 馬見人長嘶上天 剖其卵得
> 童男 形儀端美 驚異之 浴於東泉「東泉寺在詞腦野北」 身生光
> 彩 鳥獸率天地振舞 動 日月淸明 因名赫居世王「盖鄕言也 或作
> 弗矩內王 言光明理世也 說者云 是西述聖母之所誕也 故中華
> 人讚仙桃聖母 有娠賢肇邦之語是也 乃至雞龍現瑞産閼英 又焉
> 知非西述聖母之所現耶」.39)

위의 사료 D-1에서는 혁거세를 맞이하고 그를 기른 것은 고허촌장
소벌공으로 나오지만, D-2에서는 6촌의 촌장이 모두 개입되어 있는 것

으로 기록되어 있다. 하지만 알천 양산촌은 6촌 중 제일 먼저 나온다. 그리고 새로운 임금을 맞이하기 위한 6촌의 촌장 회의가 알천에서 이루어지고 있으며 혁거세가 발견된 장소는 양산록楊山麓 나정방蘿井傍 임간林間(D-1), 양산하楊山下 나정방蘿井傍(D-2)이다. 또한 혁거세는 알의 형태로 처음 발견되었는데 알평이 박에서 나왔다고 하는 표암, 박바위 전설40)은 알에서 나온 박혁거세와 거의 유사하다. 즉 표암봉의 '표瓢'는 박을 뜻하며 혁거세의 알 또한 박으로 인식된다.41)

다음은 알영 설화이다.

> E-1. 春正月 龍見於閼英井 右脇誕生女兒 老嫗見而異之 收養之 以井名名之.42)
> 2. 時人爭賀曰 今天子已降 宜覓有德女君配之 是日沙梁里閼英井「一作娥利英井」邊 有雞龍現而左脇誕生童女「一云龍現死 而剖其腹得之」 姿容殊麗 然而唇似雞觜 將浴於月城北川 其觜撥落 因名其川曰撥川 營宮室於南山西麓「昌林寺」.43)

위의 사료 E-1·2를 보면 알영이 알영정에서 용(계룡)의 오른쪽(왼쪽) 옆구리에서 태어났다고 하는데, E-2에서는 알영정의 위치를 사량리로 밝히고 있다. 그리고 E-1에서 노구老嫗44)가 알영을 발견하였다고 하는데, 노구는 사량리의 노구였을 것이다.

이처럼 혁거세와 알영을 맞이한 세력은 알천 양산촌과 돌산 고허촌 세력이었다. 사료 E-2에서 혁거세와 알영을 키운 곳은 남산 서록으로, 알천 양산촌과 돌산 고허촌의 영역 내에 있었던 것이다. 이로볼 때 사로국이 형성되기 이전 알천 양산촌과 돌산 고허촌 안에는 이들 세력 외에도 다른세력들이 있었음을 알 수 있다. 그리고 알천 양산촌과 돌산 고허촌은 사로국에 편제되면서 보다 다양한 세력이 이 지역에 들어왔을 것이다. 이와 같은 모습은 금산 가리촌에서도 찾아진다.

금산 가리촌은 사로국 건국 후 한지부漢祇部로 바뀌었다. 한지부는 탈해 집단과 관련있는데, 탈해가 처음 도착한 곳은 『삼국사기』에는 진한의 아진포구阿珍浦口라고 하며 『삼국유사』에는 계림의 동쪽 하서지촌 아진 포「지금도 상서지와 하서지촌명이 있다」라고 한다.[45] 아진포의 위치는 경북 영일 지방[46] 혹은 감포로 보기도 하나,[47] 지금의 경주시 양남면 나 아리와 하서리 일대[48]로 여겨진다. 그리고 지마이사금 즉위년조를 보면 파사왕과 태자가 한기부를 지날 때 허루許婁가 잔치를 베풀어 그들을 대 접하였다고 한다. 이로 볼 때 허루는 한기부 내에 거주하고 있었고 지마 왕의 왕비 간택 때에 경쟁한 마제摩帝 또한 거기에 거주하였음을 알 수 있다.[49]

한편 앞의 사료 A-2 ①을 보면 6촌(부)의 시조들은 모두 봉峰 또는 산山에 내려왔는데, 일연은 6부의 조상들이 모두 하늘에서 내려온 것 같 다(按上文 此六部之祖 似皆從天而降)고 하였다. 고조선 건국신화를 보면 환인 의 아들 환웅이 태백산太伯山 정상 신단수神檀樹에 내려와 신시神市를 펼 치는데,[50] 이러한 단군신화의 내용과 같은 천손강림의 신화를 6촌장들은 지니고 있었을 것이다.[51]

고대인들은 높은 산을 하늘과 인간의 교섭처로 생각하였다. 즉 천신이 높은 산에 내려와 인간과 교통한다고 믿었던 것이다. 산은 천제天祭를 지 내는 제사장소이기도 하였다.[52] 무산 대수촌의 대수(촌)는 신단수를 생 각하게도 하는데, 신단수는 천·지·지하계의 접합점에 있는 성역이고 만 물이 생성되며 태의太儀를 재현하는 성단聖壇을 상징한다고 한다.[53]

이처럼 6촌의 시조는 천강설화를 가지고 있었다. 그런데 사료를 보면 6촌의 시조들은 "처음에 봉峰 또는 산山에 내려왔다."고 기록되어 있다. 이처럼 6촌의 시조가 하늘에서 내려온 것이 봉峰 또는 산山에 내려온 것 으로 기록된 것은 혁거세신화를 창출하는 과정에서 정리된 것으로 생각된다. 이것은 앞에서 살펴 본 가락 9간의 시조전승이 6촌의 시조와는 달리 천과 연결되어 있지 않지만, 9간의 시조 전승 역시 천강신화였을 것이고 수로왕신화가 성립할 때 배제되었을 것이다.

그리고 앞의 사료 D-2에서 혁거세는 서술성모가 낳았고 계룡이 알영을 낳았다는 것도 서술성모의 현신이라고 한다. 이와 관련해서 다음도 주목된다.

> F-1. 眞平王朝 有比丘尼名智惠 多賢行 住安興寺 擬新修佛殿而力未也 夢一女仙風儀婥約 珠翠飾鬟 來慰曰 我是仙桃山神母也 喜汝欲修佛殿 願施金十斤以助之 宜取金於予座下 粧點主尊三像 壁上繪五十三佛 六類聖衆 及諸天神 五岳神君「羅時五岳 謂東吐含山 南智異山 西雞龍 北太伯 中父岳 亦云公山也」每春秋二季之十日 叢會善男善女 廣爲一切含靈 設占察法會以爲恒規 (本朝屈弗池龍 託夢於帝 請於靈鷲山長開藥師道場 □平海途其事亦同) 惠乃驚覺 率徒往神祠座下 堀得黄金一百六十兩 克就乃功 皆依神母所諭 其事唯存 而法事廢矣
>
> 2. 神母本中國帝室之女 名娑蘇 早得神仙之術 歸止海東 久而不還 父皇寄書繫足云 隨鳶所止爲家 蘇得書放鳶 飛到此山而止 遂來宅爲地仙 故名西鳶山 神母久據玆山 鎭祐邦國 靈異甚多 有國已來 常爲三祀之一 秩在群望之上
>
> 3. 第五十四景明王好使鷹 嘗登此放鷹而失之 禱於神母曰 若得鷹當封爵 俄而鷹飛來止机上 因封爵大王焉
>
> 4. 其始到辰韓也 生聖子爲東國始君 盖赫居閼英二聖之所自也.[54]

위의 사료 F-2를 보면 신모는 본래 중국 황실의 딸인 사소娑蘇로 해동에 와서 오래 머물고 돌아가지 않다가 마침내 서연산西鳶山에 와서 살고 지선地仙이 되었다고 한다. F-4에서는 처음 진한에 이르러 성자를 낳아 동국의 처음 임금이 되었다고 하니, 혁거세왕과 알영부인의 두 성인이 유래하였다고 한다.[55]

앞의 사료 D·E에서 살펴보았듯이, 알천 양산촌과 돌산 고허촌은 혁거세, 알영과 깊은 관련이 있었다. 그런데 혁거세와 알영을 낳은 신모는 선도산성모로 나타난다. 선도산은 신라에서 서연西鳶, 서술西述, 서형西兄이라고도 불렸다.56) 이러한 선도산은 『삼국사기』 제사지 신라조에 모량에 있다고 한다. 모량은 무산 대수촌이 있었던 곳으로 무산 대수촌의 시조는 이산(개비산)에 내려왔고 촌명에는 무산도 보인다. 그렇다면 혁거세, 알영과 밀접한 관련이 있는 성모가 선도산과 관련된 이유가 궁금하다.

이사금시기 박·석·김 3성의 왕위 교대로 박씨에서 석씨, 석씨에서 김씨로 왕위가 넘어가면서 혁거세와 알영 세력은 새로운 세력인 알지를 시조로 하는 김씨세력에게 그 기반을 넘겨주지 않았을까 한다. 이에 알천 양산촌, 돌산 고허촌 세력과 관련이 있었던 혁거세, 알영세력은 그 중심지를 옮겼을 것으로 여겨진다. 그 곳이 선도산이었을 것으로 생각되는 것이다. 앞에서 살펴보았듯이, 무산 대수촌 지역은 다른 5개 촌과는 지역적으로 구분되어 있었다. 이에 혁거세·알영 세력은 무산 대수촌, 모량부 세력과 연합하지 않았을까 한다. 신라 중고기 모량부 박씨 왕비족의 등장은 이러한 배경과 연결지어 이해해 볼 수 있다.

그리고 앞의 사료 F-2·4에서 서술성모는 중국 황실의 딸인 지소가 진한에 와 혁거세와 알영을 낳고 성모로 숭앙받는 것을 알 수 있다. 선도성모가 중국에서 도래한 시기는 진한 때로 여기에는 일정한 역사적 경험이 반영되어 있다. 이것은 6촌의 시조들이 조선유민이라는 것과 연결지어 볼 수 있지 않을까 한다. 이와 같이 생각할 수 있다면 서연산의 서술성모 설화는 신라 중고기를 전후한 어느 시기에 혁거세·알영세력과 이전 6촌세력과의 관계를 새롭게 규정한 것으로 여겨도 좋을 것이다.57) 이와 관련해서 다음도 관심을 끈다.

G. 按崔致遠釋利貞傳云 伽倻山神正見母主 乃爲天神夷毗訶之所感 生
大伽倻王惱窒朱日[58]金官國王惱窒靑裔二人.[59]

위의 사료 G는 최치원의 『석이정전』에 기록되어 있었던 것으로 가야
산신 정견모주正見母主는 천신 이비가지에 감응되어 대가야왕 뇌질주일
과 금관국왕 뇌질청예를 낳았다고 한다. 해인사 정견천왕사에 모셔진 정
견은 본래 대가야의 황후로 죽어서 가야산 산신이 되었다고 한다.[60]

주지하듯이 『삼국유사』「가락국기」를 보면 하늘에서 내려온 알에서
수로 수로首露가 금관가야를 건국했으며 바다를 건너온 허황옥許黃玉과 결
혼함으로써 건국을 완결하는 것으로 되어 있다. 그런데 위의 사료 G를 보
면 정견모주가 천신에 감응되어 금관가야와 대가야의 시조를 낳았다는
것이다.[61] 이 설화는 금관가야와 대가야의 연맹이라는 역사적 사실을 반
영하는 것이다. 서술성모를 6촌 세력과 연결지어 이해해 볼 수 있는 것과
마찬가지로 9간 세력이 가야산신 정견모주로 나타난 것이 아닐까 한다.

이상에서 6촌의 기반은 사로국이 건국되고 신라라는 고대국가로 발전
하면서 변화되었음을 생각해 볼 수 있었다. 특히 6촌은 산악과 밀접한
관련을 가지고 있었다. 그런데 이들 산악은 신라 국가제사에 편제된다.
이것이 지니는 의미와 관련해서는 다음 장에서 살펴보도록 하겠다.

4. 산악제사로의 편제와 그 의미

신라의 산악제사를 가장 잘 보여주는 것은 제사지 신라조의 대·중·소
사에 편제되어 있는 삼산三山·오악五嶽 이하의 명산대천名山大川이다.[62]
여기에는 산과 천(해海;4해 중 북해 제외, 4독) 이외에도 성城(북형산성,

도서성, 가림성), 진(청해진), 기타명(동진 온말근, 남진 해취야리, 중사의 표제명이 없는 기타 6곳 중 추심과 상조음거서) 등이 나온다. 이 중 산은 나무나 숲과 함께 신이 하강하는 장소이자 하늘과 땅을 연결하는 통로였으며 후대에는 신의 거처이며 제사를 지내는 장소가 되었다.

이러한 산에 대한 제사는 단순한 산신에 대한 숭배가 아니라 그 지역을 수호하는 신에 대한 숭배였다.[63] 그리고 산신은 대부분 조상신이었다.[64] 신라 국가제사에 편제되어 있는 삼산은 원래의 성읍국가 사로가 고대국가 신라로 발전하는 과정에서 발생한 것으로, 왕경 중심의 지배집단의 제사대상이었다고 하는데서[65] 생각해 볼 수 있다.

이러한 산신에 대한 숭배는 수렵문화단계부터 안으로는 사회 내부의 결속과 규범을 유지하게 했고 밖으로는 사회 단위집단들의 독자성과 폐쇄성을 뒷받침했다. 그리고 금속문화가 유입되고 농업생산으로 전환이 이루어져 생산력이 증가되고 사회통합이 진전된 단계에 와서도 산신 숭배는 여전히 읍락 중심의 사회질서를 뒷받침하는 기능을 발휘했다.[66] 이와 같은 산신에 대한 숭배는 이를 거행하는 여러 방식에 의해 그것을 매개로 지역민들을 하나의 단위로 묶을 수 있었을 것이다.[67]

이와 같은 점으로 미루어 볼 때 6촌 세력들 역시 시조의 탄강지 내지는 그 지역의 산들이 신성시되었고 그 곳에 제사지내면서 그들의 공동체를 공고히 하였을 것이다. 그렇지만 신라가 고대국가로 발전하는 과정에서 이들 산악은 신라 국가제사에 편제되기도 하였고 국가제사의 제장이 되기도 하였다.[68]

먼저 돌산 고허촌(사량부)의 경우 시조의 탄강지인 형산과 촌명에 보이는 고허가 관심을 끈다. 『삼국사기』 제사지 신라조에는 중사 중 기타 6곳 중의 하나로, 북형산성이 포함되어 있다. 통일 전 신라 경주를 사방으로 방어한 것은 명활산성(동), 서형산성(서), 남산성(남), 북형산성(북)이었다. 이 중 북형산성은 형산강 아래 줄기와 포항 일대가 한 눈에 들어와 북쪽에서 쳐들어오는 적들과 특히 동해안으로 침입해 오는 왜적을 막는 장소로는 가장 적당한 입지조건을 갖춘 곳이다.[69]

고허高墟는 사량沙梁에 있다고 한다.[70] 고허성高墟城은 남산의 고위산을 감싸고 있는 석성으로, 진평왕 48년(626)에 축조되었다.[71] 고허성은 7세기대 도성 방비를 위해 축조하였으나, 통일 이후 성곽으로서의 기능을 상실하였고 이후 그 기능이 외곽의 관문성關門城으로 옮겨졌다고 한다.[72] 이로 볼 때 관문성 축조 이후 고허성은 그 전보다는 위상에 변화가 있었겠지만, 그 중요성으로 말미암아 소사에 편제된 것이 아닐까 한다.

자산진지촌(본피부) 세력의 크기는 문무왕 2년 김유신과 김인문에게 전공을 따져 본피궁의 재물·전장·노복을 반으로 나누어 주었다고 한 것[73]에서 알 수 있다. 여기에서 본피궁은 본피부의 본궁(궁전)이었을 것이다.[74] 『삼국사기』 제사지 신라조를 보면 영성제를 본피유촌에서 지냈다고 하는 것도 관심을 끈다. 대체로 본피유촌은 낭산 남쪽의 신유림神遊林으로 보고 있다.[75] 『삼국사기』 실성이사금 12년조의 기사에 따르면 낭산狼山에서 일어난 구름이 누각과 같았고 그 향기가 오랫동안 없어지지 않자, 왕은 신선이 하늘에서 내려와 노는 것이니 이 곳은 복 받은 땅이라 하여, 이후부터 사람들이 그 곳에서 나무 베는 일을 금하였다고 한다.[76] 이처럼 낭산을 성지로 한 전승을 볼 때 신유림은 신라 초기부터 성지로 숭상되었음을 알 수 있다. 이러한 신유림은 전불칠처가람의 하나였으며[77] 신라에서 전통적으로 신성시되어온 성역이었다.[78] 아마도 자산 진지촌과 관련된 신성한 지역의 하나였을 것으로 생각된다.

숲과 나무는 고대인들에게 신들이 하강하거나 거주하는 곳으로 생각되었으며 생명력의 상징으로 신성성을 나타내는 것이었다.[79] 단군신화에서 천제의 아들 환웅이 하늘로부터 신단수 아래에 하강하였다든가, 알지 신화에서 시림始林 숲에 빛이 비치며 나뭇가지에 하늘에서 내려온 황금 궤가 걸려있고 그 나무 아래에서 흰 닭이 울고 있다는 것80)에서 잘 알 수 있다. 그리고 숲이나 나무는 제사를 지내는 장소, 제장이 되기도 하였다.『삼국사기』제사지 신라조를 보면 문열림은 일월제와 사천상제의 제장 중 하나였고, 박수81)는 사천상제의 제장 중 하나였으며, 혜수는 기우제의 제장이었고 첨병수는 사대도제의 남쪽 제장이었다.

무산 대수촌(모량부)과 관련해서 제사지 신라조를 보면 모량에 있는 서술과 훼황이 소사에 편제되어 있다. 앞에서 살펴보았듯이 서술에는 선도성모가 머무르고 있는 산으로, 통일 전 신라에서는 오악의 하나인 서악이었다. 그리고 앞의 사료 F - 2를 보면 선도산(서술)은 "유국이래有國已來 상위삼사지일常爲三祀之一"로 삼국시대 신라에서는 최고의 신성 산악으로 숭앙받았으며, F - 3을 보면 선도산성모는 경명왕이 잃어버린 매를 찾아주어 봉작받기도 하였다.

금산 가리촌(한기부) 시조의 초강지는 금강산인데, 금강산은 통일 이전 신라의 북악으로 오악의 하나였다. 한기부 안에는 여러 세력이 있었는데, 동악인 토함산은 석씨세력의 상징적 산이다.82) 탈해는 동해에 상륙하여 토함산 위에 올라가서 석총石塚을 지어 7일을 머물다가 월성으로 진출했다.83) 그리고 문무왕대 탈해신의 현몽 부탁에 의해 그의 유골을 동악에 묻고 신사神祠를 지어 국사國祀를 지냈다고 한다.84)

명활산 고야촌(습비부)과 관련해서『삼국사기』제사지 신라조를 보면 대사의 하나인 나력은 습비부에 있는데,85) 나력을 낭산에 비정하기도 한다.86) 사성문제의 하나로 습비문이 있는데, 이것은 습비부와 관련된 성문으로 보고 있다.87)『삼국사기』제사지 신라조를 보면 선농을 제사지낸 곳은 명활성 남쪽의 웅살곡이라고 한다. 이로 볼 때 웅살곡은 명활성 남쪽 일대 어느 지점으로 추정되는데,『삼국사기』지리지 서문의 기록에

의하면 명활성은 월성의 동쪽에 있고 그 둘레가 1,906보라고 하였다.[88]

이처럼 6촌(6부) 중 알천 양산촌을 제외한 촌(부)과 관련된 산악 중에
는 통일 전 경주 평야 중심으로 형성된 오악에 편제된 것도 있었고[89] 또
한 그 지역에 산성을 쌓아 산성이 국가제사의 대상이 되기도 하였다. 뿐
만 아니라 이들 지역은 국가제사에 편제되지는 않았지만, 신라 국가제사
의 제장이 되어 그 신성성을 유지하였음을 알 수 있다.

한편 알천 양산촌(양부)은 다른 5촌(부)과는 달리 시조의 탄강지가 산이
아닌 봉峰이고 촌명에 천川과 산山이 동시에 보인다. 그리고 시조의 초강
지인 표암봉 뿐만 아니라 촌명인 알천과 양산은 신성한 장소의 하나였을
것이다. 이 중 알천은 북천北川으로, 김경신金敬信이 북천신에 제사를 지낸
결과 김주원金周元이 북천을 건너지 못하여 김경신이 왕위에 오를 수 있었
다고 한 것[90] 관심을 끈다. 김경신은 꿈에서 천관사 우물로 들어갔고, 북
천신에 대한 제사를 통해 왕위에 오를 수 있었다. 이것은 정치세력의 입
장에서 물은 담고 있는 공간을 신성시 여겨 두려워했고, 또한 그러한 장
소에서 제사를 지냄으로써 어떤 효과를 기대하였음을 알 수 있다.[91]

그리고 양산은 남산이다. 남산은 신라의 신성지역으로, 우선 남산 서
북쪽 낮은 구릉 지대에는 박혁거세가 탄생한 곳으로 전하는 나정이 있
다. 헌강왕이 포석정에 행차했을 때 남산신이 어전에 나타나 춤을 추었
다고 한다.[92] 남산 주위에는 천관사지[93]와 천은사지·사제사지가 있고[94]
남산 주변의 여러 지역은 국가 제사의 제장이 되기도 하였다. 이와 관련
해서 다음이 관심을 끈다.

> H-1. 十二月寅日 新城北門祭八禑 豊年用大牢 凶年用小牢
>   2. 立春後亥日 明活城南熊殺谷祭先農 立夏後亥日 新城北門祭中
>   農 立秋後亥日 蒜園祭後農[95]

위의 사료 H-1에 따르면 신라에서는 12월 인일에 신성 북문에서 팔자제를 드렸다고 한다. H-2를 보면 신라에서는 입하 후 해일에 신성 북문에서 중농제를 지낸다고 한다. 이러한 팔자제와 중농제를 지낸 신성은 진평왕 13년(591)에 축조된 남산성을 가리키며, 신성 북문은 왕성인 월성과 가장 근접해 있으면서 그 규모가 주변의 다른 성들과 비교할 때 가장 크다.96)

남산신성 북문에서 이루어진 제사는 농경제사였다. 『삼국사기』 제사지 신라조에 나오는 농경제사는 중농제사와 후농제사를 제외하고는 모두 중국 예전에 나오는 것으로, 이들 제사 날짜는 당 「정관례」 및 「개원례」의 사령祠令의 그것과 같다.97) 이 중 팔자제사는 농작農作을 상제上帝에게 감사드리는 제사이면서 그 해의 12월에 드리는 세제歲祭도 된다.98) 팔자제사의 희생은 사직의 그것과 같다.99) 아마도 팔자제사는 당시 최고의 농경제사였을 것이다. 중농제사는 신라의 고유한 농경제사로, 중국에서 수용된 농경제사인 팔자제와 함께 신성 북문에서 그 제사가 이루어졌다.

이처럼 알천 양산촌(양부) 지역은 신라 국가제사의 제장은 있었지만, 다른 5개 촌과는 달리 산악이 신라의 국가제사에 편제되지는 않았다. 앞에서 살펴본 바와 같이, 각 지역에서 행해졌던 산악제사는 그 지역의 수호신에 대한 제사였고 또한 그 지역 세력과도 밀접한 관련을 가지고 있었다. 그런데 신라는 고대국가로 발전하면서 각 지역의 산악을 신라의 국가제사에 편제하여 각 지역에 대한 지배권을 행사하였다.100) 그러하다면 5개 촌(부) 지역의 산악이 신라 국가제사에 편제되었다는 것은 이 지역이 신라의 지배를 받았다는 것을 상징적으로 표현한 것이라고 할 수 있겠다. 한편 알천 양산촌(양부) 지역의 산악이 국가제사에 편제되지 않았다는 것은 다른 5개 촌(부)과는 다른 알천 양산촌(양부)의 위상을 생각해 볼 수 있으며, 사로국 형성부터 왕실 집단과 밀접한 관련을 지니고 있었던 지역이었기 때문일 것이다. 그리고 제사지 신라조를 보면 양부에서 부정제部庭祭를 지낸다고 한다. 부정제는 사로의 중핵을 차지해온 탁부喙部의 터줏대감신에 대한 제사[101]로 보기도 하지만, 6부 전체와 관련된 제사를 양부에서 지낸 것으로 볼 수도 있지 않을까 한다.

이상에서 6촌(부)의 산악들이 신라 국가제사의 제장 또는 국가제사에 편제되는 모습을 살펴보았다. 이들 산악이 신라 국가제사에 편제되었다는 것은 신라 국가가 그 지역에 대한 지배권을 행사한 것으로 보았다. 반면 알천 양산촌(양부)의 경우 다른 5개 촌(부)과는 달리 산악이 국가제사에 편제되어 있지 않다고 하였다.

5. 맺음말

본 논문에서는 신라의 6촌과 관련있는 『삼국사기』와 『삼국유사』기사를 비교·검토하고 6촌장의 초장지 등을 통해 6촌의 원래 위치를 상정해 보았다. 그리고 6촌 세력의 기반이 새롭게 등장하는 세력들과의 관계 속에서 변화되었음을 살펴보았다. 다음으로 6촌과 관련 있는 산악들이 신라 국가제사에 편제된 의미에 대해서도 생각해 보았다. 이를 정리하면 다음과 같다.

『삼국사기』·『삼국유사』 보이는 6촌과 관련된 기록을 보면 자산 진지촌과 무산 대수촌의 순서와 돌산 고허촌과 자산 진지촌의 성姓이 바뀌어 기록되어 있다. 그리고 『삼국유사』 내용에는 금산 가리촌과 명활산 고야촌의 촌장이 초강初降한 지역이 바뀌어 나온다. 그렇지만 『삼국유사』에는 『삼국사기』에 보이지 않는 6촌장의 이름, 시조의 초강지와 고려 6부에 대한 내용도 반영되어 있다. 이러한 6촌의 위치를 본 논문에서는 6촌장의 초강지와 6촌의 촌명을 통해 생각해 보았다. 알천을 중심으로 6촌의 위치를 볼 때 알천 양산촌을 비롯한 자산 진지촌, 금산 가리촌, 명활

산 고야촌은 알천 북쪽 내지는 알천과 가까운 지역에 위치하였다고 보았
다. 그리고 돌산 고허촌은 알천을 넘어 경주분지, 남산 쪽으로 이동하였
다. 이로 볼 때 무산 대수촌은 알천 양산촌을 비롯한 5개 촌과는 지역적
으로 구분되어 있었다고 하였다.

『삼국사기』·『삼국유사』에 따르면 6촌을 이룬 것은 조선유민朝鮮遺民
이었고 이들 조상들은 모두 하늘에서 내려왔다고 하였다. 이러한 6촌 사
회는 발전해 나가는 과정에서 다양한 세력들이 6촌 지역 안에 존재하게
되었다. 즉 알천 양산촌과 돌산 고허촌에는 혁거세와 알영집단이, 무산
대수촌에는 탈해 등의 집단이 들어와 6촌 사회의 인적 기반이 변하였던
것이다. 뿐만 아니라 혁거세 신화를 창출하는 과정에서 6촌 세력의 시조
는 봉峰 또는 산山과 연결되어 그 사상적 기반도 변하였다. 한편 선도산
의 서술성모설화는 신라 중고기를 전후한 어느 시기에 혁거세와 알영세
력과 이전의 6촌 세력과의 관계를 새롭게 규정한 것이라고 하였다.

신라의 6촌 관련 기록은 신라 역사의 첫머리에 등장한다. 이것은 6촌
사회의 공고성을 말해주는 것으로, 이러한 공동체의 공고성은 산악과 관
련된 신앙이 뒷받침하였다고 보았다. 즉 6촌 사회는 시조의 탄강지 내지
는 그 지역의 산들을 신성시하였고 그 곳에 제사지내면서 그들의 공동체
를 공고히 하였던 것이다. 그렇지만 신라가 고대국가로 발전하는 과정에
서 이들 산악은 신라 국가제사에 편제되기도 하였고 국가제사의 제장이
되기도 하였다. 이들 산악이 국가제사에 편제되었다는 것은 신라 국가가
각 지역에 대한 지배권을 행사한 것이라고 하였다. 하지만 다른 다섯 촌
과는 달리 알천 양산촌(양부) 지역은 신라 국가제사와 관련된 제장은 있
었지만, 산악은 신라 국가제사에 편제되지 않았다. 이것은 알천 양산촌
(양부)이 다른 다섯 촌(부)과는 달리 신라 왕실집단과 밀접한 관련을 지
니고 있었던 지역이었기 때문이라고 하였다.

주석

1) 이와 관련된 여러견해는 본문의 내용과 각주 참고.
2) 『삼국사기』 권1, 신라본기1, 시조 혁거세거서간 즉위년.
3) 『삼국사기』 권1, 신라본기1, 유리이사금 9년.
4) 『삼국유사』 권1, 기이1, 신라시조 혁거세왕.
5) 『삼국유사』 권1, 기이1, 신라시조 혁거세왕.
6) 우리나라에서 '촌'이라는 용어를 사용한 시기는 3세기 말의 『삼국지』 단계이기 때문에 6촌의 존재를 부정하기도 한다(전덕재, 『신라6부체제연구』, 일조각, 1996).
7) 6촌과 6부의 관계를 계기적으로 이해하는 견해(이종욱, 『신라국가형성사연구』, 일조각, 1982, 222~225쪽), 후대의 부회로 보는 견해(주보돈, 「삼국시대의 귀족과 신분제」 『한국사회발전사론』, 일조각, 1992, 10~11쪽 ; 전덕재, 「상고기 신라6부의 성격에 대한 고찰」 『신라문화』 12, 1995 : 앞의 책, 1996, 10~13쪽 ; 강종훈, 『신라상고사연구』, 서울대 출판부, 2000, 218쪽)가 있다. 그리고 6촌에서 6부로 발전한 시점에 대해서 기록을 신빙하여 유리이사금대로 보기도 하고(이종욱, 앞의 책, 1982, 222~225쪽), 일부는 그 시기를 뒤로 늦추어 파악하기도 한다.
8) 신라에서의 성씨 사용은 6세기 중엽 혹은 6세기 후반 무렵이라고 보기도 하고 (이순근, 「신라시대 성씨취득과 그 의미」 『한국사론』 6, 1980, 11~21쪽) 통일기 이후 6부성과 6부를 연결시키기도 한다(전덕재, 같은 책, 1996)
9) 이 내용은 『고려사』 권57, 지11 지리2 경상도 동경유수관 경주조에도 보인다.
10) 末松保和, 「新羅六部考」 『新羅史の諸問題』, 동양문고, 1954, 235~307쪽 ; 김철준, 「신라상대사회의 Dual Organization(상)」 『역사학보』 1, 1952, 15~47쪽 : 『한국고대사회연구』, 지식산업사, 1975 ; 천관우, 「삼한의 국가형성(상)」 『한국학보』 2, 1976, 21~24쪽 ; 문경현, 『신라사연구』, 경북대 출판부, 1983, 76쪽 ; 서의식, 「'진한6촌'의 성격과 위치」 『신라문화』 21, 2003, 161~166쪽.
11) 이에 6촌을 사로 6촌이라 부른다. 그렇지만 '사로 6촌'은 신조어로 보고(선석열, 「『삼국사기』신라본기 초기기록 문제와 신라 국가의 성립」, 부산대 박사학위논

문, 1996 : 『신라국가성립과정연구』, 혜안, 1997, 58~78쪽 ; 서의식, 「신라 6부
에 대한 논의와 한국사의 체계적 이해」『역사와 현실』 24, 1997, 201쪽) 사로
6촌설에 대한 문제점을 지적하고 있다(서의식, 앞의 논문, 2003, 142~152쪽).
12) 今西龍, 「新羅骨品考」『新羅史研究』, 1933 ; 이병도, 『한국사』-고대편-,
　을유문화사, 1959, 365~369쪽 : 「신라의 기원문제」『한국고대사연구』, 박영사,
　1976, 599~603쪽 ; 정중환, 「사로 6촌과 6촌인의 출자에 대하여」『역사학보』
　17·18, 1962 ; 김원룡, 「사로 6촌과 경주고분」『역사학보』 70, 1976, 5~12쪽
　; 이기동, 「신라금입택고」『신라 골품제사회와 화랑도』, 일조각, 1984, 194쪽 ;
　김정배, 『한국고대의 국가기원과 형성』, 고려대 출판부, 1986, 322~329쪽 ; 오
　영훈, 「신라왕경에 대한 고찰」, 동국대 박사학위논문, 1988, 16~19쪽 ; 이형우,
　「신라 초기국가 성장사 연구」, 건국대 박사학위논문, 1992, 17~18쪽 ; 권오영,
　「사로 6촌의 위치문제와 성격」『신라문화』 14, 1996, 7~10쪽 ; 이기봉, 「신라
　왕경의 범위와 구역에 대한 지리적 연구」, 서울대 박사학위논문, 2002, 22~24
　쪽 ; 박홍국·정상주·김지훈, 「사로 6촌의 위치에 대한 시론」『신라문화』 21,
　2003, 129~131쪽.
13) 현재의 경주시 安康邑과 陽南·陽北面을 제외한 경주시 일원으로 보았다(이종
　욱, 앞의 책, 1982, 22~23쪽).
14) 진한 6촌설과 사로 6촌설에 대해 김수태, 「신라의 국가형성」『신라문화』 21,
　2003, 57~59쪽도 참고.
15) 『신증동국여지승람』 권21, 경주부 驛院에 보이는 仇良火村으로 지금의 경북
　울산군 두서면 구량리에 해당한다.
16) 강인구 외, 『역주 삼국유사』 1, 이회문화사, 2002, 229쪽.
17) 현재의 알천과 6촌 당시의 알천은 같지 않는데, 이것은 流路의 변화 때문이라고
　한다. 이와 관련해서 박홍국·정상주·김지훈, 앞의 논문, 2003, 123~125쪽 참조.
18) 『신증동국여지승람』 권21, 경주부 산천. 알천을 현재 경주시 北川에 비정하는
　견해(三品彰英, 『三國遺事考証』(上), 塙書房, 1975, 416쪽)와 경주시 南川에
　비정하는 견해(김원룡, 앞의 논문, 1976) 등이 있다.
19) 『신증동국여지승람』 권21, 경주부 고적.
20) 『신증동국여지승람』 권21, 경주부 산천. "兄山(在安康縣東二十一里 新羅稱
　北兄山爲中祀".
21) 三品彰英, 앞의 책, 1975, 420~421쪽.
22) 『삼국유사』 권3, 탑상4, 천룡사. "東都南山之南 有一峰屹起 俗云高位山 山
　之陽有寺 俚云高寺 惑云天龍寺 … 俗傳云 逆水者 州之南 馬等烏村南流川
　是 又是水之寃 致天龍寺 …".
23) 박방룡, 「신라-도성·성지-」『한국사론』 15, 1985, 379~381쪽.
24) 『삼국유사』 권1, 기이1, 진한.

25) 舍羅里 일대의 목관묘와 목곽묘를 무산대수촌과 연결지어 이해하고 있다.

26) 『신증동국여지승람』 권21, 경주부 산천.

27) 『삼국지』 권30, 위서30, 동이30, 한.

28) 이와 관련해서 『진서』 권97, 열전67, 진한 및 『양서』 권54, 열전48, 신라전 참조.

29) 『삼국지』 권30, 위서30 동이30 한. "相呼皆爲徒, 有似秦人 非但燕·齊之名物也 名樂浪人爲阿殘 東方人名我爲阿 謂樂浪人本其殘餘人 今有名之爲秦韓者 始有六國, 稍分爲十二國".

30) 『삼국사기』 권1, 신라본기1, 시조혁거세거서간 38년.

31) 이와 관련하여 『삼국지』 권30, 위서30 동이30 한(其十二國屬辰王 辰王常用馬韓人作之 世世相繼 辰王不得自立爲王), 『후한서』 권85, 동이열전75 한(馬韓最大 共立其種爲辰王 都目支國 盡王三韓之地 其諸國國王先皆是馬韓種人焉), 『삼국사기』 권1, 신라본기1, 혁거세거서간 38년 봄 2월에 瓠公을 馬韓에 보내 예를 갖추니 마한 왕이 호공을 꾸짖어 말한 "辰韓·卞韓은 우리의 속국인데 …"라는 기록도 참조된다.

32) 『삼국지』 권30, 위서30 동이30 한. "魏略曰 初 右渠未破時 朝鮮相歷谿卿以諫右渠不用 東之辰國 時民隨出居者二千餘戶 … 桓·靈之末, 韓濊彊盛 郡縣不能制 民多流入韓國"도 참고된다.

33) 이현혜, 『삼국사회형성과정연구』, 일조각, 1982, 37~45쪽.

34) 이상은 김병곤, 「사로 6촌의 출자와 촌장의 사회적 성격」 『한국고대사연구』 22, 2001, 132~140쪽 : 『신라 왕권 성장사 연구』, 학연문화사, 2003 참조. 한편 고조선 유민의 남하는 위만정권의 수립과 漢 武帝의 고조선 침입이 주요한 계기가 되었는데, 고고학 자료에서도 입증된다고 한다(이종욱, 앞의 책, 1982, 16쪽 ; 이현혜, 앞의 책, 1982, 53~70쪽).

35) 6촌의 사회적 성격을 혈연과 지연으로 결합된 씨족사회(이병도, 앞의 책, 1976, 600쪽 ; 김병곤, 앞의 논문, 2001, 137쪽)로 계급(Rank)을 가진 혈연집단으로서의 氏族(Clan) 社會인 酋長社會(Chiefdom)(이종욱, 앞의 책, 1982, 17~47쪽), 촌락공동체인 소연맹국으로 보기도 한다(김두진, 「신라 6촌장신화의 모습과 그 의미」 『신라문화』 21, 2003, 108쪽).

36) 『삼국유사』 권2, 기이2 가락국기.

37) 『삼국유사』 권2, 기이2 가락국기.

38) 『삼국사기』 권1, 신라본기1, 혁거세거서간 즉위년.

39) 『삼국유사』 권1, 기이1 신라시조 혁거세왕.

40) 『東京雜記』에 따르면, 신라 때 이 바위가 국도에 해를 끼친다고 하여 박씨를 심어 이 바위를 덮었으므로 이 이름이 생겼다고 한다.

41) 임재해, 「맥락적 해석에 의한 김알지 신화와 신라 문화의 정체성 재인식」 『비교민속학』 33, 2007, 580~581쪽.

42) 『삼국사기』 권1, 신라본기1, 혁거세거서간 5년.

43) 『삼국유사』 권1, 기이1 신라 시조 혁거세왕.

44) 노구와 관련하여 최광식, 「삼국사기 소재 老軀의 성격」『사총』 25, 1981, 7~12쪽 참조.

45) 『삼국사기』 권1, 신라본기1, 탈해이사금 즉위년 및 『삼국유사』 권1, 기이1 제4대 탈해왕 참조.

46) 이병도, 앞의 책, 1977.

47) 천관우, 『고조선사·삼한사연구』, 일조각, 1989, 283쪽 ; 정중환, 『가라사연구』, 혜안, 2000, 68쪽.

48) 三品彰英, 앞의 책, 1975, 488쪽 ; 이형우, 『신라초기국가형성사연구』, 영남대 출판부, 2000, 58~62쪽.

49) 『삼국사기』 권1, 신라본기1, 지마이사금 즉위년. "祇摩尼師今立「或云祇味」婆娑王嫡子 母史省夫人 妃金氏愛禮夫人 葛文王摩帝之女也 初婆娑王獵於楡湌之澤 太子從焉 獵後過韓歧部 伊湌許婁饗之 酒酣 許婁之妻携少女子出舞 摩帝伊湌之妻亦引出其女 太子見而悅之 許婁不悅 王謂許婁曰 此地名大庖 公於此置盛饌美醞 以宴衎之 宜位酒多在伊湌之上 以摩帝之女配太子焉 酒多後云角干".

50) 『삼국유사』 권1, 기이1 고조선. "古記云 昔有桓因庶子桓雄 數意天下 貪求人世 … 雄率徒三千 降於太伯山頂神壇樹下 謂之神市 …".

51) 6촌장의 천신하강 내용은 고조선에서 이주해 온 천신족으로서 자부심을 내세운 것으로 해석(조동일, 『한국문학통사』, 지식산업사, 1982, 9쪽), 고조선계 유이민이 경주에 정착하면서 자신들의 신화를 꾸몄는데, 이주민이기 때문에 천신하강 구조로 하였다는 해석(이지영, 『한국신화의 神格 유래에 관한 연구』, 태학사, 1995, 62쪽), 고조선 유민들이 진한 지역에 밀려와 정착하면서 북방에서 가져온 자기 신화를 되살려낸 것이라는 해석(조현설, 「건국신화의 형성과 재편에 관한 연구」, 동국대 박사학위논문, 1997, 137~138쪽) 등이 있다. 한편 6촌장의 천강 설화는 후대에 꾸며진 것이라고 한다(이병도, 앞의 책, 1976, 598쪽).

52) 『서경』 순전. "至于岱宗柴".

53) 황패강, 「단군신화의 연구」『단군신화론집』, 새문사, 1988, 78쪽.

54) 『삼국유사』 권5, 감통7 선도산성모수회불사.

55) 신라의 시조 박혁거세를 낳았다고 전해지는 선도성모 혹은 선도신모는 본래 도교의 女仙으로 한반도에 건너와 선도산에 정착한 이른바 도래신이다(이와 관련하여 정재서, 「도교 설화의 정치적 專有와 민족 정체성」『도교문화연구』 31, 2009, 16~19쪽 참조). 그리고 선도성모 설화의 도교적인 색채와 관련해서는 김태식, 「고대 동아시아 서왕모 신앙 속의 신라 선도산성모」『문화사학』 27, 2007 참조.

56) 홍순창, 「신라 삼산·오악에 대하여」『신라문화제학술발표회논문집』 4, 1991,

46쪽 ; 최광식, 『고대한국의 국가와 제사』, 한길사, 1994, 317쪽.

57) 임재해는 6촌신화는 단군신화의 부계인 환웅신화를 계승하고, 선도성모신화는 모계인 곰네 신화를 계승한 것이라고 하였다. 즉 모계신화는 선도성모가 혁거세를 낳은 출생신화로, 부계신화는 혁거세를 발견한 난생신화로 분화되고 발전되어 전승되고 기록되었다고 한다(앞의 논문, 2007, 590쪽).

58) 『삼국사기』 권34, 잡지3 지리1 고령군조에는 대가야국의 시조는 伊珍阿豉王(內珍朱智)라고 한다.

59) 『신증동국여지승람』 권29, 고령현 건치연혁.

60) 『신증동국여지승람』 권30, 합천군 사묘. "正見天王祠(在海印寺中 俗傳大伽倻國王后正見 死爲山神".

61) 가야의 신화와 그 의례에 대해서 나희라, 「대가야의 신화와 의례」 『대가야의 정신세계』 참조.

62) 『삼국사기』 권32, 잡지1, 제사. 이와 관련해서 채미하, 「신라 명산대천의 사전 편제 이유와 특징」 『민속학연구』 20 , 2007 : 『신라 국가제사와 왕권』, 혜안, 2008 참조.

63) 명산대천제사의 대상은 자연적인 산악 자체이기 보다는 산악의 주재자라고 믿고 있는 산신에 대한 제사였다(이기백, 『신라정치사회사연구』, 일조각, 1974, 207쪽 ; 문경현, 「신라의 산악숭배와 산신」 『신라문화제학술발표회논문집』 12, 1992, 21~26쪽).

64) 산신은 대체로 각 지역의 조상신이라고 한다(문경현, 같은 논문, 1992, 26~28쪽). 이와 관련한 여러 연구성과와 견해는 채미하, 앞의 논문, 2007 : 앞의 책, 2008, 303~330쪽 참조.

65) 이기백, 「신라 삼산의 의의」 『증보 한국고대사론』, 일조각, 1995, 147쪽.

66) 서영대, 「한국고대 신관념의 사회적 의미」, 서울대 박사학위논문, 1991, 89쪽, 91쪽.

67) 고려 왕실의 시조인 虎景은 산신으로서 平那郡 人들에 의해 제사되었다는 설화가 전하고 있는데(『고려사』 권1, 세기1, 고려세계), 이는 실제의 사실이 아니더라도 평나산 산신이 평나군 전체를 하나의 단위로서 관할하였던 사정을 말해주는 것이라고 한다(박호원, 「고려의 산신신앙」 『민속학연구』 2, 1995, 177~179쪽).

68) 6부에 있다고 여겨지는 祭場과 관련해서 김두진, 「신라 김알지신화의 형성과 신궁」 『이기백선생고희기념 한국사학논총』 (상), 2003, 8~14쪽 : 『한국고대의 건국신화와 제의』, 일조각 참조.

69) 신라에서 행한 城에 대한 제사와 관련해서 채미하, 「신라의 城제사와 그 의미」 『역사민속학』 30, 2009 참고.

70) 『삼국사기』 권32, 잡지1, 제사. "小祀 … 高墟「沙梁」".

71) 『삼국사기』 권4, 신라본기4, 진평왕 48년. "築高墟城".

72) 국립경주문화재연구소, 『경주남산』(본문·해설편), 2002, 141쪽.

73) 『삼국사기』 권6, 신라본기6, 문무왕 2년.

74) 이병도, 『국역 삼국사기』, 을유문화사, 1977.

75) 김원룡, 앞의 논문, 1970, 1~14쪽 ; 이병도, 앞의 책, 1977, 497쪽 주 11 ; 신종 원, 앞의 책, 1992, 91쪽.

76) 『삼국사기』 권3, 신라본기3, 실성이사금 12년. "秋八月 雲起狼山 望之如樓閣 香氣郁然 久而不歇 王謂 是必仙靈降遊 應是福地 從此後 禁人斬伐樹木".

77) 『삼국유사』 권3, 탑상 阿道基羅. "此國于今不知佛法 爾後三千餘月 雞林有 聖王出 大興佛敎 其京都內有七處伽藍之墟 一曰 金橋東天鏡林「今興輪寺 金橋謂西川之橋 俗訛呼云 松橋也 寺自我道始基期 而中廢 至法興王丁未 草創 乙卯大開 眞興王畢成」 二曰 三川歧「今永興寺 與興輪開同代」 三曰 龍宮南「今黃龍寺 眞興王癸酉始開」 四曰 龍宮北「今芬皇寺 善德王甲午始 開」 五曰 沙川尾「今靈妙寺 善德王乙未始開」 六曰 神遊林「今天王寺 文武 王己卯開」 七曰 婿請田「今曇嚴寺」 皆前佛伽藍之墟 法水長流之地".

78) 삼한시대 소도로 불리었을 것으로 파악하기도 한다(이기백, 「삼국시대의 불교수 용과 그 사회적 의의」 『신라사상사연구』, 일조각, 1986, 29쪽 : 「불교의 수용과 고유신앙」 『증보 한국고대사론』, 일조각, 1995, 96~97쪽 참조). 그리고 전불칠 처가람은 토착신앙의 제장이거나(최광식, 「신라 상대 왕경의 제장」 『신라문화제 학술발표회논문집』 16, 1995, 70~74쪽), 원시종교적 신성지역으로 보기도 한다 (신동하, 「신라 불국토사상의 전개양상과 역사적 의의」, 서울대 박사학위논문, 2000, 9~41쪽).

79) 서영대, 앞의 논문, 1991, 271~273쪽 ; 금장태, 앞의 책, 1994, 77~78쪽 ; 나희 라, 「고대 동북아 제민족의 신화, 의례, 군주관」 『진단학보』 99, 2005, 3~4쪽 참고.

80) 『삼국사기』 권1, 신라본기 1, 탈해이사금 9년. "春三月 金城西始林樹間 有鷄 鳴聲 遲明遣瓠公視之 有金色小櫝 掛樹枝 白鷄鳴於其下 … ".

81) 박수를 혜수와 같은 것으로 보기도 한다(신동하, 앞의 논문, 2000, 27쪽).

82) 이기백, 「신라 오악의 성립과 그 의의」 『신라정치사회사연구』, 일조각, 1974, 196~198쪽.

83) 『삼국사기』 권1, 신라본기1, 탈해이사금 즉위년조 및 『삼국유사』 권1, 기이2, 탈 해왕조 참조.

84) 『삼국유사』 권1, 기이2 제4탈해왕.

85) 『삼국유사』 권1, 기이2 김유신조에는 奈林으로 나온다.

86) 이병도, 앞의 책, 1977, 498~499쪽.

87) 여호규, 「신라 도성의 공간구성과 왕경제의 성립과정」 『서울학연구』 18, 2002, 72쪽.

88)『삼국사기』권34, 잡지3, 지리, 新羅疆界. “又新月城東有明活城 周一千九百六步”. 명활산성은『삼국사기』실성왕 4년(405)조에 처음 기록에 나타나고 그 후 자비왕 16년(473)에 성을 고쳐서 동왕 18년(475)부터 소지왕 10년(488)까지 국왕의 居城으로 사용했고, 진흥왕 15년과 진평왕 15년에 수축, 개축하였다는 기록이 있다.

89)『신증동국여지승람』21, 경주부, 산천조를 보면 통일 이전 신라에는 동쪽의 토함산, 남쪽의 함월산, 서쪽의 선도산, 북쪽의 금강산이 있다고 한다. 한편 오악은 북악(金剛嶺)·서악(仙桃山)·남악(남산)·중악·동악(토함산)으로 보인다는 견해도 있다(이기백, 앞의 책, 1974).

90)『삼국유사』권2, 기이2 원성대왕. “伊飱金周元 初爲上宰 王爲角干 居二宰 1) 夢脫幞頭 著素笠 把十二絃琴 入於天官寺井中 2) 覺而使人占之 曰脫幞頭者 失職之兆 把琴者 著枷之兆 入井 入獄之兆 王聞之甚患 杜門不出 3) 于時阿飱餘三「或本餘山」來通謁 王辭以疾不出 再通曰 願得一見 王諾之 阿飱曰 公所忌何事 王具說占夢之由 阿飱興拜曰 此乃吉祥之夢 公若登大位而不遺我 則爲公解之 王乃辟禁左右 而請解之 曰脫幞頭者 人無居上也 著素笠者 冕旒之兆也 把十二絃琴者 十二孫傳世之兆也 入天官井 入宮禁之瑞也 王曰 上有周元 何居上位 阿飱曰 請密祀北川神可矣 從之 4) 未幾 宣德王崩 國人欲奉周元爲王 將迎入宮 家在川北 忽川漲不得渡 王先入宮卽位 上宰之徒衆 皆來附之 拜賀新登之主 是爲元聖大王”.

91) 채미하,「신라의 四海와 四瀆」『역사민속학』26, 2008, 30~31쪽.

92)『삼국유사』권2, 기이2, 처용랑 망해사. “… 又幸鮑石亭 南山神現舞於御前 左右不見 王獨見之 有人現舞於前 王自作舞 以像示之 神之名或曰祥審 故至今國人傳此舞 曰御舞祥審 或曰御舞山神 或云 旣神出舞 審象其貌 命工摹刻 以示後代 故云象審 或云霜髥舞 此乃以其形稱之 … ”.

93) 천관사지는 왕궁인 월성에서 월정교를 건너 포석정으로 가는 중간지점에 위치하고 있다. 천관은 천운을 살피거나 국가차원을 제사를 주관하던 자 또는 女司祭로 이해하면서 천관사는 국가에서 직접 경영한 사원으로 보고 있다(이근직,「경주 천관사지 소고」『경주사학』20, 2001, 79~84쪽).

94) 천은사와 사제사는 하늘 및 제사와 관련이 깊은 사찰이라고 한다(최광식, 앞의 논문, 1995, 80쪽). 이상의 남산의 신성성과 관련해서 채미하,「陶唐山과 그 성격－祭儀를 중심으로－」『신라문화』36, 2010, 44~45쪽 참조.

95)『삼국사기』권32, 잡지1, 제사.

96) 국립경주문화재연구소, 앞의 책, 2002, 140쪽.

97) 이와 관련하여 채미하,「신라의 농경제사와 ‘別祭’」『국사관논총』108, 2006 : 앞의 책, 2008 참고.

 98) 琴章泰, 앞의 책, 1994, 190~191쪽.
 99) 『禮記』 王制. "天子社稷 皆大牢 諸侯社稷 皆小牢".
100) 채미하, 앞의 논문, 2007, 240~242쪽 : 앞의 책, 2008.
101) 정구복 외, 『역주 삼국사기』 4 주석편(하), 한국정신문화연구원, 1997, 35쪽.

토론문 〈신라의 6촌 신화와 산악신앙〉

김 복 순●

채 선생님은 신라의 국가제사에 관하여 여러 각도에서 논문을 써오셨습니다. 초기 신라의 6촌과 산악신앙에 대한 이 논문도 그 연장선상에서 논구한 내용인 것 같습니다.

선생님께서는 우선 신라의 6촌이 6부로 변하면서 그 세력기반이 다른 세력들과의 관계에서 어떻게 변화되어 가는가를 검토하였습니다. 이를 위해 『삼국사기』와 『삼국유사』에 보이는 6촌 관련 사료를 검토하고 6촌의 위치를 비정하고 있습니다. 또한 기존의 연구 성과를 수렴하여 6촌이 신라 6부와 고려 6부의 범위까지 반영되어 확장된 것으로 보고 원래의 6촌을 비정하였습니다. 즉 알천 양산촌은 현재 경주시의 동천과 남산지역이 합해진 곳으로 보고, 돌산 고허촌은 남산남쪽의 고위산과 북형산으로, 자산 진지촌은 천북면 화산리로, 무산 대수촌은 모량에, 금산 가리촌은 소금강산 일대로, 명활산 고야촌은 천군동과 보문동에 걸쳐있는 명활

● 동국대학교 국사학과 교수

산에 비정하고 있습니다. 그리고 알천양 산촌. 자산 진지촌. 금산 가리촌은 알천북쪽에 명활산 고야촌은 알천과 가까운 곳이라고 하였습니다. 특히 6촌이 6부로 개칭되기 전에 양산부, 고허부, 가리부, 간진부, 대수부, 명활부로 불린 자료를 근거로 초강지에서 범위가 확대된 것으로 보고 있습니다. 산악신앙과 제장 부분에서는 알천 양산촌이 5촌과는 그 위상이 구별되는 것으로 파악하셨습니다.

이상의 내용에서 몇 가지 의문되는 점을 질문해 보고자 합니다.

첫째, 돌산 고허촌을 남산 남쪽의 고위산으로 보는 것은 이해가 되지만, 형산을 고위산과 마주 바라다 보이는 서형산을 포기하고 포항과의 접경지인 북형산으로 비정한 것은 이해하기 힘든 부분입니다. 또한 이사금시기 알천 양산촌, 돌산 고허촌 세력과 관련이 있었던 혁거세, 알영세력이 그 중심지는 선도산으로 옮겼다고 하셨는데, 돌산 고허촌이 이미 선도산 지역에 근거지를 두고 있었다고 본다면, 이 시기에 옮긴 것으로 보기는 어렵습니다. 그리고 돌산 고허촌의 북형산성을 중사中祀 6곳의 하나로 보고 왜적 침입을 막는 곳으로 본 것 역시 다시 생각해 볼 문제가 아닌가 생각됩니다. 결국 형산을 서형산이 아닌 북형산성을 택하면서 발생한 문제들이 아닐까 하는데, 이에 대한 답변을 듣고 싶습니다.

둘째, 선생님은 주 2)·3)·4)를 통해 신라의 4세기 분기설을 주장하는 이들이 제기해 놓은 6촌의 존재에 대한 후대의 가탁문제를 간단히 언급하고 지나가고 있습니다만, 선생님의 논지에도 제기한 의문 때문에 이러한 설들이 존재하는 것이라 생각됩니다. 따라서 분명 6촌 내지 6부 시기의 정치체는 존재했을 것이지만, 그 시기 비정에 있어서는 신중해야 할 것으로 생각됩니다. 그리고 6촌이 6부로 개칭되기 전에 양산부, 고허부, 가리부, 간진부, 대수부, 명활부로 불렸다고 하셨는데, 그렇다면 이들과 개칭된 6부와의 관계는 어떻게 설명하실 수 있을지 묻고 싶습니다.

셋째, 선생님은 알천 양산촌의 남쪽에 담엄사가 있다는 사실을 일연의 설을 이용하여 주장하면서도, 한편에서는 담엄사 터로 추정되는 오릉 남쪽의 절터는 정확하지 않다고 언급하고 있습니다. 선생님이 담엄사로 확정하는 위치는 어디인지를 명확히 짚어주셨으면 합니다.

넷째, 선생님은 6촌의 기반과 그 변화, 6촌장들의 천강설화에 대해 조선유민들이 그들의 역사적 경험을 바탕으로 혁거세가 내려오기 전에 토착 세력들을 사상적으로 통제하였다고 보고 있습니다. 특히 산은 천제를 지내는 제사장소로 무산 대수촌의 대수를 신단수로 비정도 하셨습니다. 그렇다면, 원래 이곳에 살고 있던 원주민은 조선유민에 의해 통제됐다는 것인데, 이들 6촌장의 말은 '임금이 없어 백성들이 모두 방종하여 제멋대로 놀고 있다'고 하였습니다. 그렇다면 조선유민들이 6촌의 원주민을 사상적으로 통제하였다는 표현이 과연 타당한 것인지 묻고 싶습니다.

다섯째, 선생님은 6촌이 6부로 바뀌면서 기존 6촌 세력은 다른 세력에 흡수되어 가지 않았을까 한다고 했는데, 다른 세력은 구체적으로 무엇을 지칭하는지 묻고 싶습니다. 그리고 알천 양산촌, 자산 진지촌, 금산 가리촌이 알천 북쪽에 있다고 하셨는데, 알천과 양산에 걸쳐있는 알천 양산촌은 알천 남쪽으로 알고 있습니다만 무엇을 근거로 북쪽이라 하셨는지 질문드리겠습니다.

여섯째, 알천 양산촌이 다른 5개 촌과 달리 부정제部庭祭를 지낸다든가 하는 측면을 명확히 정리해 주셨으면 하고요, 나정과 남산신의 존재를 국가제사와 관련하여 부연 설명을 해주셨으면 합니다.

신라의 건국신화와 알영闕英

김 선 주[●]

1. 머리말

우리나라 고대 양대 사서인 『삼국사기三國史記』와 『삼국유사三國遺事』에는 혁거세赫居世를 시조로 하는 신라의 건국신화가 실려 있다. 그런데 이들 사서에 실려 있는 신라의 건국신화는 시조왕인 혁거세만이 아니라 시조비인 알영闕英, 혁거세 추대 세력인 6촌 전승 등이 복합적으로 구성되어 있다. 그러므로 신라의 건국신화는 혁거세와 알영으로부터 이어져 내려오는 시조전승을 근간으로 형성되었지만, 그 속에는 다른 많은 부족의 시조전승을 포용하고 있을 것으로 보고 있다.¹⁾

신라의 건국신화 가운데 본고에서 주목하고자 하는 것은 알영이다. 신라의 건국신화에서 알영은 상당한 비중으로 나타나고 있다. 고구려나 백제 등 다른 고대국가의 건국신화에서 시조비始祖妣의 존재가 미미하거나

다산학술문화재단 전임연구원

전혀 나타나지 않은 것과는 차이가 있다. 또한 신라에서는 시조를 시조모始祖母가 낳았다고 하는 다른 계통의 전승도 있는데 여기에서도 알영은 존재감을 보이고 있다. 신라의 건국신화에서 알영이 비중있게 나타난다는 것은 신라의 건국 과정에서 알영이 중요한 상징성을 가지고 있기 때문이 아닐까 한다.

그러므로 여기서는 건국신화에 중요한 비중을 가지고 있으면서도, 혁거세에 비해 크게 주목되지 않았던 알영을 조명해 보고자 한다. 알영에 대해서는 시조묘 제사와 관련하여 주목한 적이 있는데,[2] 여기에서는 신라사 초기 국가 형성 문제와 관련하여 알영에 대한 논의를 좀 더 진전시켜보고자 한다. 먼저 신라의 건국신화 속에 알영 전승이 어떻게 나타나는지 그 내용을 분석하고자 한다. 나아가 시조비로 위치 지워진 알영의 족적 기반과, 알영과 6촌村(部)과의 관계에 대해 살펴보고자 한다. 이를 통해 초기 신라사에서 알영 전승이 어떠한 의미를 가지는지를 규명하고자 한다. 알영에 대한 이해는 건국 세력 등 신라의 초기 국가 형성 과정을 이해하는 하나의 실마리가 될 수 있으리라 여겨진다.

2. 건국신화 속의 알영전승

신라의 건국신화는 『삼국사기』와 『삼국유사』에 모두 나타난다. 먼저 혁거세와 알영 전승을 중심으로 두 사료에 실려 있는 건국신화를 검토해 보겠다.

A. 『삼국사기』 권1, 신라본기1, 시조혁거세거서간始祖赫居世居西干
1) [즉위년]① 시조. 성은 박씨朴氏이고 이름은 혁거세赫居世이다. 전한前

漢 효선제孝宣帝 오봉五鳳 원년元年 갑자甲子 4월 병진丙辰(혹은 정월 15일이라고도 한다.)에 왕위에 오르니, 이를 거서간居西干이라 했다. 그 때 나이는 13세였으며, 나라 이름을 서나벌徐那伐이라 했다.

② 이보다 앞서 조선 유민들이 산곡 사이에 나뉘어 살아 6촌을 이루었다. 첫째 알천 양산촌閼川楊山村, 둘째 돌산 고허촌突山高墟村, 셋째 자산 진지촌觜山珍支村(혹은 우진촌于珍村이라 한다), 넷째 무산 대수촌茂山大樹村, 다섯째 금산 가리촌金山加利村, 여섯째 명활산 고야촌明活山高耶村으로 이들이 진한辰韓 6부六部가 되었다.

③ 고허촌장 소벌공蘇伐公이 양산 기슭을 바라보니, 나정蘿井 옆 수풀 사이에서 말이 무릎을 꿇고 울고 있었다. 이에 가보니 문득 말은 보이지 않고 큰 알이 있었다. 이를 갈라보니 갓난아이가 나왔다. 거두어 길렀는데, 나이 10여 세가 되자 재주가 특출하고 숙성하였다. 6부인들은 그 출생이 신이하므로 이를 받들고 존경하였는데, 이때에 이르러 받들어 임금으로 삼은 것이다. 진인辰人은 호瓠을 박이라 했고 처음에 큰 알이 박과 같았기 때문에 박朴으로 성을 삼았다. 거서간은 진辰 사람들의 말로 왕을 가리킨다. 혹은 귀인을 부르는 칭호라고 한다.

2) [5년] 봄 정월에 용이 알영정閼英井에 나타나 오른쪽 옆구리로 여자아이를 낳았다. 노구老嫗가 발견하여 기이하게 여기고 거두어 길렀는데 우물 이름을 따서 이름을 지었다. 자라면서 덕스런 모습을 지녔다. 시조가 이를 듣고서 맞이하여 비로 삼았다. 행실이 어질고 안으로 잘 보필하여 당시 사람들이 이들을 이성二聖이라 불렀다.

3) [17년] 왕이 6부를 돌며 위로했는데, 왕비인 알영閼英이 동행했다. 농사와 누에치기를 권하고 독려하여 땅의 이로움을 모두 얻도록 했다.

4) [61년] 봄 3월에 거서간이 세상을 떠나 사릉蛇陵에 장사지냈다. 담암사曇巖寺의 북쪽에 있다.

B. 『삼국유사』 권1, 기이1, 신라시조혁거세왕新羅始祖赫居世王

① 진한 땅에는 옛날 6촌六村이 있었다.…중략…위의 글을 살펴보니 이 6부六部의 시조는 모두 하늘에서 내려온 것 같다. 노례왕 9년 처음으로 6부 이름을 고치고 또 6성姓을 하사하였다. 지금 세속에서는 중흥부를 모母로 하고, 장복부를 부父로 하고, 임천부를 자子로 하고 가덕부를 여女로 하는데 그 실상은 자세하지 않다.

② 3월 초하룻날 6부의 조상들이 각각 자제들을 데리고 다 함께 알천閼川 언덕 위에 모여 의논하기를 "우리들이 위로 백성들을 다스릴 만한 임금이 없어 보내 백성들이 모두 방종하여 제멋대로 놀고 있으니 어찌

덕이 있는 사람을 찾아내어 그를 임금으로 삼아 나라를 창건하고 도읍을 정하지 않을 것이랴!" 하였다. 이때에 모두 높은 데 올라가 남쪽을 바라보니 양산楊山 및 나정蘿井 곁에 이상한 기운이 번개처럼 땅에 드리우더니 웬 흰말 한 마리가 무릎을 꿇고 절하는 시늉을 하고 있었다. 조금 있다가 거기를 살펴보니 보랏빛 알 한 개(또는 푸른빛 큰 알이라고도 한다.)가 있고 말은 사람을 보자 울음소리를 길게 뽑으면서 하늘로 올라갔다. 그 알을 쪼개 보니 형용이 단정하고 아름다운 사내아이가 있었다. 놀랍고도 이상하여 아이를 동천東泉(동천사東泉寺는 사뇌벌 북쪽에 있다.)에서 목욕을 시키매 몸에는 광채가 나고 새와 짐승들이 모조리 춤을 추며 천지가 진동하고 해와 달이 맑게 빛났다. 따라서 이름을 혁거세왕(아마도 향언鄕言일 것이다. 혹은 불구내왕弗矩內王이라고도 하니 광명으로써 세상을 다스린다는 말이다. 설명하는 사람이 말하기를 "이는 서술성모西述聖母가 낳은 것이다. 그러므로 중국 사람의 선도성모仙桃聖母를 찬미하는 글에 '어진 인물을 배어 나라를 창건했다.'라는 구절이 있으니 이것을 두고 하는 말일 것이다."라고 하였다. 또는 계룡鷄龍이 상서를 나타내어 알영을 낳았으니, 또한 서술성모의 현신이 아니겠는가!)이라고 하고 왕위의 칭호는 거슬감居瑟邯(혹은 거서간居西干이라고도 하니, 이는 그가 처음 입을 열 때에 자신을 일컬어 말하기를 알지거서간일기閼智居西干一起라 하였으므로, 그의 말에 따라 이렇게 불렀으니 이로부터 임금의 존칭으로 되었다.)이라 하였다.

③ 당시 사람들이 다투어 축하하여 말하기를 "이제 천자가 이미 이 땅에 내려왔으니 마땅히 덕이 있는 여군女君을 찾아서 배필을 정해야 하겠다."고 하였다. 이날 사량리沙梁里 알영정閼英井(또는 아리영정娥利英井이라고도 한다.)에서 계룡鷄龍이 나타나서 왼쪽 옆구리로부터 동녀童女(혹은 용이 나타나 죽으매 그 배를 가르고 얻었다고도 한다.)를 낳으니 자색이 뛰어나게 고왔다. 그러나 입술이 닭의 부리 같은지라 월성 북천에 가서 목욕을 시켰더니 그 부리가 퉁겨져 떨어졌으므로 그 천川의 이름도 따라서 발천撥川이라 하였다.

④ 궁실을 남산 서쪽 기슭(지금의 창림사이다.)에 짓고는 두 명의 신성한 아이를 모셔 길렀다. 사내아이는 알에서 나왔는지라 [그] 알은 박과 같이 생겼고 향인鄕人들이 瓠을 박이라 하므로 따라서 성을 박朴이라 하였다. 계집아이는 그가 나온 우물 이름으로써 이름을 지었다. 두 성인의 나이가 열세 살이 되자 오봉五鳳 원년元年 갑자甲子에 남자는 위에 올라 왕이 되고 이어 여자로써 왕후를 삼았다. 나라 이름을 서라벌徐羅伐 또는 서벌徐伐(지금 京자의 뜻을 우리말로 서벌이라 하는 것도 이

때문이다.)이라 하였다. 더러는 사라斯羅 또는 사로斯盧라고도 하며 처음에 왕이 계정鷄井에서 났으므로 혹은 일러서 계림국鷄林國이라고도 하니 계룡鷄龍이 상서를 보여 주었기 때문이다. 일설에는 탈해왕 때에 김알지金閼智를 얻으면서 숲속에서 닭이 울었으므로 나라 이름을 계림으로 고쳤다고 한다. 후세에 와서는 드디어 신라라고 이름을 정하였다.

⑤ 나라를 다스린 지 61년 만에 왕이 하늘로 올라갔는데 이레 뒤에 유해가 땅에 흩어져 떨어졌으며 왕후도 역시 죽었다고 한다. 국인들이 합장을 하려고 했더니 큰 뱀이 나와서 내쫓아 못하게 하므로 오체五體를 오릉五陵에 각각 장사지냈다. 역시 이름을 사릉蛇陵이라고도 하니 담엄사 북쪽 왕릉이 바로 이것이다.

　　두 사서 모두 혁거세를 건국 시조로 알영을 시조비로 하는 기본 골격을 가지고 있다. 말과 양산·나정, 용(계룡)과 알영정이 두 사람의 신이한 탄생담의 소재로 나타나고 있다는 점도 동일하다. 시조 혁거세가 13세에 즉위했다는 것이나 즉위 61년에 세상을 떠나 담엄사 북쪽에 있는 사릉을 장지로 했다는 서술도 같다. 또한 두 사서 모두 혁거세의 등장 이전 6촌(부)이라는 선주집단의 존재를 언급하고 있다.

　　그렇지만 두 사서는 전체적인 내용은 비슷하지만 구성이나 전개 과정에서는 차이를 보이고 있다. 탄생 시점과 관련하여 『삼국유사』 기이편에서는 혁거세가 출현한 같은 날 알영도 출현한 것으로 그려져 있다. 반면 『삼국사기』 신라본기에서는 혁거세의 탄생담을 즉위년조에, 알영은 5년조에 분리되어 독립적으로 기술되어 있다. 혁거세의 즉위를 13세로 설정한 것을 감안하면 18년의 시간적인 간격이 있는 셈이다.

　　두 사람의 탄생 배경에 대한 서술에서도 차이가 있다. 『삼국사기』에서는 갑작스럽게 출현한 두 사람을 고허촌장 소벌도리와 노구老嫗가 각각 발견·양육한 것으로 서술하였다. 반면 『삼국유사』에서는 '덕있는 사람을 찾아내어 임금으로 삼아 나라를 창건하고 도읍을 정할 것'과 '덕이 있는 여군女君을 찾아내어 배필을 정할 것'에 대한 선주세력인 6촌민의 염원과 두 사람의 출현을 연결시키고 있다. 여기서 6부 사람들이 왕만이 아니라 왕비의 출현도 함께 염원하여 두 사람이 출현한 것으로 그려져 있으며, 특히 알영의 출생과 관련하여 여군女君의 출현을 염원한 것으로 표현하고 있다.

알영이 왕후가 되는 과정에서도 차이가 있다. 『삼국사기』에서는 5년조에 알영의 탄생담과 함께 알영이 자라면서 덕스러운 모습을 지니고 이를 시조가 듣고는 맞이하여 비로 삼았다고 하여 납비 과정에서 혁거세가 중심인물로 서술되었다. 그러나 『삼국유사』에서는 혁거세와 알영의 탄생을 염원하고 발견했던 6부 사람들이 두 사람을 함께 양육하고 13세가 되던 해에 동시적으로 혁거세를 왕으로, 알영을 왕비로 함께 추대한 것으로 나온다.

세상을 떠난 것에 대한 기록 역시 차이가 있다. 『삼국사기』에서는 61년에 혁거세의 훙거薨去 소식과 함께 장지를 사릉蛇陵으로 했다는 내용만이 서술되어 있다. 알영의 죽음은 언급이 없다. 반면 『삼국유사』에서는 혁거세와 동시적인 일로 알영의 훙거 역시 전하고 있다. 특히 『삼국유사』에서는 혁거세의 경우 승천했다가 유해가 땅에 떨어져 흩어졌다는 내용인데 반해, 오히려 알영은 직접적으로 죽음을 언급하고 있다는 점도 특이하다.

전반적으로 『삼국사기』에서는 시조인 혁거세가 중심 인물이며 알영은 시조의 배우자로 편제된 존재로 서술되었다는 느낌이다. 반면 『삼국유사』는 알영이 혁거세의 배우자 이상으로 좀 더 독립적인 존재로 나타난다. 탄생과 성장, 왕과 왕비로서의 책립, 죽음 등의 전 궤적에서 알영은 혁거세와 병렬적으로 기술되어 있다. 『삼국유사』에서는 알영이 연령, 지위, 권능 등에서 혁거세와 동일하게 나타나고 있어, 마치 한 사람의 행적에 다른 사람이 부회되어 서술된 듯한 느낌을 준다.[3]

그렇지만 간과하기 어려운 것은 혁거세 중심으로 전개되고 있는『삼국사기』에서도 알영의 비중이 적지 않다는 점이다. 우선 주목할 점은『삼국사기』역시 시조비인 알영의 탄생담을 소개하고 있다. 탄생담의 내용에서도 알영이 용의 오른쪽 옆구리에서 태어났다고 하는 신이神異를 기록하고 있다. 고대 문헌에서 용은 대부분 능력을 지닌 왕자王者의 위치에 있는 경우가 많다는 점에서,4) 알영이 탄생담이 용의 출현을 배경으로 하고 있다는 점은 주목할 필요가 있지 않을까 한다.

또한『삼국사기』에서 알영을 혁거세와 함께 2성二聖으로 칭하고 있다.『삼국사기』신라본기 혁거세 5년 조에는 시조가 알영을 맞이하여 妃로 삼았다는 내용과 함께 당시 사람들이 이들을 '2성二聖'으로 칭했다는 내용을 전하고 있다.5) 38년 조에도 '우리나라는 2성二聖이 일어나심으로 인사가 바로잡히고 천시가 고르게 되었다.'6)고 하여 두 사람을 함께 2성으로 표현하고 있다. 17년조에는 6부 순무巡撫에 알영이 혁거세과 함께 동행하여 농상農桑을 권독勸督했다고 하여,7) 알영이 혁거세와 함께 정치적 활동을 한 것으로 나타나고 있다.

한편 남해차차웅 즉위 원년에도 '2성二聖이 나라를 버리시고'라는 표현이 보인다.8) 후대에도 알영이 혁거세와 함께 2성二聖으로 인식되었음을 보여준다. 또한 위의 남해차차웅 즉위조 기사는 남해차차웅 즉위 이전에 알영의 훙거가 있었음을 암시한다. 혁거세의 훙거 한해 전인 60년 조에는 '두 용이 금성의 우물 속에 나타났다.'고 하였다.9) 이는 시조의 죽음에 대한 징조를 표현한 것으로 여겨지는데, 용은 서거하기 전에 왕홍王薨을 예고하는 존재로 최고 정치담당자의 정치적 사건과 연계된 것으로 본다.10) 그렇다면 알영의 죽음에 대한 별도의 기록이 없는『삼국사기』에서도 혁거세의 죽음에 알영이 포함되어 있음을 보여 준다.

이러한 기록은『삼국사기』에서도 알영이 시조의 배우자 이상의 의미를 가지고 있음을 보여준다. 『삼국사기』 역시 알영의 독자적인 탄생담을 소개하고 있으며, 왕비 책립에서 정치 활동, 죽음 등 일련의 궤적을 보여주고 있다. 뿐만 아니라 2성二聖이라는 표현은 알영이 혁거세에게 편입된 존재가 아닌 독립적인 정치적 의미를 가지고 있음을 보여준다.

한편 다음 『삼국유사』의 기록은 혁거세와 알영이 부부가 아닌 다른 설정도 있음을 보여준다.

> C. (선도산성모) 처음 진한에 와서 성자를 낳아 동국의 처음 임금이 되었으니 필경 혁거세와 알영의 두 성군聖君을 낳았을 것이다. 때문에 계룡·계림·백마 등으로 일컬으니 이는 닭이 서쪽에 속해 있기 때문이다.[11]

위는 신라의 건국신화가 시조인 혁거세가 하늘에서 내려왔다는 독립적인 천강담과는 별개로 시조모가 낳았다고 하는 다른 계통도 있음을 보여준다.

그런데 위의 시조모 전승에서 주목할 점은 '동국의 첫 임금이 된 성자'를 낳았다고 하는 시조모가 낳은 존재가 혁거세만이 아니라 알영도 함께 언급되고 있다는 점이다. 이에 따르면 알영과 혁거세는 시조모의 자식으로 남매관계가 된다. 그런데 알영이 혁거세와 함께 건국시조를 낳은 시조모의 자식으로 언급되었다는 것은, 알영 역시 혁거세와 같이 건국시조로 인식된 것으로 해석할 수 있는 여지를 준다. 나아가 알영을 혁거세와 함께 이성二聖이라고 칭했다고 했던 기록들과도 대입된다.

건국시조를 낳은 시조모의 존재에 대해서는 앞의 B에서 소개했던 『삼국유사』 기이편 협주에도 소개되어 있다.

> D. 해설하는 이는 말하기를, "이는 서술성모가 낳은 바이다. 그러므로 중국 사람들이 선도성모를 찬양하여 '어진 이를 낳아 나라를 세웠다'는

말이 있음이 이것이다.”라고 하였다. 또 계룡이 상서를 나타내 알영을
낳았다는 이야기도 또한 서술성모의 현신을 말하는 것이 아니겠는가?12)

위의 자료 역시 신라에서 ‘어진 이를 낳아 나라를 세웠다.’고 여긴 시
조모 전승이 있음을 보여준다. 그런데 위에서는 ‘서술성모’라는 이름을
가진 시조모가 알영 탄생과 관련되어 설명되어 있다. 위 D) 자료에서는
시조모가 오히려 알영과 친연성을 가지고 설명되어 있다.13)

나아가 신라의 국명 유래와 관련하여 알영의 탄생담이 거론되기도 한다.

> E. 나라 이름을 서라벌徐羅伐, 또는 서벌徐伐[지금 풍속에 경京을 서벌이라고
> 부르는 것은 이 때문이다]이라 하고, 혹은 사라斯羅·사로斯盧라고도 했다.
> 처음에 왕이 계정鷄井에서 탄생했기 때문에 혹 나라 이름을 계림국鷄林國
> 이라고도 했다. 이것은 계룡鷄龍이 상서祥瑞를 나타냈기 때문이다.14)

여기에서는 신라의 다양한 국호를 소개하고 있는데, 그 유래를 ‘왕이 계
정에서 탄생한 것’과 함께 ‘계룡이 상서를 나타낸 것’에서 찾고 있다.

그런데 위의 설명 중에 ‘계룡이 상서를 나타냈다’는 전승의 주인공은
알영이다. 그와함께 국명 유래가 되었던 주인공에 대해 ‘왕’으로 표현했
다는 점이 주목된다. 이에 ‘왕’이라는 표현이 ‘후后’의 오자이거나, ‘왕’
자 밑에 ‘후’자가 탈락된 것으로 추정하기도 하였다.15) 그렇지만 ‘왕’이
라는 글자를 ‘후’의 잘못으로 이해한다고 해도 어쨌든 알영이 국명 유래
로 설명된다는 점에서 알영의 존재감이 달라지는 것은 아니다.

물론 계림이라는 명칭으로도 불리게 된 유래에 대해서『삼국사기』에
서는 김씨의 시조로 알려진 알지의 탄생과 관련된 것으로 설명한 기록도
있다.16) 그런데 여기서는『삼국유사』찬자가 시조비인 알영의 탄생과 관
련하여 이해했다는 점을 주목하고자 한다. 국명 유래를 알영과 관련하여
인식했다는 것은 그만큼 알영이 신라의 국명 유래로 설명될 정도로 상징

성을 가진다는 의미일 것이다. 특히 위의 국호와 관련해서는 시조로 알려져 있는 혁거세의 존재감은 거의 보이지 않는다는 점도 유의할 필요가 있지 않나 한다.

지금까지 문헌자료에 보이는 신라의 건국신화를 검토한 결과 시조비로 설정되어 있는 알영이 시조인 혁거세 못지않은 비중으로 다루어졌음을 알 수 있다. 혁거세와 알영은 어느 한쪽의 우열관계를 뚜렷이 알 수 없을 정도의 비중으로 나타났다.[17] 알영은 우리 고대 신화 중에서는 유일하게 시조비로서 독자적인 탄생담을 가지고 있다. 보다 원형적인 건국신화로 여겨지고 있는 『삼국유사』의 전승에서 알영과 혁거세는 출생에서부터 죽음까지 연령이나 권위 등이 동격으로 나타난다. 시조모 전승에서는 알영 역시 건국 시조로 인식했을 가능성과 함께, 오히려 알영이 보다 시조모와 친연성을 가지고 서술되었음을 알 수 있다.[18]

3. 알영의 족단 기반

신라의 건국신화에서 알영은 혁거세 못지않은 비중으로 그려지고 있다. 알영에 대해서는 『삼국유사』 왕력에서 알영의 이름이 아이영娥伊英, 아영娥英으로도 서술되었다는 점에서 중국 요堯임금의 두 딸의 이름인 아황娥皇과 여영女英을 본 딴 것으로 후대의 허구로 이해하기도 했다.[19] 이름 외에도 알영의 출생이 용의 옆구리에서 탄생한 것으로 되어 있는 점 등은 후대에 미륵의 탄생설화에서 영향을 받은 것으로 후대적 관념이 지적되었다.[20]

그러나 후대적 요소가 보인다고 해서 건국신화의 배경이 되는 신라 초기 사와 전혀 관련이 없다고 보기는 어려울 것이다. 알영이라는 이름은 시조의 창세설화에서 근본 또는 알의 의미를 가진 상징적인 이름이 있었고, 뒤에 그것을 표현할 적에 당시로서는 아화娥化되었다고 할까 새롭다고 할 표현으로 음이 비슷한 아영을 끌어들였던 것으로 이해가 참고된다.[21] 건국신화에서 보이는 여러 전승은 나름대로 의미를 지니고 있으며, 신라 건국과정에서의 역사 경험이 반영된 것으로 이해해야 할 것이다.

신라의 건국신화에서 알영이 비중있게 그려져 있다는 것은, 초기 신라사에서 알영이 그만큼 중요한 상징성을 가지고 있기 때문이 아닐까 한다. 건국신화에는 형제나 부부로 표현된 관계가 등장하는데, 이들은 실제적 관계라기보다는 집단관계를 상징화한 것으로 여겨진다. 형제관계가 나타나는 백제나 가야의 건국신화 역시 본래 두 부족 내지 성읍국가의 시조로서 각각 독립된 신화를 가졌으나, 그것이 연맹 왕국의 건국신화로 흡수되면서 형제로 나타났을 것으로 이해하고 있다.[22]

그렇다면 신라의 건국신화에서 혁거세와 부부로 설정되어 있는 알영 역시 신라의 건국과정에서 유력했던 특정 집단과 관련을 가지는 것으로 해석할 수 있지 않을까 한다. 이와 관련하여 지금까지 알영은 알지閼智를 시조로 하는 김씨족단과 관련된 것으로 이해되어 왔다.[23]

알영을 알지와 같은 족단으로 이해했던 근거는 알영과 알지 모두 알(ar)계 이름을 가지고 있다는 점과, 알영과 알지의 탄생담에 각기 계룡鷄龍과 백계白鷄로 닭이 공통적으로 등장한다는 점이었다. 알지는 내물왕奈勿王 이후 왕위를 독점하는 김씨의 시조로 알려져 있으므로, 알영 역시 알지와 같은 김씨로 이해했던 것이다. 특히 신라 상고기 초기에 박씨와 석씨의 왕비로 알閼·아로阿老·아루阿婁·아례阿禮 등의 이름이 등장하는 것과 관련하여, 금金나라가 자신의 기반지였던 황금이라는 뜻을 가진 여진어인 아록조阿祿阻에서 출발하여 국호를 삼았듯이 김성金姓 또한 알閼·아로阿老·아루阿婁·아례阿禮 등의 인명에서 유래한 것으로 해석했다.[24] 이에 알영과 알지를 닭 토템을 가진 동일한 알(ar)족, 김씨족으로 이해하였다.[25] 나아가 알영을 김씨족의 여제사장이었을 것으로 해석하기도 했다.[26]

그런데 알(ar)을 과연 김金과 관련된 것으로 볼 수 있을지는 의문이다. 고대 차자표기借字表記체계에서 '김金'에 대한 차자는 소문蘇文 내지는 소素 등이며 신라에서 '쇠'로 읽혔을 것이라며, 김金에 대한 새김(釋)이 알閼 또는 아루阿婁 등으로 차자될 수 없다는 견해가 참고 된다.[27] 나아가 『삼국유사』에 전하고 있는 혁거세·김알지 설화에서 혁거세 또한 알지로 불리웠고, 이후 김알지의 출현이 혁거세의 고사와 같음으로 인하여 알지로 칭해졌다는 기록들을 통해서도 알閼(智)이 김씨성金氏姓과 무관하다고 보았다.[28] 김씨성이 알(ar)과 관련성을 가지는 것으로 보기 어렵다면, 알영이 알지가 공통적으로 알(ar)계 이름을 보인다는 것만으로 알지와 같은 김씨 족단으로 연결시키기는 어렵지 않을까 한다.

또한 알영을 알지와 같은 김씨 족단으로 이해할 경우 알영과 알지 시조전승이 어떻게 연결되며, 왜 두 명의 시조전승이 나타나는가 하는 문제가 남는다. 이에 김씨족 내에는 다른 여러 씨족이 존재했을 가능성이 많으며, 뒤에 김씨 왕실이 세습되면서 김씨족 중심의 새로운 신화체계를 모색하려는 의식이 싹텄으며, 김씨 부족들 중에는 혁거세 시조전승과 동등한 시조관념을 모색하려는 의식이 싹터 있었고, 그런 과정 속에 지신족 체계를 중심으로 성립된 김씨 시조 전승 중 알지신화가 서서히 독립하여 독자적인 천신족 신화 체계를 이루어 나간 것으로 보았다.[29]

알영=김씨설은 시조인 혁거세를 상고기 초기에 왕위를 차지했던 박씨 세력으로 이해하는 것과도 짝을 이루고 있다. 혁거세를 박씨, 알영을 김씨로 이해하여 혁거세와 알영의 부부설화는 박씨족과 김씨족의 연맹 관계를 보여주는 것으로 해석하였다. 특히 두 사람의 탄생담에 등장했던 말이나 알, 용·우물 등을 분석하여 알영족은 지신족 계통으로, 혁거세는 천신족 계통으로 신라의 건국신화는 천신족과 지신족이 결합하는 체제를 갖는 것으로 해석하였다.[30] 나아가 천신계인 혁거세로 상징되는 박씨는 유이민 세력으로, 지신계인 알영으로 상징되는 김씨 세력을 선주 토착 세력으로 보았다.[31] 그렇다면 내물왕 이후 왕위를 독점하는 김씨 집단이 신라 초기 왕위를 계승했던 박씨 집단 보다 선주 토착 세력으로 이해하게 된다.

그러나 이러한 이해는 경주지역에 보이는 고고학적 정황과는 배치된다. 경주 지역에는 일정시기 적석목곽분이라는 묘제가 성행하였다. 적석목곽분은 외형의 크기 뿐 아니라 다양하고 호화로운 부장유물로, 일정시기 왕실을 비롯한 지배층들이 사용했던 묘제로 여겨지고 있다.[32] 적석목곽분의 기원이나 등장 시기에 대해서는 학자들마다 다양한 의견이 있지만, 성행 시기는 마립간기로 보는 데에는 이견이 없다. 그러므로 적석목곽분을 마립간기의 묘제로 부르기도 한다. 적석목곽분이 성행했던 마립간기는 김씨들이 왕위를 독점하고 지배층을 형성했던 시기이다. 그렇다면 적석목곽분의 사용 세력을 마립간기 김씨 족단과 연관시킬 수 있을 것이다.

여기서 주목할 점은 적석목곽분의 출현이 단순히 묘제의 변화만이 아니라 지배세력의 변화로 이해된다는 점이다. 적석목곽분은 경주지역에 출현한 이전의 묘제와는 계통을 달리하는 이질적인 묘제이다. 그러므로 적석목곽분의 기원을 고구려나[33] 멀리 북방 시베리아에서 기원을 구하기도 한다.[34] 이는 경주에 출현한 적석목곽분의 주인공은 이전의 묘제를 사용했던 세력과는 문화적 배경, 출신, 성장 배경이 달랐음을 보여준다.[35]

적석목곽분의 출현이 김씨 왕조와 불가분의 관계가 있는 것으로 해석한다면,[36] 김씨 족단은 적석목곽분의 등장과 관련하여 이해해야 할 것이다. 적석목곽분이 선행 묘제를 계승한 것이 아닌 새롭게 등장한 이질적인 묘제이며 지배세력의 변화까지 동반한 것으로 이해할 때, 마립간기 이후 왕위를 독점하는 적석목곽분 사용 세력인 김씨 족단을 이전부터 경주지역에 선주해 있던 토착세력으로 보기는 어렵지 않을까 한다.[37] 나아가 지신계의 선주 토착적인 성격을 보이고 있는 알영 전승을 김씨 족단과 연결하여 이해하기는 어려울 것이다.

한편 알영은 신라 건국신화에서 독자적인 탄생담이 전승되고 있다. 우리나라 고대 사서에 등장하는 고조선을 비롯하여 고구려, 백제 등 고대국가 중에 시조비로서 탄생담이 전승되고 있는 경우는 알영이 유일하다. 금관가야의 건국신화에서 시조비 허황옥 역시 적지 않은 비중으로 나타나지만, 수로와의 결합을 중심으로 이주나 혼인 등이 나타날 뿐 신이한 탄생담이 나타나는 것은 아니다.

고대 건국 신화에서 신이한 탄생담은 주인공인 나라를 세운 시조의 영웅적인 면모를 부각시키는 장치로 사용된다. 건국시조가 아니면서 탄생담이 전해지고 있는 알지, 탈해 등은 유력 집단의 시조 전승이었다. 탄생담은 유력 세력 집단의 시조 전승에서 나타난다고 볼 수 있다. 탄생담을 가지고 있는 알영 역시 특정 집단의 시조로 인식되던 존재였을 가능성이 크다. 특히 건국신화 속에 포함되어 있다는 점에서 신라 초기사에서 중요한 의미를 가진 집단이었을 가능성이 크다.

지금까지 알영을 김씨로 해석한 데에서는 시조 혁거세가 박씨라는 이해와도 관련이 있지 않을까 한다. 『삼국사기』와 『삼국유사』에서 모두 혁거세의 성씨를 '박'이라고 했고, 탄생담에 등장했던 알이 박과 같았기 때문에 성을 삼았다는 유래까지 설명하고 있다. 그러므로 혁거세=박씨 설은 의문의 여지가 없는 것으로 받아들여져 왔다. 신라에서 왕위를 계승한 것으로 나타난 세 성씨 가운데 석씨는 탈해와, 박씨는 혁거세에 대입시키면서 알영은 남아 있는 김씨와 관련성을 찾았던 것이 아닐까 한다.

이와 관련하여 알영이 혁거세와 함께 부부전승으로 구성되었다는 점을 주목하고자 한다. 두 집단의 결합이라 하더라도 형제나 모자 관계가 아닌 부부관계로 설정된 데에는 그 배경이 있을 것이다. 물론 알영으로 상징되는 집단의 시조가 여성이었고, 혁거세로 상징되는 집단의 시조가 남성이었기 때문일 수도 있을 것이다. 그렇지만 부부관계는 형제관계와 다른 특징이 찾아진다. 즉 후손이 공유된다는 점이다. 형제관계에서는 각자 후손들이 다르며, 이들 후손들은 형제 각각에 대한 조상의식을 가질 수 밖에 없다.

그러나 부부관계에서는 후손이 공유된다. 후손의 입장에서는 부부 모두가 조상이 된다. 신라의 건국신화에서 알영은 혁거세와 부부로 형성되어 있다. 부부로 설정되어 있으므로 알영의 자손들은 혁거세의 자손과 일치한다. 그렇다면 남해차차웅 이하 혁거세의 후손이라고 하는 소위 '박씨'로 표현되었던 상고기 초기 왕계는 알영의 후손도 되는 것이다. 알영은 남해차차웅 이후 상고기 초기 왕계를 차지한 소위 '박씨' 왕들의 조상이 되는 것이다. 이러한 점에서 알영은 김씨보다 오히려 신라 초기 왕계를 차지했던 소위 '박씨'로 표현된 세력과 연관을 가졌을 가능성이 있지 않을까 한다.

그런데 문제는 왜 혁거세 전승이 있는데 알영 전승이 있느냐일 것이다. 이러한 문제는 혁거세를 건국시조로 하는 전승이 언제 만들어진 것으로 이해하느냐와 밀접한 관계를 가지고 있다. 혁거세 전승에서는 선민사상이나 다른 고대 건국시조에서 보이는 영웅 전승적 요소가 강하지 못하다는 점이 지적되었다.[38] 이러한 요소는 혁거세 신화가 후대적인 것으로 이해하게 한다. 혁거세설화는 신라 개국 당초의 설화로 보기는 어려울 것이다. 이에 후일에 국론을 통일하고자 다원적이고 이질적인 부족 신화의 위에 혁거세 설화를 둔 것으로 해석하기도 하였다.[39]

전승을 비교해 보면 혁거세는 하늘에서 내려왔다는 천강계 설화로 후대

적인 요소를 가지고 있는 것으로 알려져 있다. 또한 신라의 건국신화에서
시조인 혁거세의 탄생과 즉위과정에서 6부 세력과 밀접한 관계를 가진 것
으로 설명되고 있다. 이는 혁거세 전승이 6부의 성립 이후를 배경으로 하
였을 가능성을 보여준다. 그렇다면 혁거세를 건국시조로 하는 건국신화는
6부를 통합하고 초월적으로 성장한 집단이 경주의 지배세력으로 자리 잡
았던 시점을 배경으로 구성된 것으로 이해할 수 있지 않을까 한다.[40]

　신라의 건국신화에서 알영이 독자적인 탄생담을 가진 존재로 나타난
다는 것은 알영이 일정 집단의 시조로 인식되었을 가능성을 보여준다.
특히 알영 전승이 건국신화에 포용되었다는 것은 신라 건국에 중요한 의
미를 가지고 있는 집단과 관련을 가지고 있었음을 보여준다. 여기서는
신라 초기 왕계를 형성했던 소위 '박씨'로 표현되어 왔던 세력을 알영과
관련하여 이해하고자 한다.

　이와 관련하여 박씨의 시조로 알려졌던 혁거세는 특정 단위 정치체의
족단적인 시조가 아닌, 신라 전체의 국조國祖로서의 시조 전승으로 이해
할 수 있지 않을까 한다. 신라 초기의 왕위를 장악했던 소위 '박씨'로 표
현되는 세력의 시조였던 '알영'의 중요성은 공식적인 신라의 건국신화에
서 시조비로 정착되었다. 이와 함께 후대 계보를 부계 중심적으로 인식
하면서 남해왕 이후 초기 왕계를 형성했던 세력들을 국가시조인 혁거세
와 연결시켜 '박씨'로 이해된 것으로 보고자 한다.

4. 알영족과 6촌(부)의 관계

　신라의 건국신화는 혁거세와 알영 외에도 6촌(부)의 존재가 중요하게
등장한다. 『삼국사기』와 『삼국유사』 모두 혁거세 이전의 선주 세력으로

6촌(부) 세력을 언급하고 있다. 특히『삼국유사』에서는 건국신화의 상당 부분을 6촌과 6촌장 시조 설명에 할애하고 있다.

『삼국유사』에는 각 촌의 시조가 특정 산에 내려온 것으로 전하고 있다. 이러한 시조 전승은 산신 신앙과 관련성을 보여주는 것으로, 6촌의 토착적인 성격을 보여주는 것으로 해석되고 있다.[41] 그렇지만『삼국유사』 찬자는 산에 내려온 시조들이 하늘에서 내려온 것으로 해석하여 배경으로 천신신앙도 지적되고 있다. 다만 신라의 천신신앙은 정복자가 아니라 신성한 지닌 조상신의 의미를 지닌다고 보았다.[42]

그렇다면 초기 왕계를 점유했던 소위 '박씨'로 표현되는 알영족과 이들 6촌(부) 세력과는 어떤 관계가 있을까? 알영을 알지와 연결시켜 김씨로 이해했던 대부분의 연구에서는 알영을 선주 토착세력으로 보았다.[43] 그에 반해 알영을 김씨 세력으로 이해하면서도 알영 신화에 지신족 관념이 스며있다는 것을 근거로 알영이 속한 집단을 본래 경주지역의 토착세력이라고 단정할 수 없다는 견해도 있다.[44] 그 이유는 혁거세가 등장하기 이전에 경주지역에는 6촌이라고 불리는 토착집단이 자리 잡고 있었는데, 알영이 토착민이라면 설화상 그녀는 6촌장 가운데 어느 하나와 혈연적으로 긴밀한 관계를 가지고 있는 것으로 나와야 하는데 6촌의 장들과 알영 사이에는 어떠한 연관도 확인할 수 없다는 것이다.

그런데 알영의 탄생담을 살펴보면 알영은 특정 부(촌)가 알영의 탄생과 관련을 가지고 있음을 알 수 있다.『삼국유사』에는 알영의 탄생 배경으로 '사량'이라는 지명이 등장한다. 사량리에 있는 알영정에 계룡이 나타나서 왼쪽 옆구리로부터 알영을 낳았다는 것이다.[45] 건국신화에 등장하는 장소는 신화적인 상징성을 가지고 있을 것이다. 사량은『삼국유사』에서 혁거세 이전 선주세력으로 거론했던 6부 가운데 하나의 부명이다. 알영의 탄생지가 6부 중에 하나인 사량으로 표현되었다는 것은, 알영이 사량부와 연관을 가지고 있을 가능성이 있다.

　사량부의 전신은 『삼국사기』와 『삼국유사』 모두 돌산 고허촌으로 설명하고 있다. 그런데 사량부의 전신인 고허촌은 건국시조인 혁거세의 탄생담에도 등장한다.[46] 이러한 전승으로 인해 혁거세를 고허촌 집단과 연결시키기도 하고,[47] 고허촌은 혁거세가 등장하기 이전부터 존재한 토착집단 가운데 하나이므로 혁거세 족단의 출자는 고허촌과 다른 곳에서 찾아야 한다고 보기도 한다.[48]

　혁거세의 탄생담을 보면 혁거세가 천강했던 장소로 양산이 거론되고 있다. 선주 세력으로 설명한 6촌 가운데 한 부명에 양산이라는 지명이 포함되어 있다. 혁거세는 고허촌보다는 양산이라는 이름이 포함된 알천 양산촌과 관련성을 찾을 수 있지 않을까 한다. 그렇지만 알영은 고허촌의 후신인 사량부 출신으로 표현하고 있어, 알영 족단의 출자는 고허촌으로 이해해도 무방하지 않을까 한다.

　그렇다면 왜 혁거세의 탄생담에 고허촌이 등장할까? 고허촌은 시조인 혁거세를 발견하고 양육한 주체세력이었다. 또한 고허촌은 시조비로 표현된 알영의 출신지였다. 건국신화에서 시조 부부가 모두 고허촌(사량부)과 관련되어 설정되어 있다는 것은 신라 초기 역사에서 고허촌(사량부)이 그만큼 의미를 가지고 있기 때문일 것이다.

　한편 고허촌은 혁거세의 천강담을 중심으로 하는 건국신화와는 다른 계통의 시조모 전승 계통에도 관련성이 나타난다. 시조모 전승의 무대는 선도산이다. 신라인들은 시조를 낳은 시조모가 선도산에 산다고 여기고 국가적인 차원에서 제사를 드렸다[49] 시조모 전승에서는 선도산 외에 서술, 서연이라는 명칭으로도 언급되었다. 『신증동국여지승람新增東國興地勝覽』 경주부 산천조에는 선도산에 대한 설명이 보인다. 신라시대에는 서

신라의 건국신화와 閼英 119

악西嶽으로 불렀으며 그 외에도 서술西述, 혹은 서형西兄, 혹은 서연西鳶로
도 불렀다고 하여,[50] 시조모 전승에 보이는 선도산의 다양한 명칭과 일
치하고 있다. 선도산은 경주 서천 너머에 위치한 산으로 현재에도 선도
산, 혹은 서형산으로 불리우고 있다.

『삼국유사』에서는 선주해 있던 6촌(부) 세력의 시조가 산에 내려왔다
고 했다. 고허촌 시조의 탄강지는 형산兄山이라고 하였다. 현재 경주에는
형산이라는 이름을 가진 곳으로 안강지역의 북형산과 경주 시내 서천 서
쪽에 있는 서형산이 있다. 이 가운데 고허촌장이 하강했다는 장소로 주
목되는 곳은 경주지역의 서형산이다. 혁거세신화에는 고허촌장이 양산
기슭을 바라보다가 혁거세를 발견한 것으로 나온다. 이 양산은 오늘날
남산에 비견되므로, 고허촌과 관련된 형산은 남산과 지근거리에 있는 서
형산이 보다 적합하지 않을까 한다.[51] 그렇다면 선도산으로 불리는 서형
산이 고허촌 시조가 하강했다는 형산으로, 시조모 전승에서도 고허촌이
중요한 의미를 가지고 있음을 알 수 있다.

혁거세의 천강담을 중심으로 하는 건국신화에서 시조부부의 탄생담이
나 시조모 전승에서 고허촌이 중요한 무대가 되는 이유는 무엇일까? 건
국신화가 신라 건국 초기의 역사를 일정정도 반영한다고 볼 때. 신라의
건국신화에서 시조부부나 시조모 전승이 모두 고허촌(사량부)과 관련이
있다는 것은 신라 초기 역사에서 고허촌이 중요한 의미를 가지고 있음을
보여준다.

『삼국사기』와 『삼국유사』에는 고허촌장으로 소벌蘇伐이 등장한다. 이
소벌은 인명이 아니라 솟았다는 뜻을 가진 우리말의 '솟벌'로 해석되며
고허高墟는 바로 소벌蘇伐의 한역漢譯으로 해석하고 있다. 나아가 소벌은
서라벌을 약칭한 서벌과 같은 말로, 서라벌徐羅伐에서 '서徐'는 고高·상上
에 '벌伐'을 허墟에 대입시켜, 고허촌을 상읍上邑·수읍首邑으로 해석하였

다.[52] 사벌沙伐, 소벌蘇伐은 모두 고허高墟와 통하는 '솟은 벌'로, 이에 따르면 고허촌은 소벌, 서라벌, 서벌로 해석되는 것이다.[53]

『삼국유사』에는 혁거세가 즉위하였을 때 국호를 서라벌徐羅伐 또는 서벌徐伐이라고 하였다고 하며 보충 설명으로 사라斯羅, 사로斯盧라고 하였다. 신라의 모체가 되었다는 국명인 사로斯盧가 사라斯羅·서라벌徐羅伐·서벌徐伐과 관련되며 나아가 소벌蘇伐, 즉 고허촌과도 연계됨을 보여준다. 음운학적인 해석이 자의적으로 흐를 위험이 있다는 것은 감안해야 하지만, 신라의 모체가 되는 사로국이라는 명칭이 고허촌에서 유래했을 가능성을 보여준다.

신라가 사로국을 모체로 성장한 것에는 이견이 없다. 다만 사로국의 실체에 대해서는 다양하게 이해되어 왔다. 건국신화에 등장하는 혁거세 이전의 선주 6촌과 관련하여, 사로국을 구성하는 6개의 족단으로 이해하기도 하였다.[54] 그러므로 6촌은 본래 읍락이었으며 성읍국가의 기반으로까지 발전한 상태에서 사로국에 편입된 것으로 이해했다.[55]

그런데 이와 달리 6촌을 삼한의 소국과 같은 것으로 파악하기도 하였다.[56] 한반도 내에서 소국을 성립시킨 여타의 정치세력들의 경우 연맹장을 배출한 집단은 각각 독립적인 세력으로 나타나고 있고 그 근거지를 달리하고 있다는 점에서 신라에서 이사금의 위가 삼성에 의해 교립되었다고 한 것은 삼성이 각각 연맹장을 배출한 집단으로 이들은 시기와 장소를 달리하여 독자적인 정치체를 성립시킨 것으로 이해하였다.[57]

이와 관련하여 『삼국사기』에 '진한 6부'로 표현했고, 『삼국유사』에도 '진한의 땅에 6촌'이라는 표현을 주목하고자 한다. 여기에서 6부, 혹은 6촌으로 표현은 다르지만 모두 진한의 범주로 설명했다는 점이다. 진한 6부라는 표현을 그릇된 기록으로 보기도 하지만,[58] 두 사료 모두 진한의 범주로 설명하고 있다는 점은 주목해야 하지 않을까 한다.

　　이러한 측면에서 진한에 6국이 존재했고, 그것이 후일에 6촌으로 호칭되었으며 진한 6국은 도시국가적인 성격으로 국이 촌과 통용되는 것이라는 이해는 참고가 된다.[59] 6촌, 6부 문제는 좀 더 정치한 분석이 요구되지만 여기서는 6촌이 사로국의 범주에 전체적으로 포함되는 것이 아니라 사로국이 6촌 가운데 하나와 직접적인 관련이 있을 가능성을 열어두고자 한다.

　　한편『삼국유사』에는 국호로 서라벌徐羅伐, 서벌徐伐, 사라斯羅, 사로斯盧를 말하면서 또 다른 계통으로 계림鷄林을 소개하고 있다.[60] 이에 신라의 왕성·왕도·국호와의 관계를 검토하여 신라新羅·서벌徐伐·사라斯羅와 사량부·금성이 동음에 의한 이표기이며, 계림과 양부·월성을 동음어에 의한 이표기로 보아 두 가지 계열로 구분한 의견이 있다.[61] 이는 세부적인 내용에서는 차이가 있지만 금성 – 서라벌계와 월성 – 계림계로 나눈 견해와도 상통된다.[62]

　　이러한 해석을 기반으로 계림이라는 국호를 김씨 세력의 성립, 성장과 관련된 것으로 해석한 견해가 있다.[63]『삼국유사』에 김씨 시조로 관념되는 알지 탄생을 계기로 서라벌에서 계림으로 국호를 바꾸었다는 것을 근거로 들었다. 이는 신라 왕위를 차지했던 삼성 세력이 경주지역에서 사로국을 건국한 것이 아니라 각각 독자적으로 소국을 성립 시킨 것으로 본 것이다.

　　이러한 견해는 설득력이 있지 않을까 한다. 다만 고허촌을 혁거세와 관계된 박씨 세력으로, 그 중심지를 경주가 아닌 상주 지역으로 본 것에 대해서는[64] 견해가 다르다. 본고에서는 박씨를 혁거세가 아닌 알영과 관련된 것으로 이해하고 있으며, 그 근거지 역시 경주로 이해하고 있다. 국호의 두 가지 계통 가운데 서벌·사라=사량부=금성계를 신라 초기 왕통을 계승했던 소위 '박씨'로 표현되었던 알영 세력과 관련된 것으로 보고자 한다.

『삼국지』동이전에 거론되었던 사로국의 실체가 바로 서벌·사라=사량부(고허촌)이 아닐까 한다.[65] 그러므로 고허촌의 근거지 역시 경주지역에 위치하고 있었던 정치세력으로, 알영은 경주 일대를 지역적 기반으로 했던 사로국 단계의 시조로 전승되던 인물로 여겨진다. 신라사에서 초기 왕계를 점유했던 소위 '박씨'로 표현되었던 집단은 경주를 기반으로 한 사로국의 지배세력이었다. 알영은 이 사로국 단계에서, 당시 지배세력이었던 소위 '박씨' 세력이 시조로 인식했던 존재였다.

그러나 사로국과 인근 주변 소국들이 흡수 통합되고 고대국가로 성장하는 과정에서, 시조신화 역시 건국신화로 발전하면서 다양한 족단의 시조신화는 건국신화에 포괄되었다. 혁거세를 시조로 하는 건국신화는 이 단계에 성립되었으며, 신라의 모태를 형성했던 사로국의 시조였던 알영 전승은 신라의 건국신화 속에 포용되면서 시조비로 설정된 것이 아닐까 한다.

5. 맺음말

알영은 신라의 건국신화에서 시조비로 설정되어 있다. 그러나 알영전승은 독자적인 탄생담을 가지고 있는 등 건국신화에서 혁거세 못지 않는 비중을 가지고 있다. 또한 혁거세와 함께 2성으로 칭해졌다. 나아가 시조모 전승에서는 오히려 알영이 더 의미를 가지는 것으로 여겨질 정도이다. 이는 알영이 신라 형성에 중요한 의미를 가진 유력 집단의 시조 전승이었을 가능성을 보여준다.

이와 관련하여 알영의 기반 세력은 알지를 시조로 하는 김씨와 관련된 것으로 이해해 왔으나, 여기서는 오히려 신라 초기 왕위를 점유했던 이른바 '박씨'로 표현되어 왔던 집단과 관계가 있을 가능성을 제기하였다. 또한 알영으로 상징되는 초기 신라 역사에서 주도권을 가지고 있는 이른바 '박씨'라고 했던 이들 세력들은 사량부(고허촌)과 관계를 가지고 있다. 이들 사량부 세력은 곧 경주지역에 정치체를 형성했던 사로국의 실세이다. 알영은 신라의 모체를 이루었던 이 사로국의 시조전승이다. 그러나 후에 사로국과 기타 주변 소국이 통합되면서 신라라고 하는 고대국가로 성장되었으며, 이때 주도 세력은 이른바 '김씨'이다. 고대국가가 형성되면서 각 족단의 시조전승을 포괄하는, 국가적 차원에서 '혁거세'를 시조로 하는 건국신화가 형성되었고, 사로국 단계의 시조였던 알영은 시조비로 설정되었다.

주석

1) 金杜珍, 「新羅 建國神話의 神聖族 관념」 『韓國學論叢』 11, 1988 : 『韓國
   古代의 建國神話와 祭儀』, 一潮閣, 1999, 259쪽.
2) 김선주, 「신라의 알영전승과 시조묘」 『역사와 현실』 76, 2001.
3) 혁거세의 본신을 알영과 일체로 해석하는 견해도 있다(文暻鉉, 「新羅建國說話
   의 研究」 『新羅史研究』, 慶北大學校 出版部, 1983, 39쪽).
4) 姜英卿, 「新羅 傳統信仰의 政治·社會的 機能 研究」, 淑明女子大學校博士
   學位論文, 1991, 53쪽.
5) 『삼국사기』 권1, 신라본기1, 시조혁거세거서간 즉위.
6) 『삼국사기』 권1, 신라본기1, 시조혁거세거서간 38년.
7) 『삼국사기』 권1, 신라본기1, 시조혁거세거서간 17년.
8) 『삼국사기』 권1, 신라본기1, 남해차차웅 즉위.
9) 『삼국사기』 권1, 신라본기1, 始祖赫居世居西干 60년.
10) 姜英卿, 위의 논문, 1991, 55쪽.
11) 『삼국유사』 권5, 感通7, 仙桃聖母隨喜佛事.
12) 『삼국유사』 권1, 기이2, 新羅始祖赫居世王.
13) 신라의 시조모 전승은 산신의 성격을 가지며, 신라 上代에 산신의 神體가 왕모,
    왕비, 왕녀 등 왕실 여성으로 나타난다는 점은 이미 지적되었다(姜英卿, 앞의 논
    문, 1991, 27~45쪽).
14) 『삼국유사』 권1, 기이2, 新羅始祖赫居世王.
15) 李丙燾, 譯註 『三國遺事』 修正版, 廣曺出版社, 1984, 196쪽.
16) 『삼국사기』 권1, 신라본기1, 탈해니사금 9년.
17) 조동일, 『韓國文學通史』 1, 지식산업사, 1994, 92쪽.
18) 김선주, 「신라 선도성모 전승의 역사적 의미」 『史學研究』 99, 2010, 15쪽.
19) 前間恭作, 「新羅王의 世次와 其名의 について」 『東洋學報』 15-2, 1925.
20) 金杜珍, 「新羅 建國神話의 神聖族관념」 『韓國 古代의 建國神話와 祭儀』,
    一潮閣, 1999, 282~289쪽.

21) 金哲埈, 「新羅 上古世系와 그 紀年」『歷史學報』17·18합집, 1962 :『韓國 古代社會研究』, 知識產業社, 1975, 175쪽.

22) 金杜珍, 「新羅 閼智神話의 형성과 神宮」『韓國 古代의 建國神話와 祭儀』, 一潮閣, 1999, 327쪽.

23) 三品彰英, 「古代朝鮮における王者出現の神話と儀禮について」『史林』18-1· 2·3, 1936 :『三品彰英論文集』5, 平凡社, 1973, 538~545쪽 ; 金哲埈, 앞의 책, 1975, 179쪽 ; 金光洙, 「新羅上古世系의 再構成試圖」『東洋學』3, 1973, 14~25쪽 ; 金杜珍, 앞의 책, 1999, 90쪽 ; 盧重國, 「鷄林國考」『歷史教育論集』13·14, 1990, 183쪽 ; 全德在, 『新羅六部體制研究』, 一潮閣, 1996, 68쪽 ; 윤철중, 「赫居世神話의 祭儀와 歷史性」『歷史와 說話』, 集文堂, 163쪽.

24) 金哲埈, 위의 책, 1975, 71쪽.

25) 盧重國, 위의 논문, 1990, 183쪽 ; 金杜珍, 위의 책, 1999, 328쪽.

26) 金杜珍, 위의 책, 1999, 328쪽.

27) 朴南守, 위의 논문, 1987, 2쪽.

28) 朴南守, 위의 논문, 1987, 2쪽.

29) 金杜珍, 앞의 책, 1999, 331쪽.

30) 金哲埈, 앞의 책, 1975, 179쪽 ; 金杜珍, 앞의 책, 1999, 268쪽.

31) 金杜珍, 앞의 책, 1999, 328쪽.

32) 崔秉鉉, 『新羅古墳研究』, 一志社, 1992, 381~383쪽.

33) 姜仁求, 「新羅 積石封土墳의 구조와 계통」『韓國史論』7, 서울대, 1981.

34) 金元龍, 「韓國文化의 起源」『文理大教養講座』1, 1972 ; 崔秉鉉, 위의 논문, 1992, 397~412쪽.

35) 崔秉鉉, 위의 논문, 1992, 415쪽.

36) 崔秉鉉, 위의 책, 一志社, 1992, 381~383쪽.

37) 의성지역에 있는 적석목곽분의 고형을 주목하면서, 김씨 족단은 경주의 토착세력이 아니라 소백산맥일대의 중부지역에서 세력을 형성하였던 진한계가 신라사회에 이주하면서 형성한 족단으로 이해하는 견해도 있다(朴南守, 「新羅上古金氏系의 起源과 登場」『慶州史學』6, 1987, 21쪽).

38) 金杜珍, 앞의 책, 1999, 275쪽. 그렇지만 여기서는 유이민 세력을 박씨, 선주 토착세력을 김씨로 이해했다.

39) 文暻鉉, 앞의 책, 1983, 36쪽.

40) 혁거세 전승의 형성 시점이나 배경에 대해서는 후고에서 다루고자 한다.

41) 조현설, 「한국 건국 신화의 형성과 재편」『동아시아 건국 신화의 역사와 논리』, 2003, 296쪽.

42) 姜英卿, 앞의 논문, 1991, 90쪽.

43) 金哲埈, 앞의 책, 1975, 179쪽 ; 金杜珍, 앞의 책, 1999, 90쪽.

44) 강종훈, 앞의 책, 2000, 81~83쪽.

45) 『삼국유사』 권1, 기이1, 신라시조혁거세왕.

46) 『삼국사기』 권1, 신라본기1, 시조혁거세거서간 60년.

47) 노중국, 앞의 논문, 1990, 180~181쪽.

48) 강종훈, 앞의 책, 2000, 76쪽, 주 36.

49) 시조모 전승과 선도산의 관계와 그 의미에 대해서는 김선주, 「신라 선도성모 전
승의 역사적 의미」 『史學硏究』 99, 2010에서 다루었다.

50) 『新增東國輿地勝覽』 卷21, 慶州府 山川.

51) 혁거세를 추대하기 위해 모인 곳과 발견된 곳을 모두 알천 양산촌으로 보는 견
해도 있다(나희라, 「신라초기 왕의 성격과 제사」 『한국사론』 23, 서울대 국사학
과, 1990, 72쪽.).

52) 李丙燾, 앞의 책, 1985, 596쪽.

53) 金哲埈, 앞의 책, 1975, 140쪽.

54) 李丙燾, 위의 책, 1985, 598쪽.

55) 金杜珍, 앞의 책, 1999, 259쪽.

56) 李鍾旭, 앞의 책, 1982, 47쪽.

57) 盧重國, 앞의 논문, 1990, 178쪽.

58) 李丙燾, 위의 책, 1985, 597쪽.

59) 文暻鉉, 앞의 책, 1983, 77~78쪽.

60) 『삼국유사』 권1, 기이2, 新羅始祖赫居世王.

61) 朴恩用, 「始林表記의 原意推定-비롯(始)의 單語族과 그 비교 연구」 『韓國傳
統文化硏究』 창간호, 1985, 63~64쪽.

62) 文暻鉉, 앞의 책, 1983, 12쪽.

63) 盧重國, 위의 논문, 1990. 171쪽.

64) 盧重國, 위의 논문, 1990. 180~181쪽.

65) 사량을 삼성 가운데 김씨 족단과 관련시킨 견해도 있다(이병도, 앞의 책, 1978,
606쪽).

토론문 〈신라의 건국신화와 알영〉

강 영 경

  본 발표문은『삼국사기』와『삼국유사』에 기록되어 있는 신라의 건국 신화 속에서 '알영閼英'에 대한 내용을 분석하여 알영의 족적 기반을 살펴보고, 알영족과 신라 6부와의 관계에 대하여 살펴본 것이다.

  그 결과, 알영은 지신地神계 선주민으로서 박씨 왕족의 조상이었으며 박혁거세는 천강계天降系 이주민으로서 특정집단의 시조라기보다는 국가시조로서 후대에 부계 중심으로 인식되면서 박씨로 이해하게 된 것이라고 하였다.

  그리고 알영정은 사량부에 있었는데, 사량부 소벌공蘇伐公의 이름 '소벌' 은 서라벌을 약칭한 것으로 '사로'와 관련되어 신라의 모체가 된 사로국斯盧國 명칭이 사량부의 고허촌에서 유래한 것으로 보았다. 그러니까 알영은 신라 건국의 모체가 된 사로국 출신으로서 박씨 왕족의 조상으로 보고 있다.

  기존에 신라 건국신화에서 혁거세에 비해 상대적으로 알영에 대한 연구는 크게 관심을 갖지 못하였다. 그런 면에서 이번 연구는 알영에 주목

⬤ 숙명여자대학교 강사

함으로써 그 의미가 크다고 생각한다.

특히 『삼국사기』와 『삼국유사』에서 모두 알영의 독자적인 출생담을 기록하고 있다는 점을 주목하였고, 『삼국유사』에는 혁거세와 알영이 같은 날 출현한 것으로 기록하였으며, 6부部인들이 왕과 왕비를 함께 고대하였으며, 왕과 왕비를 동시에 추대하였고, 흥거薨去도 동시에 한 것으로 기록하였음을 주목하였다. 더 나아가 알영도 혁거세와 더불어 '2성二聖'으로 기록하였고, '여군女君'으로 표현하였으며, 권독농상勸督農桑을 하였고, 국호國號인 계림국鷄林國은 계정鷄井 계룡鷄龍 등 알영을 주인공으로 하여 유래된 것으로서 혁거세와는 관련이 없는 것임을 지적하였다.

시조모始祖母인 서술성모도 혁거세보다는 계룡을 통해 알영과 친연성을 지니는 것으로 서술되어 있는 것에 주목하였다.

이와 같이 신라 건국신화의 내용분석을 통해 알영의 비중 지위 권능 등이 결코 혁거세에 비해 낮지 않았으며 어느 부분은 더욱 비중있는 의미를 지니고 있음을 지적한 것은 의미 있다고 생각한다.

다만 시조와 시조비를 모두 사량부와 관련된 것으로 본 것은 설명을 해줘야 할 것으로 보인다. 시조 혁거세의 나정蘿井은 알천 양산촌과 관련되어 있고, 시조비 알영의 알영정閼英井은 돌산 고허촌과 관련되어 있는 것으로 서로 다르게 기록되어 있다. 발표자는 왜 이들을 사량부와 관련해서 보고 있는지 좀 더 부연 설명을 해 주면 좋겠다.

또 소벌蘇伐 = 솟벌 = 서라벌 = 사로국 = 고허高墟 등 음운학적으로 연결시키는 것은 아무래도 설득력이 약하다고 할 수 있다. 좀 더 다양한 측면에서 보완이 필요하다고 생각한다.

그리고 사량부의 형산兄山을 선도산으로 보고 있는데 『삼국사기』 제사지에는 선도산(서술산)이 모량에 있는 것으로 기록되어 있다. 이에 대한 설명도 필요하다.

신라 왕경과 북천 범람에 따른 상관관계 검토

차 순 철[*]

1. 머리말

신라시대 경주는 왕궁이 위치한 도성으로 중국의 장안성, 일본의 후지와라쿄, 헤이죠오쿄 등과 함께 동아시아지역의 중심지였다. 고대 국가의 도성은 정치, 문화, 종교의 중심지로 지금도 경주 시가지 곳곳에 펼쳐진 많은 문화유산들은 당시의 번영을 잘 보여주고 있다. 고대 도성의 풍경을 살펴보면 화려한 왕궁과 부속 정원, 궁성을 둘러싼 높은 성벽, 정사각형으로 만들어진 택지인 방리와 그 사방을 둘러싼 도로 그리고 사찰 안에서 하늘 높게 치솟은 목탑과 석탑은 바로 17만8,936호 1,360방55리 35금입택[1])이 존재했던 경주 서라벌의 모습이다.

우리는 신라의 도성유적을 '신라왕경'이라고 부른다. 왕경王京, 이 말은 곧 "왕이 사는 수도"를 말하지만 동시에 국가의 도읍지인 '서울'을 말한다.

[*] 동국문화재연구원 조사연구실장

그렇다면 지금의 경주는 신라시대부터 현재까지 어떤 모습을 가진 채 변화하고 발전해왔는가? 라는 문제를 살펴보면 하나의 도시가 만들어지고 발전하다가 쇠퇴하는 역사를 알 수 있게 된다. 따라서 고대 도성 연구를 위해서는 건축물, 조각품, 일상용기 그리고 분묘에 이르는 모든 자료를 살펴보고 이를 정리하는 노력이 필요하며, 특히 시가지의 발전에 따라서 도성의 방리方里가 확대되는 문제에 대해서 관심을 기울일 필요가 크다. 신라왕경에 대한 연구는 현재 여러 연구자들에 의해서 다양한 시각이 제시되고 있지만, 발굴조사된 방리의 규모와 변화를 중심으로 고찰한 연구결과는 시기 변화에 따른 방리규모의 변화를 지적하고 있다.[2] 결국 도시의 확장은 시간성을 가지며 도시가 발전하면서 점차 그 규모가 커졌음을 미루어 짐작할 수 있게 한다.

2. 신라왕경의 범위와 추정

신라왕경에 대해서는 많은 여러 연구자들에 의해서 많은 논의가 이루어졌다. 하지만 아직도 신라왕경의 초기 모습과 발전과정 그리고 왕경 내 방리의 규모가 어떻게 변화하였는가에 대해서는 의견이 통일되지 못한 상태이다. 더구나 최근 경주 시내지역에 대한 도심재개발과 함께 이루어진 소규모 발굴조사의 급증은 기존의 생각과 달리 신라왕경의 확장 과정이 도심에서 외곽으로의 확장이라는 모습이 아님을 보여준다.

그렇다면 신라의 도성인 왕경의 모습은 어떤 변화를 거쳐서 지금의 모습이 되었을까? 그리고 이러한 변화 모습을 찾을 수 있는 증거는 무엇인가에 대해서 고민할 필요가 있다.

최근까지 여러 연구자가 살펴본 신라왕경의 규모와 전체 모습은 다음과 같다.[3]

〈표 1〉 왕경 규모 ·범위에 대한 여러 연구자의 의견 모음(이은석, 2004 재인용)

구분 \ 연구자		藤田元春	藤島亥治郎	齋藤忠	윤무병	장순용	민덕식	김병모
坊里 규모	동서	400척 (140m)	400척 (140m)	504곡척 (152m)	460척(160m)		400척 (140m)	460척 (160m)
	남북	400척 (140m)	400척 (140m)	468곡척 (142m)	400척		470척 (164.5m)	400척 (140m)
坊 수		-	-	-	360(36)	-	1,360	360
왕경 범위	동	-	보문사지	금강산, 명활산 안쪽	황복사지동쪽 250m	효공왕릉	보문동	효공왕릉
	서	-	서천	서천	서천	서천	서천	서천
	남	-	남천	남천, 남산	남천	남산 북	남산 북	남산 북
	북	-	북천	북천	북천	백률사	백률사	황성공원
	동남	-	망덕사지 남쪽	-	선덕왕릉북쪽	망덕사지 남쪽	망덕사지 남쪽	망덕사지 남쪽
	서남	-	나정		오릉	배리오릉	나정	배리
규모 (km)	동서	-	14,400척 (5.1km)		3.67(3.9)		5.593	3.9
	남북	-	13,220척 (4.7km)		3.075(3.9)		5.6	4.3
면적(㎢)		-	23.97		15.21		31.32	16.77
인구수(萬)		-				15～20	17.8	
1尺 단위		동위척 (35.5cm)	동위척 (35.5cm)	곡척 (30.3cm)	주척 (19.91cm) (坊:동위척)		당척 (29,69cm)	동위척 (35.5cm)
1步 단위		6척	6척	6척	6척		6척	6척

앞 선학들의 의견을 살펴보면 신라왕경의 범위는 동쪽으로는 명활산, 서쪽으로는 서천, 남쪽으로는 남산의 삼릉, 북쪽으로는 황성·용강동을 넘지 않을 것으로 추정되고 있다.

현재 우리가 알고 있는 신라왕경의 범위과 규모에 대한 연구는 후지시마 가이지로藤島亥治郎가 만든 신라왕경복원도4)를 기반으로 이루어졌다.

당시 토지 지적도를 기반으로 한 왕경 내 방리 규모 추정방법은 현재에도 유효한 비교연구 방법으로 여겨져 왔지만, 이에 대한 의문은 황룡사지 남서쪽에 위치한 신라왕경 S1E1지구에 대한 발굴조사와 인왕동 556번지, 서부 19번지 유적에 대한 발굴조사 결과가 보고되면서 해소되었다.5) 비록 후지시마의 신라왕경 복원도는 일부 불분명한 점이 있지만 현재의 시내지역을 중심으로 한 왕경에 대한 연구에서는 당시 도로의 위치를 추정하는데 중요한 근거가 된다.

신라왕경 내 여러 유적에서 확인된 도로의 축조 시기는 월성과 그 주변에서 외곽으로 확대되었다고 보고 있다. 발굴조사된 도로유구의 시기는 대부분 6세기 후반 이후로 삼국통일 이전까지는 황룡사 주변 일대를 중심으로 도로가 축조되었다고 보지만, 안압지 북쪽에 위치한 인왕동 556번지 유적에서는 5세기 말~6세기 초에 만들어진 것으로 추정되는 도로유구와 건물지 기단부가 확인되었다.6) 그리고 통일 이후 그 중심부를 벗어난 서부동, 성동동 일대와 북쪽 외곽인 동천동, 북문로, 용강로 일대로 확장되면서 8세기 중엽에 도로구획에 의한 계획도시가 완성된다고 보고 있다. 또한 8세기 후반에는 월정교, 춘양교(일정교)의 건설(760년)을 통해 대규모 토목 건설사업이 진행되면서 왕경의 규모는 최대를 이루게 된다.7)

〈그림 1〉 신라왕경 내 주요 도로유적(이희준, 「신라왕경유적 발굴조사 성과」『韓國의 都城』, 국립경주문화재연구소, 2010)

新羅王京復原圖

〈그림 2〉 조사지역 도로유구 위치도(후지와라 왕경배치도)

그러나 통일 이후부터 도시 확장기에 축조된 도로유구의 편년과 왕경 규모의 확장 문제에 대해서는 여러 의견이 있다. 특히 통일 이후 분황사 芬皇寺 북편에서 서부동 19번지 유적, 성동동 북문로 왕경 유적 등과 같이 경주 시가지 서쪽, 즉 형산강과 접하는 지역으로 확장되면서, 이후 8세기 중후엽에는 북천을 넘어서 북쪽 경계지역인 동천동과 용강동 일대에 이른다고 보지만,[8] 이와 반대로 7세기 후반을 기점으로 경주 시가지 북쪽의 동천동, 황성동, 용강동 일대에 도로[9]가 먼저 만들어지고 서부동, 동부동, 성동동 일대의 도로[10]는 8세기 중반 이후에 만들어지면서 가장 늦게 도시화 되었다고 보는 견해도 있다.[11] 하지만 북문로 유적에서 확인된 도로유적의 경우 여러 시기에 걸쳐서 계속 확장된 모습을 보여주므로 8세기 후반으로 보기보다는 7세기대 도시의 확장과정 속에서 도로가 존재했다고 생각된다. 하지만 방리의 규모가 확대 또는 축소되면서 도로면의 축소와 폐기가 확인되는데, 이는 신라 하대에 방제의 규제가 완화되면서 지방민이 유입되는 등 도시가 급격히 팽창하고 방의 규격화가 파괴되어 가는 모습을 보여주는 것으로 이해되고 있다.[12]

신라왕경의 범위가 북천을 넘어가면서 방리가 확장되는 시기는 비교적 빠를 것으로 생각되는데, 동천동 소금강산에 소재한 백률사栢栗寺와 굴불사지掘佛寺址의 존재로 볼 때, 그 시기는 679년을 전후한 시기로 추정[13]되므로, 삼국시대에 이미 북천 이북지역에 방리가 구획되었을 가능성을 보여준다.

북천은 남천과 달리 도심지의 내부 공간을 양분하는 의미와 함께 도심 기능의 차이를 가지고 있었다고 생각되며, 특히 거주하는 귀족들 역시 구분되었을 가능성을 보여준다. 그러므로 북천의 의미와 신라왕경의 규모 확대는 서로 밀접한 관련이 있다고 생각된다.

따라서 최근까지 북천 주변에 위치한 여러 유적들의 발굴조사 성과를 중심으로 신라왕경의 범위가 확대되면서 북천 이북지역이 신라왕경의 틀 안에서 어떻게 변화하였는가를 살펴보고자 한다. 또한 북천의 범람에 따라서 왕경 내 배수문제와 도시구조가 어떻게 변화하였는가를 살펴보겠다.

3. 경주의 지형환경과 북천의 범람

1) 지형환경

경주는 분지지형으로 사방이 산으로 둘러싸였고, 중앙부에는 남북으

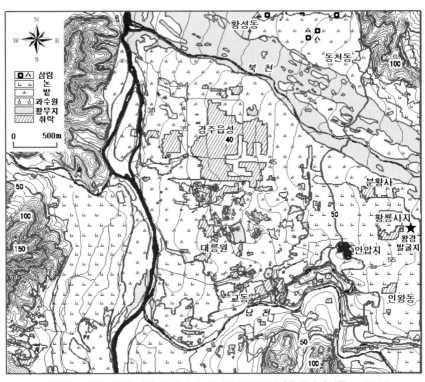

〈그림 3〉 경주 시내 지형과 하천과 토지이용도(국립경주문화재연구소, 2008)

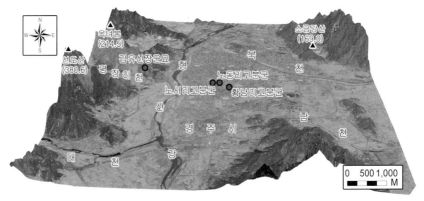

〈그림 4〉 경주 지역의 지형과 고분군의 위치(국립경주문화재연구소, 2008)

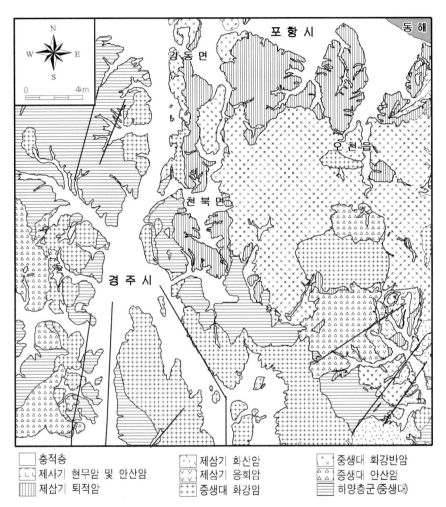

〈그림 5〉 경주지역의 지질(국립경주문화재연구소, 2008)

로 두 개의 하천이 흐르는데, 남천(문천蚊川)과 북천(알천閼川)이다. 이 두 하천은 동쪽에서 서쪽으로 흘러가며, 경주시 서쪽을 지나는 형산강과 합류한 후 동해로 나간다.[14)

경주지역은 영해 - 신광 - 안강 - 경주 - 언양 - 양산으로 연결되는 양산단층선과 경주, 천북 - 울산만을 연결하는 불국사(울산)단층선이 만나는 곳에 위치한다.

불국사단층선은 남북방향과 북서 - 남동 주향을 가지며, 동해에서 내륙쪽으로 미는 압축력을 받아 형성된 역단층이다. 이들 단층선의 영향으로 남북 방향의 하천이 발달했는데 경주지역에서 가장 큰 하천인 형산강은 양산단층선을 따라 북류하여 포항을 지나 동해로 흐르고, 이에 합류하는 작은 지류들은 대부분 동쪽 산지로부터 서류하여 형산강에 합류한다.

경주지역의 중심부를 통과하는 북천(알천)은 토함산(745m)에서 발원하여 북서쪽인 보문지역을 지나서 이후 선상지가 시작되는 입구 쪽까지 서남향하여 서쪽으로 흐르다가 분황사 부근에서부터 북서쪽 방향으로 흘러서 형산강에 유입한다. 따라서 분황사 부근의 북천 좌안은 하천의 흐름에 따른 공격면이 된다. 북천은 상류에서는 하상의 경사가 매우 급하지만 덕동을 지나 중류부에 이르면 하상경사가 크게 완만해지다가 하류부에 이르러서는 상대적으로 급한 편이다. 또한 보문 부근에서는 남북방향의 단층선을 따라서 형성된 넓은 계곡이 발달하고 있으므로, 북천이그 폭이 매우 넓지만, 중류에서 하류로 빠져나가는 부분은 다시 계곡이약간 좁아졌다가 하류부에 이르러서 크게 넓어지는 모습을 보여준다.

2) 북천의 입지환경과 범람

경주 북천은 경주 도심을 동서방향으로 흐르는 하천으로 월성 남쪽에 위치한 남천에 비해서 넓은 유로를 가지고 있다. 그리고 하천 주변의 토지이용에 있어서도 시내 지역의 농경지와 달리 밭이 다수를 점하고 있고, 최근까지 과수원이 주종을 이루기도 하였다. 이러한 차이는 결국 농경지로 활용하는데 있어서 급수문제가 크게 좌우하기 때문이라고 생각된다. 그리고 홍수와 같은 범람에 의해서 토사가 퇴적되면서 논 경작이 어려웠을 가능성도 보여준다.

북천 일대는 삼국시대 이후 조선시대까지 홍수로 인하여 많은 범람이 이루어졌고, 이와 관련된 기록들이 확인된다. 최근 북천 주변일대에 대한 발굴조사가 꾸준하게 이루어지면서 홍수로 인한 피해 모습이 밝혀지면서, 북천의 홍수와 이를 막기 위한 제방시설에 대한 연구도 발표된 바 있다.15) 이러한 연구에 따라서 경주 도심의 개발과 발전을 위해서는 치수의 중요성이 크다는 연구결과도 제시된 바 있다. 하지만 경주 북천의 범람에 따라서 신라왕경이 큰 피해를 입기는 했지만, 과연 도시의 유지가 힘들 정도로 심한 피해를 입었는가라는 점에서 재고의 여지가 있다.

〈표 2〉 『삼국사기』에 나타난 홍수 관련 기사(강봉원, 2005, 일부 수정)

번호	연도	월(음력)	왕/재위 년	홍수 및 피해상황
1	34	6월	유리이사금 11	夏六月 大水(대홍수)
2	108	5월	파사이사금 29	夏五月 大水(대홍수) 民飢 發使十道 開倉賑給
3	114	4월	지마이사금 3	春三月 雨雹 麥苗傷 夏四月 大水(대홍수)
4	131	5월	지마이사금 20	夏五月 大雨(큰 비) 漂沒民戶
5	160	4월	아달라이사금 7	夏四月 暴雨 閼川水溢(알천의 물이 범람함) 漂流人家 金城北門自毀
6	192	5월	벌휴이사금 9	夏五月 大水(대홍수) 山崩十餘所
7	198	5월	내해이사금 3	五月 國西大水(큰 물) 免遭水州縣一年租調
8	212	5월	내해이사금 17	夏五月 大雨(큰 비) 漂毀民屋
9	260	여름	첨해이사금 14	夏 大雨(큰 비) 山崩四十餘所
10	290	5월	유례이사금 7	夏五月 大水(대홍수)
11	350	4월	흘해이사금 41	夏四月 大雨(큰 비) 浹旬 平地水三四尺 漂沒官私屋舍 山崩十三所

번호	연도	월(음력)	왕/재위 년	홍수 및 피해상황
12	366	4월	내물마립간 11	夏四月 大水(대홍수) 山崩十三所
13	438	4월	눌지마립간 22	夏四月 牛頭郡山水暴至 漂流五十餘家 京都大風雨雹 敎民牛車之法
14	465	4월	자비마립간 8	夏四月 大水(대홍수) 山崩一十七所
15	469	4월	자비마립간 12	夏四月 國西大水(대홍수) 漂毁民戶
16	483	4월	소지마립간 5	夏四月 大水(대홍수)
17	483	7월	소지마립간 5	秋七月 大水(대홍수)
18	494	4월	소지마립간 16	夏四月 大水(대홍수)
19	496	5월	소지마립간 18	夏五月 大雨(큰 비) 閼川水溢(알천의 물이 범람함) 漂沒二百餘家
20	589	7월	진평왕 11	秋七月 國西大水(대홍수) 漂沒人戶三萬三百六十 死者二百餘人 王發使賑恤之.
21	657	7월	무열왕 4	秋七月 一善郡大水 溺死者三百餘人
22	698	7월	효소왕 7	秋七月 京都大水(대홍수)
23	703	7월	성덕왕 2	秋七月 京都大水(대홍수) 溺死者衆
24	720	4월	성덕왕 19	夏四月 大雨(큰 비) 山崩十三所 雨雹傷禾苗
25	785	1월	원성왕 1	周元宅於京北二十里 會大雨(큰 비) 閼川水漲(알천의 물이 불어남) 周元不得渡
26	797	9월	원성왕 13	秋九月 國東蝗害穀 大水(대홍수)山崩
27	814	5월	헌덕왕 6	夏五月 國西大水(대홍수) 發使憮問經水州郡人 復一年租調
28	853	6월	문성왕 15	夏六月 大水(대홍수)
29	867	8월	경문왕 7	秋八月 大水(대홍수) 穀不登
30	870	7월	경문왕 10	秋七月 大水(대홍수)

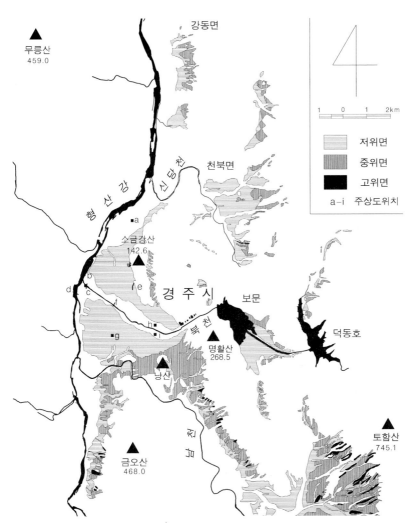

〈그림 6〉 경주지역의 선상지 지형면 분류 : 주상도 a-h는 그림 7 참조
(국립경주문화재연구소, 2008)

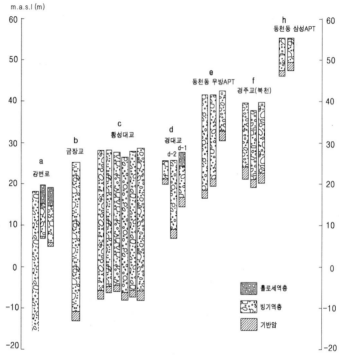

〈그림 7〉 경주선상지 퇴적상 (국립경주문화재연구소, 2008)

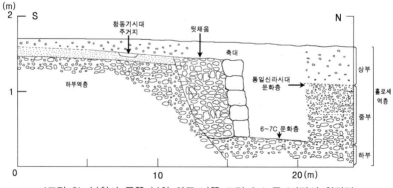

〈그림 8〉 분황사 동쪽 북천 하도 남쪽 그림 3 노두 i지점의 횡단면
(국립경주문화재연구소, 2008)

<표 2>에 의하면 북천의 물이 여러 번 범람했음을 알 수 있는데, 가장 유명한 사건으로는 원성왕 1년(785)에 북천 이북에 살던 김주원金周元이 왕이 되려다가 홍수로 인해서 강을 건너지 못함으로써, 왕이 되지 못했다는 내용은 북천을 건널 수 있는 다리가 없었음을 보여주는 사례인 동시에 당시 홍수로 인한 범람이 심했음을 보여준다. 그러나 강을 건너지 못할 정도로 물이 불어나도, 북천 이북과 이남지역은 그 피해가 달랐다고 추정되는데, 그 원인으로는 강물의 흐름과 강안 호안부의 입지 때문으로 추정된다. 또한 경주 시가지의 기반층이 선상지인 점은 많은 홍수에도 도시가 유지될 수 있는 이유를 보여준다.

<그림 8>은 분황사 부근의 하상과 직교하는 <그림 6> 노두 i지점으로 경주시 구황동 황룡사지 전시관 건립부지에 대한 발굴조사 토층도를 모식도로 작성한 것이다. 퇴적층은 크게 하부 자갈층과 상부의 홀로세 자갈층으로 나누어진다. 하부 자갈층은 오렌지색(7.5YR 7/8)으로 오랫동안 공기 중에 노출되어 산화작용을 받았다. 이 층은 호박돌(boulder)급도 많이 포함하지만 주로 왕자갈(cobble)급 둥근자갈[圓礫][16]과 둥근돌[亞圓礫]로 구성되며, 토양에는 조약돌(pebble)과 작은 알갱이(granule)급 자갈을 포함하는 모래로 대단히 치밀하며, 하부 자갈층의 표층에서는 청동기시대 수혈주거지가 확인되었다. 그리고 청동기시대 주거지에서 20m 남쪽에는 고인돌 1기가 있는데, 현재 분황사도 이 청동기시대 유구와 같은 해발고도에 위치한다. 그러나 홍수에 의한 범람 피해를 줄이려고 지반을 높이는 것과 같은 기초공사는 확인되지 않으므로, 사찰이 조성될 때 이 부근은 홍수로부터 안전하였음을 알 수 있다. 그리고 이 지점보다 남쪽으로 약 300m 떨어진 황룡사지 동쪽의 왕경지역에는 신라시대 주거지와 도로유구가 황갈색 하부 자갈층의 표층부에 조성되어 있고, 홀로세(Holocene世) 자갈층의 상부층인 암회색의 조약돌이 포함된 순 모래층이 유

구를 덮고 있다. 이렇게 볼 때 분황사와 황룡사지 일대 표층을 이루는 조약
돌을 포함하는 암회색의 순 모래층은 통일신라시대까지 퇴적이 이루어지지
않았고, 분황사가 조성될 당시에는 황갈색 하부 자갈층이 표층부를 이루었
다고 판단된다.[17] 따라서 경주 북천 주변의 지질 환경을 살펴보면 먼저 선
상지성 대지로 하상의 폭이 넓은 특징을 가지고 있고, 분황사의 동쪽에서는
선상지의 저위면보다 약 1.2m 정도 북천의 범람원도 생활공간으로 사용되
었다. 하지만 이 지역은 홍수로 인하여 계속 이용되지 못한 채 폐기된다.

　통일신라시대의 북천 범람으로 인한 홍수피해와 관련된 자료는 여러
문헌에 나타나지만 구황동 원지유적에 대한 발굴조사 결과 1차 연못이
조성된 6~7세기 문화층 위에 퇴적된 두터운 모래자갈층이 확인되었다.
이 층은 <그림 8>에 나타난 자갈 퇴적층으로 홍수로 퇴적된 자갈층 위
에 만들어진 대지를 이용한 대형 건물지군은 8~9세기에 조성된 것으로
확인된다.[18] 그러므로 북천의 범람 규모가 매우 컸음을 확인할 수 있지
만 축대 뒤쪽에서는 이러한 홍수의 흔적이 확인되지 않으므로 당시 북천
주변에는 홍수를 예방할 수 있는 시설이 존재했다고 추정된다. 두 시기
사이에 대규모 범람이 발생했는데, 이때 낮은 퇴적된 모래자갈층을 제거
하지 않고 그 위에 건물이 세워진 점으로 볼 때, 당시의 홍수 피해가 매
우 심각했고 원지를 그 이전 모습으로 되돌릴 수 없었기 때문에 구황동
원지유적은 모습은 크게 바뀐 모습으로 변화하였다.

　그러나 당시 북천의 범람으로 발생한 홍수가 분황사를 넘어서 황룡사
나 신라왕경까지 피해를 주었다고 볼 수 있는 다량의 퇴적물은 확인되지
않는데, 이는 홍수 피해가 이 지역까지 이르렀다는 의견과 상치된다.

　신라왕경이 입지한 경주 시내지역의 기반층은 앞서 이야기한 바와 같
이 선상지 퇴적물에 의한 모래자갈층이 폭넓게 분포하며 일부 구릉지역
에는 풍화된 암반층이 확인된다. 경주 시내지역을 고찰한 이기봉은 시내

지역을 선상지로 보았지만, 선사 및 고대에는 왕경구역에 북천의 범람수가 통과했다고 보고 생활거주지의 확산과 홍수 대책을 고찰하였다. 그는 북천이 자주 범람하여 황룡사, 안압지, 월성 북쪽으로 흘렀으므로, 북천변에 제방을 축조하고 숲을 조성함으로서 비로소 왕경지역에 본격적으로 취락이 입지하고 도시가 발전하였다고 보았다.[19] 하지만, 이러한 논의는 문헌 기록을 참고로 유추한 것이므로 연구자에 따라 다양한 견해가 나올 수 있다. 특히 경주 시내지역의 퇴적물과 지형을 고찰한 황상일·윤순옥은 퇴적물과 지형학 조사에 기반을 두고 지형발달을 검토한 결과 북천에 의한 대규모 홍수피해가 황룡사 서쪽, 즉 현재의 경주 시가지까지 미치지 않았다고 보고 있다.[20] 이러한 견해는 기존의 고고학이나 문헌사학에서 이해해 오던 내용과 배치되는 것으로 북천의 범람과 관련하여 근본 문제를 제기하고 있다.

또한 현재까지 이루어진 신라왕경 주변 일대에 대한 조사결과를 살펴보면 배수로가 남북방향으로 흘러서 북쪽에 위치한 북천으로 바로 연결되기보다는 동서방향으로 만들어져서 동고서저 지형면에 맞춰진 모습을 보여 주거나, 월성 남쪽을 흐르는 남천(문천)쪽으로 연결되어 흐르는 모습이 주로 확인되고 있다. 이는 신라왕경이 입지한 지형의 고저를 따라서 배수로가 만들어졌음을 보여주며, 신라 당시에도 이미 이러한 지형의 고도차를 이용한 배수시설이 만들어졌음을 보여준다. 결국 월성 주변에서 확인된 석축해자시설이 하나의 단일 해자로 연결되지 못한 채, 여러 개의 연못형 해자로 만들어진 점이 이러한 지형 문제에 따른 것이다.

그리고 노서동, 성건동, 북문로 일대에서 확인된 조선시대의 배수시설을 살펴봐도 북천으로 연결되기보다는 지형이 낮은 서쪽으로 흐르도록 만든 개천 등을 이용하여, 도심 내에서 발생한 오폐수를 흘러보내는 모습이 확인되고 있다. 결국 이러한 모습은 신라 당시에 있어서도 북천으로 바로 연결되는 배수로를 만들기 어려웠음을 보여준다.

4. 북천과 주변 유적

1) 유적 현황

신라 왕경에 대한 조사연구는 대체로 황룡사와 안압지 그리고 월성과 그 주변에 대한 연구가 중심이었다. 그러나 최근 경주시내의 개발과 주택재 건축, 택지 개발 등으로 인하여 대규모 발굴조사가 이루어지면서, 신라왕경 내 방리의 규모와 도로 및 건물의 특징에 대한 자료가 일반적으로 알려져 있다. 그러나 북천 이북지역에 대해서는 최근 건물 신축에 따른 발굴조사 결과 시내지역과 같은 방리유적이 확인되었고, 그 규모에 있어서는 조금 차이가 있음이 밝혀졌다.[21]

북천 이북지역에서 삼국시대의 초기의 유적은 황성동 제철유적과 고분군 외에는 확인되지 않지만 구릉 주변에는 용강동에서 동천동까지 석실분을 중심 묘제로 하는 고분군이 넓게 분포하고 있다.[22] 그리고 소금강산의 남동쪽의 구릉 끝에는 화강암의 노두가 드러나 있는데, 이곳을 표암瓢巖[23]이라고 부르고 있다. 표암은 경주 박씨 문중에서 박혁거세와 알영부인의 탄강지로 신성시하고 있는 나정蘿井과 오릉五陵 옆의 알영정閼英井과 같이 경주 이씨의 시조인 알평공謁平公이 하늘에서 내려왔다는 전설을 간직한 장소로 주변에는 전 탈해왕릉과 동천동 마애여래입상[24]과 선각화[25] 등이 위치한다. 현재 표암 아래에는 경주 이씨 문중의 재실이 위치하며, 표암 위에는 광임대光臨臺라는 보호각이 설치되어 있다. 경주 이씨 시조탄강지로 알려져 있는 표암 주변에서는 아직까지 시기가 올라가는 유적은 확인되지 않았지만, 최근 표암 안에서 출토된 도장무늬토기(인화문토기)가 보고된 바 있다.[26]

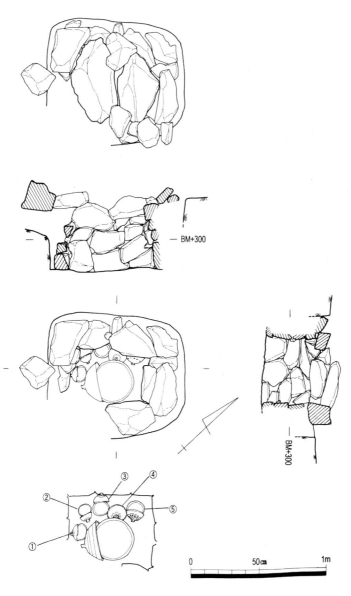

〈그림 9〉 동천동 산17번지 화장묘
(국립경주박물관, 1995)

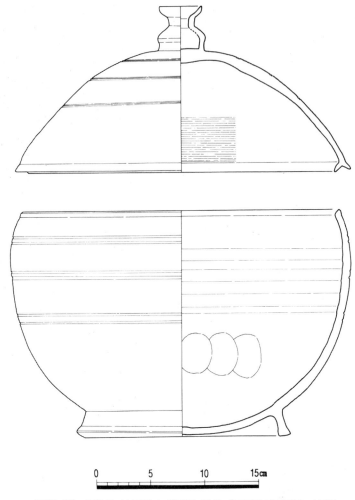

〈그림 10〉 동천동 산17번지 화장묘 장골기(국립경주박물관, 1995)

　　전 탈해왕릉은 표암 북서쪽인 동천동 산 17번지에 위치한다. 봉분의 높
이는 4.48m이며 지름은 14.36m이다.『삼국사기』신라본기에 기록된 장지
는 '성북양정구城北壤井丘'와 조선시대 지리지의 관련 기록을 근거로 석씨

문중에 의해서 현재의 고분을 탈해왕릉으로 비정했고, 능 동남쪽에 위치한 숭신전崇信殿은 조선 철종 때 월성 안에 설치된 것을 1980년대 현 위치로 이건하였다. 전 탈해왕릉은 1974년 12월 31일 도굴을 당하면서 내부 구조가 알려졌는데, 굴식돌방무덤(횡혈식 석실분)으로 확인되었다.27) 따라서 A.D. 1세기대 묘제인 널무덤(목관묘)와는 묘제에서 차이가 있어서 탈해왕릉으로 추정하기 어렵다.

동천동 산 13번지 석실분은 소금강산 구릉의 말단부에 위치한다. 부분조사만 이루어졌지만 방형의 석실과 뒤에 분구를 파고 만든 석곽 안에 매납된 화장묘가 각각 조사되었다. 석곽 안에 장골기를 매납한 화장묘는 경주 석장동 고분군에서도 확인된 바 있다.28) 석곽 안에서 발견된 토기는 경주 보문동 고분군 내 완총에서 출토된 토기와 동일한 유물로 두 고분이 비슷한 시기에 만들어졌음을 보여주며, 이는 동천동과 보문동 고분군이 거의 같은 시기에 존재했음을 알려준다.

통일신라시대 유구로는 표암 건너편에 위치한 동천동 제6 토지구획 정리지구에서 왕경유적의 일부가 조사되었다.29) 당시 지하시설물이 매설되는 5개 지역에 대한 시굴조사 결과 건물지 유구와 담장석열 등의 유구들이 일부 지역에서 확인되어, 이 지역에 건물지가 넓게 분포되어 있음이확인된 바 있다. 조사 결과 각종 적심석과 석조시설 그리고 대호 매납유구 등이 확인되었다.

북천 이북의 동천동에서 확인된 건물지들은 신라왕경 S1E1지구에서 조사된 방리 내 건물지 유구로 추정되지만, 도로 유구 등과 같은 방리 외곽시설은 삭평되어서 분명하게 확인되지는 않았지만, 구획된 방리가 존재했음은 분명하다. 특히 2007년에 동천동 제6 토지구획 정리지구 안에 위치한 동천동 891-10번지 유적의 발굴조사에서는 북서 - 남동방향(N-55°-W)에 너비 6.2m의 도로유구가 확인되었다.30) 이러한 도로 방향

〈그림 11〉 동천 제6토지구획 정리지구—파출소 부지 유구 노출상태
(국립경주문화재연구소, 1992)

〈그림 12〉 동천 제6 토지구획정리지구. E—1 조사갱 토기 항아리
노출상태(국립경주문화재연구소, 1992)

은 신라왕경 S1E1에서 확인된 도로와는 그 방향이 다르지만 동천동에 소재
한 구릉의 축을 기준으로 도로를 구획했을 가능성을 알려주는 점에서 왕경
내 방리 형태가 지역에 따라서 변화할 가능성을 보여준다.[31] 결국 경주 동
천동에서 발굴조사된 유적들은 그 입지에 따라서 도로 방향과 건물의 주축
방향이 다를 가능성이 큼을 알 수 있다. 지금까지 동천동 소금강산 주변에
서 발굴조사된 신라왕경 관련 유적들을 살펴보면 다음과 같다.

〈표 3〉 경주 동천동 지역 내 신라왕경 유적 발굴조사 현황표

번호	유적	조사기관	내용
1	동천동 357번지[32]	신라문화유산연구원	청동기시대 주거지
2	동천동 681-1번지[33]	동국대학교 경주캠퍼스 박물관 / 경주대학교 박물관	통일신라시대 건물지, 담장, 도로, 배수로, 우물, 석조, 청동공방 등
3	동천동 690-3번지[34]	동국대학교 경주캠퍼스 박물관	통일신라시대 건물지, 담장, 도로, 배수로, 우물, 석조, 저장시설 등
4	동천동 696-2번지[35]	한국문화재보호재단	통일신라시대 건물지, 담장, 도로, 배수로, 우물, 석조, 청동공방 등
5	동천동 764-12번지[36]	대구교육대학교 박물관	통일신라시대 건물지, 우물, 청동공방
6	동천동 774번지[37]	신라문화유산연구원	통일신라시대 건물지, 담장, 도로, 배수로, 우물, 석조, 저장시설 등
7	동천동 776-5번지[38]	중앙문화재연구원	통일신라시대 수혈
8	동천동 789번지[39]	경상북도문화재연구원	삼국~조선시대 건물지, 담장, 배수로, 우물, 석조 등
9	동천동 789-10번지[40]	국립경주문화재연구소	통일신라시대 건물지, 우물, 청동공방 등
10	동천동 791번지[41]	동국대학교 경주캠퍼스 박물관	통일신라시대 건물지, 수혈주거지, 담장, 배수로, 우물, 석조, 청동공방 등

번호	유적	조사기관	내용
11	동천동 792-3번지[42]	성림문화재연구원	통일신라시대 건물지, 담장, 출입시설, 우물
12	동천동 793번지[43]	영남문화재연구원	통일신라시대 건물지, 수혈주거지, 배수로, 우물, 청동공방
13	동천동 820-5번지[44]	신라문화유산연구원	통일신라시대 건물지, 담장, 수혈
14	동천동 820-9번지[45]	한국문화재보호재단	통일신라시대 건물지, 담장, 남북도로, 출입시설, 석조
15	동천동 822-14번지[46]	경주대학교박물관	통일신라시대 건물지, 수혈
16	동천동 828-5번지[47]	신라문화유산연구원	통일신라시대 건물지, 담장
17	동천동 834-8번지[48]	한국문화재보호재단	통일신라시대 건물지, 담장, 남북도로
18	동천동 835-5번지[49]	동국대학교 경주캠퍼스박물관	통일신라시대 건물지, 담장, 석조
19	동천동 835-11번지[50]	한국문화재보호재단	통일신라시대 건물지, 담장, 석조
20	동천동 835-12번지[51]	한국문화재보호재단	통일신라시대 건물지, 담장, 석조
21	동천동 891-10번지	신라문화유산연구원	통일신라시대 건물지, 담장, 도로, 배수로

또한 북천에서 다소 떨어져 있지만 동천동 일대에서 발굴조사된 여러 유적들의 존재를 통해서, 당시 신라왕경 내 구획된 방리의 존재와 그 안에 자리한 여러 건물의 특징을 살필 수 있다. 그리고 유적 내에서 확인된 도로와 담장을 통해서 방리 내 건물의 방향을 추정해 볼 수 있다. 현재까지 동천동 일대에서 조사된 건물지 유적의 중심 방향은 크게 남북방향과 북서-남동방향으로 구분되는데, 현재 발굴조사 결과를 기준으로 볼 때, 동천동 890-10번지 유적을 경계로 방리 내 도로 방향의 차이가 존재할 것으로 추정된다. 도로 주변에서 확인되는 배수로는 지하에 대형 석조를 만든 후 빗물 등을 지하에 가두어서 처리하는 방법을 취하고 있는데, 이

〈그림 13〉 경주 동천동 내 발굴조사 유적 위치도
(동국대학교 경주캠퍼스 박물관, 2011)

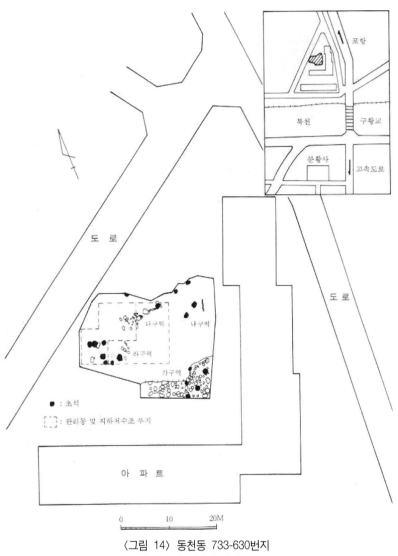

〈그림 14〉 동천동 733-630번지
삼성아파트 부지 평면도
(국립경주문화재연구소, 1994)

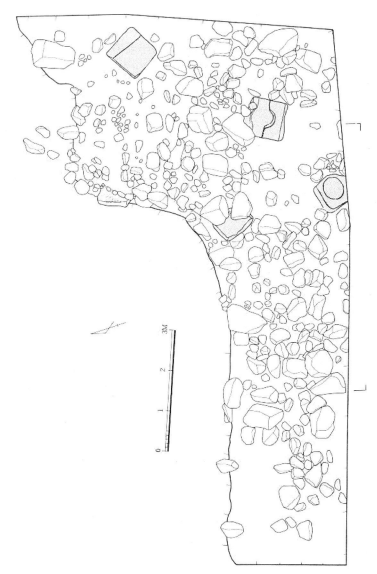

〈그림 15〉「가」구역 유구노출 전경
(국립경주문화재연구소, 1994)

런 지하 석조형 배수로는 동천동 지역뿐만 아니라 인왕동 566번지 유적, 황룡사지 서편 폐사지 등과 같이 신라왕경 안에서도 쉽게 확인된다. 따라서 이러한 지하 석조형 배수로는 신라만의 독특한 시설로 볼 수 있다.

이들 유적의 조성시기는 여러 의견이 있지만 도로를 만들고 건물이 세워지는 시점은 아직 불분명하다. 그러나 동천동 굴불사지에서 출토된 굽다리접시(고배)와 단판타날 명문와 그리고 불상문전 등으로 볼 때[52], 6세기 말부터는 사찰을 중심으로 소규모 건물들이 만들어졌다고 생각된다. 그리고 동천동 일대의 왕경유적에서는 경주 안압지에서 출토되는 고식연화문수막새가 확인되지만, 6세기 초로 소급되는 기와자료가 발견된 사례는 많지 않다. 이러한 점을 고려할 때 신라왕경 내 건물에 고식연화문수막새나 평기와를 사용하는 것은 건물의 성격에 따라서 제한되었을 가능성이 높으며, 궁궐이나 관청 또는 사찰 등과 같은 성격을 지녔다고 생각된다. 따라서 안압지에 사용된 고식연화문수막새가 동천동 일대에서 확인되는 점은 신라왕경의 방리가 만들어지는 시기가 이때를 즈음한다고 추정할 수 있으며, 함께 출토된 인화문토기의 연대를 고려한다면 적어도 679년을 전후한 시점으로 볼 수 있다. 결국 북천 이북지역에 대한 방리가 만들어진 시기는 안압지의 조영과 같이 경주 내에서 대규모 토목공사가 이루어진 시기였던 7세기 말경으로 추정할 수 있다.

2) 북천의 범람과 차수 및 배수시설

북천 주변에서 발굴조사된 유적 중 홍수의 피해를 보여주는 사례 중 많이 인용되는 유적은 경주 동천동 733-630번지에 위치한 삼성아파트 부지 유적이다. 이곳은 북천에서 북쪽으로 약 60여m 떨어진 곳으로 북천변에서 떨어진 곳이지만 홍수 등으로 인하여, 지층이 교란된 모습을 보여주고 있다. 발굴조사 결과 안쪽으로 현 지표면 하에 90㎝ 두께로 퇴적된 모래자갈층(Ⅱ층)과 그 아래에 퇴적된 1m 두께의 자갈층(Ⅲ층)이 있고, 그 아래는 생토층인 황갈색 풍화암반층이다.

Ⅲ층에서 확인된 석물은 모두 49점으로 이중원형주좌가 새겨진 초석 43점, 장대석 3점, 석탑부재 2점과 자연석 초석 1점이다. 조사자는 건물의 존재에 대해서 의문을 가지면서 석재가 옮겨졌을 가능성과 제방을 만들면서 채워진 할석 안에 초석과 장대석 등 건축부재들이 쓸려 들어간 것으로 해석하였다.[53] 그러나 조사구역에서 확인된 초석들의 경우 일정한 높이에서 흐트러진 모습으로 노출된 점으로 볼 때, 이곳에 세워진 건물이 홍수로 인해서 유실되었을 가능성이 있다. 특히 발견된 초석들이 놓인 바닥면의 높이가 일정한 점은 유적의 존재를 추정할 수 있게 한다. 특히 확인된 일부 자갈층의 경우에는 기초부일 가능성을 고려했는데. 이러한 추정이 배제할 수 없으므로, 주변에 대한 조사를 통해서 당시 건물지가 입지한 지층이 확인될 필요성이 크다. 따라서 현 북천에서 북쪽으로 약 100m 정도는 북천의 범람에 따른 홍수로 인해서 정주생활이 어려운 지역으로 생각된다.

이는 북천에서 떨어져있는 헌덕왕릉憲德王陵[54]의 경우 조선 영조 18년 (1742) 9월에 발생한 홍수로 능역이 유실되어 이를 수리했다는 기사[55] 내용으로 볼 때 조선시대까지 북천의 범람에 의한 홍수피해는 계속되고 있음을 알 수 있다. 헌덕왕릉에서 십이지신상이 부조된 면석을 살펴보면 북쪽에 위치한 자, 축, 인, 묘상과 해상 등 5상을 제외한 나머지 상들이 모두 유실되었는데, 이 부분은 북천의 범람으로 물길이 지나가면서 면석들과 봉분이 훼손된 것으로 추정된다. 헌덕왕릉은 북천 변에서 바라보면 약간 높은 미고지이지만 홍수로 인한 피해 규모는 컸다고 생각된다. 따라서 조선시대에 헌덕왕릉을 지나간 홍수 당시에는 동천동 일대에 큰 피해가 있었다고 추정할 수 있다. 하지만 북천 남쪽을 바라보면 북쪽에 비해서 대지가 높기 때문에 오히려 피해는 없거나 미미했을 것으로 추정된다.

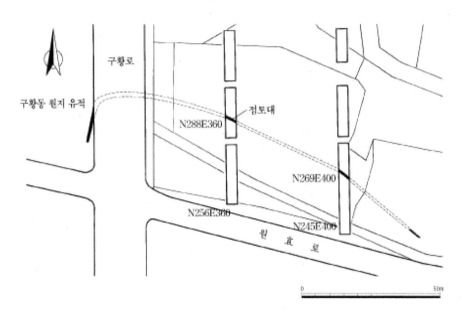

〈그림 16〉 점토벽 평면도
(국립경주문화재연구소·경상북도 산림환경연구소, 2008)

　북천 남쪽지역에서 확인된 홍수관련 사례로는 구황동 원지유적내 홍수
퇴적층과 신라왕경숲 부지 유적에서 발견된 점토 차수벽 시설을 들 수 있
다. 이 차수벽은 지하를 굴착한 후 일정한 규모로 점토벽을 쌓아서 만든
시설로 경주 구황동 원지유적과 가스관부지 발굴조사에서도 각각 동일한
시설이 확인된 바 있다. 이 점토벽은 생토층인 하상퇴적층을 약 10㎝ 깊
이까지 수직으로 판 후 적갈색, 암갈색, 회색 점질토를 섞어서 채웠는데
규모는 너비 1m, 높이 1.1~1.2m이다.
　<그림 16>에서 확인된 점토벽은 왕경숲 부지유적의 E360~E400 지
점에서 확인되며, 동서방향으로 길게 노출되었고 확인된 길이는 71m이
다. 인접한 구황동 원지유적의 E300 지점에서 확인된 점토벽은 남북방향
으로 노출되었는데, E400~E440 지점에서는 남쪽으로 진행하는 모습이

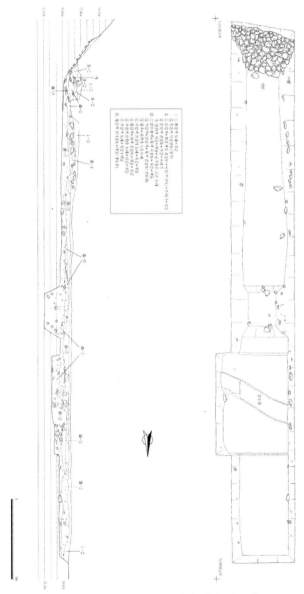

〈그림 17〉 경주 N245E400조사갱 평면 및 토층도
(국립경주문화재연구소·경상북도산림환경연구소, 2008)

다. 점토벽의 규모는 동서 길이 140m 이며, 북천 남안지역을 감싸듯 에 워싸는 모습으로 생각된다. 결국 이 점토벽은 하상퇴적층의 수맥을 의도 적으로 차단하기 위한 시설로 볼 수 있다.[56] 한편 신라왕경숲 유적 서쪽 에 위치한 가스관 부지유적의 N285.5E296 조사갱에서 확인된 구상유구는 구조로 볼 때, 점토벽과 연결되는 시설로 추정되며 규모는 너비 0.9~1m, 높이 1.7m 정도이다. 당시 조사에서는 이 시설을 북천과 관련된 시설로 보았지만,[57] 구황동 왕경 숲 부지에 대한 발굴조사를 고려한다면, 낭산 북쪽 대지에는 지하수를 차단하기 위한 장방형 점토벽, 즉 차수벽으로 추정된다. 따라서 이 시설을 북천의 지하수를 막기 위한 시설로 볼 수 있다면, 결국 북천 이남의 신라왕경 유적은 각각의 지형 맞는 홍수 대비 시설을 갖추었다고 생각된다. 결국 신라왕경 안에서 이러한 차수벽이 만 들어진 배경이나 물을 막는 방향 등에 대해서는 보다 세심한 검토가 필 요한데, 이와 관련하여 생각할 수 있는 것은 신라왕경 내 최대 토목공사 였던 경주 황룡사皇龍寺의 건립을 들 수 있다.[58] 신라 진흥왕 14년(553) 에 시작된 이 공사는 당시 신라 국력이 모인 대공사로 저습지였던 황룡 사지의 기반층을 개량하기 위한 목적으로 점토 차수벽을 만들었을 가능 성이 있다고 생각된다.

한편 북천 남쪽에 위치한 하안대지에서 건물지가 확인된 유적으로는 경주 성동동 전랑지[59]와 황오동 3-7번지 유적[60], 구황동 880-16번지 유 적[61] 등이 있다. 이들 유적은 해발 53~55m 지점에 입지한 유적으로 북 천변과는 약 4~5m 정도의 고도차이가 있다. 성동동 전랑지의 경우 과거 신라 궁궐과 관련된 유적으로 추정되며, 1937년 북천 호안공사 중 장대 석열이 발견되자, 조선고적연구회에서 발굴조사를 실시하여 전당지, 장 랑지, 문지, 담장지 등의 유구가 확인되었고, 1994년 양정로 개설에 따른 사전발굴조사에서 건물지와 담장지, 부석유구 등이 확인된 바 있다. 전랑지 유적은 현재 북천에 인접한 모습으로 북천의 범람이나 유로 변경 등에 의해서 유적의 일부가 소멸된 것으로 보고되었다.

황오동 3-7번지 유적은 성동동 전랑지의 남동쪽에 위치하며 현 경주고등학교와 화랑초등학교 사이의 주택지이다. 발굴조사 결과 동서 도로와 장대석을 깔아서 만든 배수로 시설 그리고 담장시설이 확인되었다. 주목되는 점은 도로 옆에 마련된 배수로 시설로 국립경주문화재연구소에서 발굴조사 중인 안압지 북동쪽 유적에서 확인된 시설과 같은 유구가 확인된 점이다. 이는 황오동 3-7번지 유적의 성격이 인접한 성동동 전랑지와 관련될 가능성이 있다.

구황동 880-16번지 유적은 북천에서 70m 떨어진 지점으로 해발 55m 지점이다. 발굴조사 결과 건물지, 담장지, 추정 공방지가 확인되었으며, 유적의 시기는 9세기경으로 추정된다.

북천 남쪽 호안부에서 발견된 이들 유적은 기존의 신라왕경에 대한 발굴조사 성과와 비교할 때, 큰 차이를 보이지는 않지만 북천과 접하는 하안 단부까지 건물지가 위치하고 있는 점으로 볼 때, 북천 북안부에 비해서 홍수나 범람에 의한 피해가 적었음을 알려주는 자료로 생각된다. 따라서 구황동 원지유적과 분황사 그리고 성동동 전랑지를 잇는 지역 안에 마련된 신라왕경 유적들은 북천 북안 지역에 비해서 해발고도가 3~6m 정도 높고, 북천의 흐름이 북쪽으로 치우친 모습을 보여주므로, 앞서 이야기한 범람으로부터 영향을 크게 받지 않았을 것으로 생각된다.

3) 북천변의 제의와 사찰

통일신라시대 당시의 생활유적인 신라왕경 유적은 발굴조사로 확인되지만, 당시 산천에서 행하였던 여러 제사와 관련된 내용은 문헌기록 외에는 그 실체를 찾기 어렵다. 하지만 북천 주변에서 이루어진 제사는 『삼

〈그림 18〉 임천사지 출토 '동전천'명 명문암막새(국립 경주박물관, 2000)

국사기』나 『삼국유사』 그리고 조선시대에 발간된 여러 지리지 등에 그 모습
이 보이므로 이에 대한 관심을 기울인다면 제사유적이 확인될 가능성도 있다.

그러나 현재까지 국내에서 발굴조사된 제사유적은 대부분 산 또는 바
다와 관련된 유적으로 좀처럼 그 모습을 찾을 수 없는데, 그 원인으로는
제사라는 행위 자체가 무형의 행위이고 제사에 사용된 각종 기물이 훼기
된 채 폐기된 모습이 확인되어야만 유적의 존재를 확인할 수 있기 때문
이다62). 그러므로 하천 주변에서 이루어지는 제의행위는 시간이 지나면
서 북천을 흐르는 강물에 의해서 폐기된 기물들이 유실되어서 유적의 존
재를 확인할 수 없게 하므로 제사의 존재만 추정할 수 있을 뿐이다.

『삼국사기』 제사지에는 신라에서 행했던 여러 가지 제사가 기록되어
있다. 이 중 하나인 사천상제四川上祭는 제사장소로 북천을 언급되어 있
다. 사천상제는 신라왕경 주변의 하천에서 지낸 제사로 견수犬首, 문열림
文熱林, 청연靑淵, 박수樸樹 네 곳에서 지냈는데, 문열림에서는 일월제日月
祭를, 견수 부근에서는 풍백제風伯祭를 지냈다는 기록이 있고, 견수에는
견수사犬首祠가 있었다고 한다.63) 한편 사천상제에 대한 설명 앞에 '부정

제양부部庭祭梁部'라는 구절에 따라서, '부정제는 양부의 사천상제'라고 해석하는 견해도 있다. 이 의견이 타당하다면 제사의 정식 명칭은 부정제 또는 양부 사천상제가 되며, 제사 장소는 양부 안의 네 곳이 된다. 따라서 신라 6부 중 양부의 위치로 추정하고 있는 북천 일대가 제사를 드리는 장소로 추정되는데, 견수를 낭산狼山으로 보는 의견은 이러한 해석을 따른 것이다. 사천상제의 제사일이나 절차 등은 알 수 없지만, 고려시대의 천상제川上祭가 한발이나 홍수가 있을 때 송악松岳의 개천에서 거행되던 제사였던 점으로 미루어 볼 때, 사천상제를 거행하는 이유의 하나도 가뭄이나 홍수에 대처하기 위해서였을 것으로 추정된다.[64]

따라서 북천 일대는 인접한 사찰들과 함께, 강변 일대는 수변제사와 관련된 곳이라고 생각되므로, 앞으로 북천변에 대한 조사를 통해서 관련 유적이 발견되기를 기대해 본다.[65] 이와 관련하여 참고가 되는 기사는 신라 성덕왕 14년(715) 6월에 큰 가뭄이 들어 왕이 강릉의 용명악거사龍鳴嶽居士 이효理曉를 불러서 임천사林泉寺의 연못 위에서 기우제를 지냈더니 비가 열흘 동안이나 내렸고, 그 이듬해 6월에도 역시 이효를 불러 같은 곳에서 기우제를 드렸다는 기록[66]은 가뭄을 극복하기 위한 기우제를 절 안에서 올리고 승려의 주관으로 제사를 지냈음을 알려준다.

그러므로 북천 주변에 위치했던 여러 사찰 중 일부는 이러한 제사와 관련될 가능성이 있으며, 하천을 상징하는 '천泉' 또는 '천川'자가 들어간 동천사東川寺(東泉寺[67]), 임천사臨泉寺, 천임사泉林寺 등의 사찰은 같은 사찰의 이름을 시기에 따라서 다르게 불렀을 가능성도 있지만 모두 북천과 관련된 사찰로 생각된다. 또한 『삼국사기』에 기록된 것처럼 사찰 안에서 제사가 이루어진 점을 생각한다면, 이들 사찰에서 북천 제사를 비롯하여 홍수나 가뭄 등에 따른 여러 제사를 행했을 가능성이 있고 그 기원은 사천상제四川上祭에서 찾을 수 있다.

5. 맺음말

경주 북천은 신라왕경의 중앙을 흐르는 하천으로 기존 연구에 의하면 신라왕경의 방리제에 따라서 도시구조가 만들어진 시기는 8세기 이후로 보는 시각이 대부분이었다. 그러나 동천동 일대에 대한 발굴조사가 진행되면서, 도시구조가 만들어지는 시점은 적어도 679년 이후로 추정된다. 이 시기는 안압지의 조영과 신라왕경내 기념 건축물이 만들어지던 시기로 북천 이남지역의 도심구조가 북천 이북으로 확장되어가는 모습을 보여준다. 다만 방리 안에 만들어진 도로의 경우 현 지형에 맞춰서 변화를 보이는데, 이는 북천의 흐름과 소금강산 구릉에 의한 지세에 따라서 방리구조가 만들어진 것으로 추정된다. 결국 신라왕경의 방리제도는 중국이나 일본처럼 계획에 따라 만들어지기보다는 기존의 도심구조를 변화시키는 모습으로 만들어졌을 가능성을 확인시켜준다.

고대 도시에서 빗물과 지하수를 처리하기 배수시설은 중요한 기간시설이다. 현재 신라 왕경 숲 부지와 구황동 원지유적 그리고 가스관 부지에 걸쳐서 확인된 점토 차수벽의 존재는 신라왕경의 건설과정에서 배수문제로 고민했음을 알려준다. 특히 왕경 지구 안에서 확인되는 지하 석조형 배수시설의 존재는 빗물을 지하에서 모아서 처리했던 당시 기술을 알려준다. 하지만 북천의 하상 높이를 기준할 때 남안 지역의 지반 높이가 북안지역보다 높은 점은 북천의 범람에 따른 홍수 시 북안지역의 피해가 컸다고 생각된다. 이러한 피해를 막기 위해서 북안지역은 현재 하천 호안에서 북쪽으로 100m 이상 올라간 지점부터 방리를 만들었다고 생각되지만, 삼성아파트 부지에서 확인된 것처럼 완전하게 홍수를 피하지는 못했다고 생각된다.

그리고 신라왕경 내 배수로 시설을 살펴보면 배수로는 대부분 동고서

저 지형을 따라서 서쪽에 위치한 형산강으로 연결되도록 만들어졌으며, 북천의 호안쪽으로 바로 연결되는 배수로 보다는 경주 월성해자에서 확인된 것처럼, 지형을 따라서 서쪽으로 흐르도록 만든 소하천 혹은 배수시설에 의해서 도심 내 오폐수가 처리되도록 하였고, 이러한 모습은 조선시대까지 이어지는 모습을 보여준다.

한편 문헌에 나타난 제사 중 하나인 사천상제는 북천 주변에서 이루어졌으며, 양부의 주관으로 이루어진 점으로 볼 때, 이 일대가 양부의 영역임을 추정할 수 있다. 그러나 당시 제사를 주관하던 사찰의 위치 비정과 북천의 유로 변화에 따른 홍수문제 등은 북천 양안지역에 대한 조사가 계속 이루어져야 분명하게 확인될 것이다. 표암은 양부의 시조가 강림한 성역으로 이해되고 있지만 아직까지 표암 주변에서 확인된 유적들은 대부분 통일신라시대의 유구로 신라왕경 내 방리가 만들어진 이후 시기의 유적이 다수를 점하고 있다. 따라서 경주 황성동 유적처럼 북천 이북지역에서 삼국시대 초기의 생활유적이 확인된다면, 양부의 중심지를 찾을 수 있을 것으로 생각되며, 경주 나정처럼 당시 시설이 확인될 수 있다면 보다 정확한 성격이 논의될 수 있을 것이다.

결국 북천 이북지역에 대한 도시개발은 굴불사, 백률사 등 사찰의 건립과 함께 이루어졌으며, 지세에 맞춰서 방리가 구획되었다고 생각된다. 향후 북천 이북지역에서 삼국시대 초기 유적이 확인 될 것인가라는 문제는 앞으로의 조사에 기대해야 한다. 하지만, 굴불사지에서 출토된 토기자료와 이차돈의 순교와 관련된 백률사가 건립되는 시점으로 볼 때, 동천동 지역에 방리가 만들어지는 시기는 7세기 중엽 이후로 생각되며, 동천동 일대 신라왕경 유적에서 출토된 고식연화문수막새는 안압지에 사용된 모습이 확인되므로 유적의 하한연대인 679년 이후부터 도시계획이 시작되었을 가능성이 크다.

주석

1) 『삼국유사』왕력1, 기이1, 辰韓. "新羅全盛之時 京中十七萬八千九百三十六戶 一千三百六十坊 五十五里 三十五金入宅「言富潤大宅也」南宅 北宅 亏比所 宅 本彼宅 梁宅 池上宅「本彼部」財買井宅「庾信公祖宗」北維宅 南維宅「反 香寺下坊」隊宅 賓支宅「反香寺北」長沙宅 上櫻宅 下櫻宅 水望宅 泉宅 楊 上宅「梁南」漢岐宅「法流寺南」鼻穴宅「上同」板積宅「芬皇寺上坊」別敎宅 「川北」衙南宅 金楊宗宅「梁官寺南」曲水宅「川北」柳也宅 寺下宅 沙梁宅 井上宅 里南宅「亏所宅」思內曲宅 池宅 寺上宅「大宿宅」林上宅「靑龍之寺 東方有池」橋南宅 巷叱宅「本彼部」樓上宅 里上宅 楡南宅 井下宅".

2) 黃仁鎬,「新羅 王京 道路를 통해 본 新羅 都市計劃 硏究」, 동아대 석사학위 논문, 2004 :「新羅 王京의 造營計劃에 대한 一考察」『한일문화재논집』Ⅰ, 국립문화재연구소, 2007 :「新羅 王京 整備의 基準線 과 尺度」『한일문화재 논집』Ⅱ, 국립문화재연구소, 2010.

3) 이은석,「왕경의 성립과 발전」『통일신라의 고고학』, 2004년 전국고고학대회 발표문, 한국고고학회, 2004.

4) 藤島亥治郎,『朝鮮建築史論』, 1930.

5) 國立慶州文化財硏究所, 2002,『新羅王京 發掘調査報告書』Ⅰ, 2002 ; 國 立慶州文化財硏究所,『慶州 西部洞 19番地 遺蹟 發掘調査報告書』, 2003 ; 國立慶州文化財硏究所,『慶州 仁旺洞 556·566番地遺蹟 發掘調査報告書』, 2003.

6) 경주 인왕동 556번지 유적의 최하층 도로에서 출토된 고배와 건물지 기단 성토 층에서 출토된 유물로 볼 때, 적어도 5세기말~6세기초 사이에 도로가 만들어지 고 방리가 구획되었다고 추정할 수 있다(國立慶州文化財硏究所,『慶州 仁旺 洞 556·566番地遺蹟 發掘調査報告書』, 2003).

7) 이와 대하여 황보은숙은 8세기를 중심연대로 추정하는 (전)인용사지 유적과 인 왕동 412번지 유적, 황남동 376번지 유적의 하부에서 통일신라시대 이전의 생

활유적이 확인되고 있음을 주목하고, 도시계획 이전에 자리 잡고 있었던 월성
남쪽의 대단위 주거군이 8세기 중반 월정교, 일정교(춘향교) 건설 등 대규모 토
목건설사업이 진행되면서 재개발된 것으로 보았다(황보은숙, 「신라왕경의 도시
적 발달」, 『신라문화』 32, 2008, 344~345쪽).

8) 장용석, 「신라 도로의 구조와 성격」, 『영남고고학보』 38, 2006, 121쪽.

9) 황성동 537-2번지 유적, 황성초등학교 강당부지 유적, 경주 동천동 고대 도시 유
   적 - 경주시 택지조성지구 내 7B/L -

10) 북문로 왕경유적, 성동동 143-7·10번지, 성동동 경주세무서 신축부지 내 유적,
    서부동 19번지 유적 등

11) 황보은숙, 앞의 논문, 2008.

12) 전덕재, 『신라왕경의 역사』, 새문사, 2009, 150~156쪽.

13) 경주 굴불사지에 대한 발굴조사 결과 단판타날된 '井○(桃·柞)'명 명문와와 함
    께 불상이 새겨진 벽돌이 출토되었는데, 공반된 토기의 연대를 고려할 때, 679년
    이전~7세기 말 사이에 유적이 만들어졌을 가능성이 있다. 하지만 굴불사의 창
    건시기는 『삼국유사』의 내용에 근거하여 경덕왕(742~764) 때로 추정하고 있다
    文化財研究所 慶州古蹟發掘調査團, 『堀佛寺址』, 1986.
    『삼국유사』 권3, 탑상4. 四佛山·掘佛山·萬佛山.. "… 又景德王遊宰栢栗寺
    至山下聞地中有唱佛聲 命掘地 得大石 四面刻四方佛 因創寺 以掘佛爲號
    今訛云掘石 …".

14) 경주의 지질환경과 북천에 대한 내용은 경주시의 의뢰로 국립경주문화재연구소
    에서 수행한 『신라고분 환경조사 분석보고서』 Ⅱ에 수록된 황상일의 '경주지역
    고분 입지의 지형적 특성'의 내용을 요약하여 인용했다.

15) 姜奉遠, 「신라시대 경주 북천의 수리에 관한 역사 및 고고학적 고찰」, 『신라문
    화』 25, 2005 ; 강봉원, 「경주 南古壘에 관한 일고찰」, 『신라문화』 27, 2006.

16) 물의 흐름 따위에 의하여 둥글게 깎인 지름 2mm 이상의 조약돌.

17) 國立慶州文化財研究所·慶州市, 「경주지역 고분 입지의 지형적 특성」, 『新羅
    古墳 環境調査 分析報告書Ⅱ』 - 地理, 土壤分析 및 植生調査 -, 2008,
    228~236쪽.

18) 國立慶州文化財研究所, 『慶州 九皇洞 皇龍寺址展示館 建立敷地內 遺蹟
    發掘調査 報告書』, 2008.

19) 이기봉, 『고대도시 경주의 탄생』, 푸른역사, 2007, 154~180쪽.

20) 황상일·윤순옥, 「한국 남동부 경주 및 울산시 불국사단층선 지역의 선상지 분포
    와 지형발달」, 『대한지리학회지』 36-3, 2001, 217~232쪽.

21) 東國大學校 慶州캠퍼스 博物館, 『王京遺蹟(Ⅰ) - 隍城初等學校 講堂敷地 -』,
    2002 ; 東國大學校 慶州캠퍼스 博物館, 『王京遺蹟(Ⅲ) - 慶州市 東川洞 791
    7B/L遺蹟 -』, 2005 ; 慶州大學校 博物館, 『慶州 東川洞 古代 都市 遺蹟 - 慶

州市 宅地造成地區 內 7B/L－』, 2009.

韓國文化財保護財團, 『慶州 東川洞 696-2番地 遺蹟－共同住宅 新築敷地－』, 2010.

22) 1906년에 발굴조사된 동천동 북산고분과 1915년에 조사된 동천동 와총 그리고 1986년 국립경주박물관에서 긴급발굴조사한 동천동 산13번지 석실분으로 볼 때 소금강산 일원에는 많은 수의 석실분과 화장묘가 분포하고 있으며, 고분의 조성 시기는 6세기말에서 8세기 정도로 추정된다.

今西龍, 「新羅舊都慶州附近の古墳」 『歷史地理』 第十一卷 第一號, 1906, 129~131쪽 ; 「慶州に於ける新羅の墳墓及び基遺物に就て」(第一回) 『東京人類學會雜誌』 第二百六十九號, 1908, 395~405쪽 ; 筆者不明, 「考古學會記事 本會11月例會」 『考古學雜誌』 5-6, 1915, 64~66쪽 ; 朝鮮總督府, 「東川里瓦塚」 『朝鮮古蹟圖譜』 三. No.1186~1194, 1916 : 「慶州北山古墳副葬陶器」 『朝鮮古蹟圖譜』 五. No.1814~1822, 1917 ; 국립경주박물관, 「慶州東川洞 收拾調査 報告」 『국립경주박물관연보 1994년도』, 1995.

23) 표암의 이름에 대해서는 여러 의견이 있는데, (1) 월성에서 바라보니 마주 보이므로, 고을의 정기가 위압당한다 하여 박을 심어 덩굴이 바위를 덮어서 보이지 않도록 하였다. (2) 알평공이 하늘에서 내려올 때 가지고 온 박을 이곳에 두었더니, 순식간에 자라나 바위를 덮었다. 혹은 그 박이 한없이 자라 저절로 쪼개졌는데 그 속에서 이 바위더미가 나왔다. (3) 옛날 동천에 살던 어느 할머니가 이 바위 밑에 박을 심었더니, 박 덩굴이 자꾸 자꾸 자라서 온 바위를 덮었다. 지금의 경주이씨 시조비각 옆에 큰 박이 열렸는데, 그 속에서 옥동자가 나와 데려다 기르니 이 아이가 자라 후에 알천 양산촌 촌장에 오른 알평공이 되었다.

위와 같이 전해 내려오는 전설로 볼 때 당시 사람들은 표암을 신성하고 두려운 존재로 인식했을 가능성이 있으며, 나정이나 알영정에 나타난 천손탄강신화의 존재는 흥미있는 사실이다.

中村亮平, 「瓢巖」 『朝鮮慶州之美術』, 藝艸堂, 1925, 252~253쪽 ; 보우문화재단, 『경주 풍물지리지』, 1992, 103~105쪽.

24) 김정화, 「경주 동천동 小金剛山 新발견 磨崖佛의 양식적 검토」 『불교미술사학』 3, 2005, 239~254쪽.

25) 최근 표암의 서쪽 바위면에서 불상과 탑 등을 새긴 선각화가 발견되었는데, 경주남산 탑곡 제1사지에서 확인된 선각회와 유사한 모습을 보여준다. 일부 명문이 확인되지만 시기를 추정하기엔 어려우며 제작연대는 통일신라시대 말기 또는 고려시대로 추정된다.

26) 金鎬祥, 「慶州李氏 始祖誕降址地의 再檢討」 『慶州文化』 9, 2003, 50~76쪽.

27) 대구매일신문, 「석탈해왕릉도굴」, 1975 1월 5일 7면 ; 李根直, 『新羅 王陵의

起源과 變遷』, 嶺南大 博士學位論文, 2006, 63쪽 주109 재인용.

28) 경주 석장동 동국대학교 학생복지회관 부지 내 고분군 조사결과 모두 5기의 화장묘가 조사되었는데, 장골기만 매납한 형식(51호)과 석곽 안에 장골기(61호, 68호) 또는 화장한 인골을 매납한 경우(62호?, 73호)가 각각 확인되었다. 따라서 통일신라시대의 화장묘는 산골, 장골방법이 모두 사용되었으며, 장골의 경우에도 장골기의 사용 유무로 구분할 수 있다(東國大學校 慶州캠퍼스 博物館, 『校內學生福祉館敷地遺蹟 Ⅰ』, 2004).

29) 國立慶州文化財研究所, 「Ⅹ. 동천동 제6토지구획 정리지구 발굴조사」 『文化遺蹟發掘調査報告(緊急發掘調査報告書 Ⅰ』, 1992.

30) 新羅文化遺産調査團, 「慶州 東川洞 891-10番地 遺蹟」 『王京遺蹟 Ⅹ』, 2009.

31) 신라왕경 내 방리규모가 지형에 따라서 변화할 가능성에 대해서는 이미 이은석이 지적한 바 있다. 씨에 따르면 사정동 459-9번지 유적에서 확인된 건물지의 동서 장축방향이 11°정도 남쪽으로 치우쳐있는 점을 근거로 신라도성의 특징은 방리제가 정형화된 것이 아니라, 당시 지형에 따라 이루어지면서 다양한 모습으로 만들어졌다고 보고 있다(李恩碩, 「新羅王京の都市計劃」 『東アジアの古代都城』, 奈良文化財研究所, 2003).

32) 신라문화유산조사단, 「경주시 동천동 357번지 일원 종교시설 건립부지내 시굴조사 지도위원회 자료집」, 2007.

33) 東國大學校 慶州캠퍼스 博物館, 「慶州市 東川洞 7B/L內 遺蹟」 『王京遺蹟 Ⅲ』, 2005 ; 慶州大學校博物館, 『慶州 東川洞 古代 都市遺蹟-慶州市 宅地造成地區 內 7B/L-』, 2009.

34) 東國大學校慶州캠퍼스博物館, 『王京遺蹟 Ⅰ-隍城初等學校 講堂敷地-』, 2002.

35) 韓國文化財保護財團, 『慶州 東川洞 696-2番地 遺蹟-共同住宅 新築敷地-』, 2010.

36) 宋春永·鄭仁盛, 「慶州市 東川洞 764-12番地 주택신축부지 발굴조사 약보고」 『博物館年報』 6, 대구교육대학교 박물관, 1996.

37) 신라문화유산조사단, 「慶州 東川洞 774番地 遺蹟」 『王京遺蹟 ⅩⅢ』, 2009.

38) 中央文化財研究院, 『慶州 東川洞 776-5番地 多世帶住宅新築敷地內 文化遺蹟 發掘調査報告書』, 1998.

39) 慶尙北道文化財研究院, 『慶州 東川洞789番地 遺蹟』, 2010.

40) 國立慶州文化財研究所, 「慶州 東川洞 789-10番地 遺蹟」 『文化遺蹟發掘調査報告(緊急發掘調査報告書 Ⅲ)』, 1998.

41) 東國大學校 慶州캠퍼스 博物館, 「慶州市 東川洞 791 遺蹟」 『王京遺蹟 Ⅲ』, 2005.

42) 聖林文化財研究院, 『慶州 東川洞 792-3番地遺蹟』, 2007.

43) 嶺南文化財研究院, 『慶州 東川洞 793番地遺蹟』, 2004.

44) 신라문화유산조사단, 「慶州 東川洞 820-5番地 遺蹟」 『王京遺蹟』, 2009.

45) 한국문화재보호재단, 「경주 동천동 820-9번지 단독주택 신축부지내 문화유적 소
규모 발굴조사 약보고서」, 2010.
46) 경주대학교박물관, 「경주 동천동 822-14번지 단독주택 신축부지내 유적 발굴조
사 지도위원회 자료」, 2010.
47) 신라문화유산조사단, 「慶州 東川洞 828-5番地 遺蹟」『王京遺蹟 Ⅹ』, 2009.
48) 한국문화재보호재단, 「경주 동천동 834-8번지 근린생활시설 신축부지내 문화유
적 소규모 발굴조사 약보고서」, 2011.
49) 동국대학교 경주캠퍼스 박물관, 「경주 동천동 834-5번지 다가구주택신축부지내
유적 발굴조사 약보고서」, 2011.
50) 한국문화재보호재단, 「경주 동천동 835-11번지 근린생활시설 신축부지내 문화
유적 소규모 발굴조사 약보고서」, 2010.
51) 한국문화재보호재단, 「경주 동천동 835-12번지 창고시설 신축부지 내 문화유적
소규모 발굴조사 약보고서」, 2010.
52) 동천동 굴불사지에 대한 발굴조사에서 출토된 유물 중 단각고배와 고배(보고서
도판 67-1~4), 뚜껑(보고서 도판 68-2~3), 대부완(보고서 도판 68-4), 인화문토
기(보고서 도판 69-1)로 볼 때, 적어도 7세기 초에 사찰이 건립되었을 가능성이
크다(文化財硏究所 慶州古蹟發掘調査團, 『堀佛寺址』, 1986).
53) 국립경주문화재연구소, 『긴급 유적 발굴조사보고서』- 경주 동천동 삼성아파트
신축부지 - , 1994, 18쪽.
54) 『삼국사기』에는 헌덕왕을 천림사의 북쪽에 장사지냈다고 했고, 『삼국유사』에는
泉林村의 북쪽에 장사지냈다고 기록되었다. 따라서 현재의 헌덕왕릉 위치가 맞
다면 천림사는 북천 북안에 위치할 것으로 추정되며, 현 동천동 소금강산과 북
천이 만나는 지점인 아랫동천마을 일대가 천림촌으로 추정된다. 그러나 이 지역
은 전 東泉寺址로 추정되고 있는데, 사찰의 이름에 대해서는 좀 더 조사가 필요
하다(嶺南埋藏文化財硏究院·慶州市, 『慶州市 文化遺蹟 地表調査報告書』,
1996, 48쪽).
55) 『朝鮮王朝實錄』, 「英祖大王行狀」 18년. "9월에 경주에 홍수가 나서 신라 헌덕
왕릉을 무너뜨렸는데, 왕께서 향축을 보내고 道臣에게 명하여 수리하게 하셨다.
56) 국립경주문화재연구소·경상북도산림환경연구소, 2008, 『경주 구황동 신라왕경
숲 조성사업 부지내 유적 발굴조사보고서』, 111쪽.
57) 國立慶州文化財硏究所, 『王京地區內가스관埋設地 發掘調査 報告書』, 1996, 38쪽.
58) 『삼국사기』권4, 신라본기4 진흥왕조.
"十四年 春二月 王命所司 築新宮於月城東 黃龍見其地 王疑之改爲佛寺 賜
號曰皇龍."
"二十七年 春二月 皇龍寺畢功."
"三十五年 春三月 鑄成皇龍寺丈六像(銅重三萬 五千七十斤 鍍金重一萬一

百九十八分)."

"三十六年 春夏 旱 皇龍寺丈六像 出淚至踵."

59) 國立慶州文化財硏究所, 『殿廊址·南古壘 發掘調査報告書』, 1995.

60) 신라문화유산조사단, 「慶州 皇吾洞 3-7番地 遺蹟」 『王京遺蹟 Ⅹ』, 2009.

61) 韓國文化財保護財團, 「慶州 九黃洞 880-16番地 遺蹟」 『慶州 隍城洞 535-18番地 遺蹟』, 2009.

62) 통일신라시대 당시에 이루어진 제사와 관련된 유적을 살펴보면 장도 청해진 유적에서 발견된 매납유구와 그 출토품을 들 수 있다. 이 매납유구는 지름 1m, 깊이 70㎝의 원형 구덩이에 토기 항아리와 편병, 철제 솥, 철제 소반, 청동병, 철기 등을 매납한 곳으로 주변에서는 제단으로 추정되는 건물지와 함께 확인되었다. 이 유구는 『삼국사기』에 기록된 "청해진 조음도에서 중사를 거행했다."라는 사실을 보여주는 자료로 중요하다(국립문화재연구소, 『將島 淸海鎭 遺蹟發掘調査報告書Ⅰ』, 2001, 619쪽).

63) 『삼국사기』 권32, 잡지1, 祭祀. "部庭祭 梁部 四川上祭 一犬首 二文熱林 三靑淵 四樸樹 文熱林行日月祭".

64) 金東旭, 1983, 「新羅의 祭典」 『신라문화제학술발표회론문집』 4, 1983 ; 최광식, 『고대한국의 국가와 제사』, 한길사, 1994.

65) 북천의 하상 및 둔치정비를 위한 공사에 앞서서 성림문화재연구원에서 북천 하안지역과 왕경 숲 조성 예정부지를 지표조사했지만, 하천의 범람으로 유실된 초석 등 석물만 확인될 뿐 제사유적과 같은 유구는 확인되지 않았다. 성림문화재연구원, 『경주 알천(북천)시민공원조성예정부지 지표조사 보고서』, 2004 ; 성림문화재연구원, 『경주 신라왕경숲(오리수)조성부지내 지표조사 보고서』, 2005.

66) 『삼국사기』 권8, 신라본기8 성덕왕 14년. "六月 大旱 王召河西州龍鳴嶽居士理曉 祈雨於林泉寺池上 則雨浹旬".

67) 동천사의 표기는 東川寺로 알려져 있지만 명문와로 볼 때, 東泉寺의 가능성이 있다. 한편 임천사지 출토품으로 알려진 명문와 중 '東田泉'명 암막새가 보고된 바 있다. 이 명문와의 출토지가 임천사지가 맞다면, 북천변에 위치한 사찰로 추정했던 임천사와 천림사 그리고 동천사는 모두 같은 절일 가능성이 제기되며, 사찰의 위치에 대해서는 재고할 필요가 크다. 따라서 현재 북천 주변에 위치한 사찰들 중 헌덕왕릉 주변에 위치한 동천사지와 임천사지는 발굴 혹은 주변조사에 따라서 분명한 성격이 밝혀질 것으로 기대된다(國立慶州博物館, 『新羅瓦塼』, No.1150, 2000).

토론문 〈신라왕경과 북천〉

함 순 섭[●]

이 발표문은 근년까지 제시된 경주의 지리학적 연구 성과와 신라 왕경 유적의 발굴조사 성과를 두루 다루고 있다. 특히 경주 선상지를 동서로 가로지르는 북천이 신라왕경에 끼친 영향에 대해 주목하여 논지를 전개하고 있다. 경주 선상지에 대한 지리학적 연구가 발표되기 이전에는 소위 북천의 범람이 신라왕경의 유지 및 발전에 큰 장애가 되었을 것으로 판단해 왔었다. 관련 문헌 기록에 천착한 이러한 시각은 하천 범람에 대한 실체적 접근이 없는 가운데 이루어졌던 문제를 지니고 있었다. 근년의 지리학적 연구에 의해 신라 왕경 중심지로의 소위 북천 범람은 실체적 진실이 아닐 수 있다는 판단에 이르게 되었다. 발표자도 이러한 지리학적 연구 결과에 따르고 있으며, 북천 인근에서 발굴된 유적을 통해 이를 살펴보고 있다.

소분지 개념을 적용한 경주분지에서 경주 선상지는 보문호 직하의 숲머리 일대가 선정이고, 형산강의 중류역인 서천과 나란하게 형성된 배후 저습지의 동쪽 너머가 선단이다. 이 경주 선상지를 관통하는 복류천이 바로 북천이다. 선상지에 대한 일반적 시각에서 볼 때, 경주 선상지에서 복류인 북천은 호우에 통행이 불가능할 정도로 일시적으로 유량이 급격히 늘어날 수 있다. 하지만 이 하천의 유량 증가만으로 특히 남쪽의 신라 왕경 중심지가 침수될 개연성은 다소 낮다고 본다. 이러한 판단에 대해 토론자도 일정 부분 동의한다.

조선시대까지 경주에서 북천의 치수는 주로 하천의 좌안인 남쪽에서 이루어졌다. 분황사 북쪽의 축대와 남고루 등이 대표적인 예이다. 동경통지와 숲머리에 있는 「알천제방수개기關川堤防修改記」에는 고려시대에 삼남三南의 장정을 모아 북천에 제방을 쌓았고 조선시대 후기에 이를 수리하였음을 알 수 있다. 『삼국사기』 및 『삼국유사』 그리고 고려와 조선의 기록으로 볼 때, 호우에 의한 북천의 유량 증가가 발표자의 견해와 같이 신라 왕경에 완전히 영향이 없었는가는 몇 가지 점에서 의문을 가지게 한다.

첫째, 경주 선상지에 있는 저습지의 형성과정에 대해 설명이 있어야 한다. 황룡사지皇龍寺址와 낭산의 황복사지皇福寺址 동쪽에서 확인되는 저습지는 북천과 결코 무관하지 않을 듯하다. 이 두 지점에서 확인되는 저습지는 비록 홍수에 의한 것이 아닐지는 모르겠으나, 북천에서 발원한 유로와 직접 관련되었을 것이며, 일정한 수량이 장기간 머문 증거로 볼 수 있을 듯하다.

둘째, 신라 왕경의 경영과 이후 축소된 주거지역으로 인한 고려 및 조선의 농경지에는 용수의 공급이 반드시 필요하다. 경주 선상지로의 용수 공급은 북천에 제언을 쌓아야만 가능하다. 오늘날 보문호와 숲머리 보에서 공급되는 용수는 이를 간접적으로 보여주고 있다. 북천을 이용한 용수 공급에 대해 발표자는 어떤 생각을 가지고 있는지 알려 주기 바란다.

셋째, 북천의 치수는 범람에 의한 홍수에 대응하는 것 보다 경주 선상지에 있던 여러 왕경 시설의 운용에 필요한 용수 공급이 우선이었을 수 있다고 본다. 이러한 토론자의 생각은 북천에서 발원하여 경주 선상지에 망상으로 퍼진 각종 유로에 주목하게 한다. 그런데 이러한 유로가 오히려 도심 홍수의 원인이 될 가능성도 있다. 발표자가 경주지역을 조사하는 과정에서 도심 홍수의 흔적에 대해 살펴 본 것이 있다면 알려주기 바란다.

거서간기居西干期 간층干層의 동향을 통해 본 사로 6촌의 성격

이 부 오[●]

1. 머리말

『삼국사기』 신라본기와 『삼국유사』 기이편에 실린 사로 6촌 기사는 상고기 신라의 출발을 설명하는 핵심적인 내용을 담고 있다. 그러나 초기기사에 대한 신빙성 문제 때문에 이 기사를 수용하는 방식은 연구자에 따라 커다란 차이를 보였다.

사로 6촌의 실체에 대해서는 일찍이 부족설[1] 내지 씨족설이 제시되었고,[2] 상고기의 6부六部를 단위정치체로 파악하는 견해도 이와 유사한 입장에 서있다.[3] 건국기사의 6촌을 사로국의 하위 단위로 파악하는 쪽에서는 지석묘 사회에 기반을 둔 촌락 집단이 거서간의 등장을 계기로 사로국의 지방행정구역으로 편성되었다고 이해했다.[4] 이상의 견해들은 사로

● 백석고등학교 교사

국 성립 이전의 6촌을 단위정치체로 파악하는 점에서는 공통적이지만, 이후 6촌의 정치적 위상에 대해서는 커다란 입장의 차이를 보여 왔다. 고고학계에서는 6촌 자체보다는 유물유적의 분포를 중시하여 3세기 후반 이후에 분지를 통합한 정치체가 성립한다고 이해했다.[5]

이러한 시각의 차이는 획기적인 자료가 출현하지 않는 한 쉽게 좁혀지지 않을 것이다. 그 바탕에는 『삼국사기』 초기기사와 『삼국지三國志』 한전韓傳을 이해하는 방식의 차이가 굳게 깔려 있고, 두 자료에 대한 합리적 수용은 쉽게 해결하기 어려운 문제를 안고 있기 때문이다. 여기에 상고기 지배구조에 대한 시각의 차이는 사로 6촌의 실체에 대한 합의를 이끌어내는 데 더욱 커다란 걸림돌로 작용했다. 본고에서 이상의 문제를 모두 해결하는 것은 불가능하다. 다만 사로국의 지배자로 전하는 거서간居西干과 사로 6촌의 관계를 구체적으로 해명할 수 있다면, 그러한 문제를 해결하는 데 하나의 돌파구가 마련될 수 있을 것이다.

이와 관련하여 필자는 첫째, 기존 연구가 진화론적 시각에서 사로국의 성립을 다뤄 왔다는 점에 주목하려 한다. 초기기사에 대한 신뢰 여부를 막론하고 사로국의 형성은 6촌 혹은 읍락이라는 단위정치체가 소국으로 발전했다는 단선적인 과정으로 설명된 측면이 없지 않다. 그런데 사로국이 형성되기 전의 진한 지역에는 읍락 단계에 머물던 토착세력과 국가체제를 경험한 유이민 세력이 뒤섞여 있었다. 이러한 상황에서 소국의 성립은 1차국가적 요소와 2차국가적 요소가 혼재된 상태로 진행되었을 가능성이 크다. 이러한 다양성은 사로국의 건국과 관련하여 사로 6촌과 유이민의 동향을 파악하는 데 도움이 될 것이다.

둘째, 건국기사에 반영된 자료의 층위를 중시하려 한다. 사로국의 성립과 거서간의 통치 과정은 기사 자체 내에서는 대체로 완결된 서술구조를 가지고 있지만, 이를 그대로 받아들이기 어려운 측면도 있다. 그 요인

중의 하나는 여러 자료가 복합적으로 반영된 점과 관련되어 있다고 생각된다. 이는 사로국이 탄생한 다양한 요인과 단계적 과정을 파악하는 데 활용될 수 있을 것이다.

셋째, 건국 과정과 거서간 시기에 등장하는 주요 집단의 세력기반을 중시하려 한다. 그 기반의 변화는 거서간의 탄생, 이를 둘러싼 간층干層과 사로 6촌의 입장, 이들 사이의 관계 변화를 파악하는 데 유용할 것이다.

이상을 검토함으로써 거서간과 사로 6촌의 관계에 대한 이해의 단서를 마련하는 것이 본고의 목적이다.

2. 자료의 층위로 본 건국기사의 이해방향

사로국은 6촌에 기반을 두고 성립했다고 전한다. 그런데 이에 대한 수용방식의 차이는 사로국의 성립을 이해하는 데 커다란 걸림돌이 되어 왔다. 본장에서는 이러한 문제를 해결하기 위한 기초작업으로서 건국기사에 투영된 자료의 층위를 파악하려 한다. 이를 통해 사로국의 성립 이전에 諸 세력의 상황이 어떠했는지에 대해 이해방향을 모색하려는 것이다.

우선『삼국사기』와『삼국유사』에 실린 건국기사를 제시하면 다음과 같다.

A. 시조始祖의 성은 박씨朴氏이고 이름은 혁거세赫居世이다. ① 한漢 효선제孝宣帝 오봉五鳳 원년元年 갑자甲子 4월 병진丙辰에「정월 15일이라고도 한다」왕위에 오르니, 이를 거서간居西干이라 했다. 그 때 나이는 열세 살이었으며, 국호를 서나벌徐那伐이라 했다. ② 이보다 앞서 조선유민朝鮮遺民이 산곡山谷 사이에 분거하여 6촌六村을 이루었다. 1은 알천 양산촌閼川楊山村, 2는 돌산 고허촌突山高墟村, 3은 자산 진지촌觜山珍支村「혹은 간진촌干珍村이라 한다」, 4는 무산 대수촌茂山大樹村, 5는 금산 가리촌金山加利村, 6은 명활산 고야촌明活山高耶村이라 하였으니, 이것이

진한6부가 되었다. ③ 고허촌장高墟村長 소벌공蘇伐公이 양산 기슭을 바라보니, 나정蘿井 옆 수풀 사이에서 말이 무릎을 꿇고 울고 있었다. 이에 가서 보니 문득 말은 보이지 않고 큰알만이 있었다. 이를 갈라보니 갓난아이가 나왔다. 이를 거두어 길렀는데, ④ 나이 십여 세가 되자 남달리 뛰어나고 숙성하였다. 6부인六部人들은 그 출생이 신이하므로 이를 받들고 존경하였는데, 이때에 이르러 받들어 임금으로 삼았다. 진인辰人의 말에 호瓠를 박朴이라 하고 큰알이 박과 같았으므로 박朴으로 성을 삼았다. ⑤ 거서간居西干은 진인辰人의 말로 왕을 가리킨다.[6]

B. 진한辰韓 땅에 옛날 6촌이 있었다. ① 1은 알천 양산촌閼川楊山村이니 그 남쪽은 지금의 담엄사曇嚴寺이다. 촌장은 알평謁平이다. 처음에 표암봉瓢嵓峰에 내려오니 그가 급량부及梁部 이씨李氏의 조상이 되었다「노례왕弩禮王 9년에 두어 급량부라 불렀는데, 고려 태조 천복天福 5년 경자庚子에 이름을 중흥부中興部로 고쳤다. 파잠波潛, 동산東山, 피상彼上 등 동촌東村이 이에 속한다」. … 위 글을 살펴본다면 이 6부의 조조들은 모두 하늘에게 내려온 것 같다. 노례왕 9년에 비로소 6부 이름을 고치고 6성姓을 주었다. ② 지금 풍속에는 중흥부를 어머니라 하고, 장복부를 아버지라 하고, 임천부를 아들이라 하고, 가덕부를 딸이라고 하는데, 그 이유는 자세히 알 수 없다. ③ 전한前漢 지절地節 원년元年 임자壬子「고본古本에는 건호建虎 원년元年이라 하고 건원建元 3년 등이라고도 했는데, 이는 모두 잘못이다」 ④ 3월 삭朔에 6부의 조조들이 각기 자제들을 거느리고 알천閼川의 언덕 위에 모여 의논해 말했다. "우리는 위로 군주君主가 없이 백성들을 다스리니 백성들이 방자하여 저 하고자 하는 대로 따른다. 어찌 덕 있는 사람을 구하여 군주君主로 삼고 입방설도立邦設都하지 않겠는가". ⑤ 이에 높은 곳에 올라 남쪽으로 바라보니, 양산楊山 아래 나정蘿井가에 이상한 기운이 번개 빛처럼 땅에 드리웠는데 백마白馬 한 마리가 꿇어앉아 절하는 모양을 하고 있었다. 찾아서 확인해 보니 자줏빛 알이 하나 있었다. … 놀라고 이상히 여겨 그 아이를 동천東泉「동천사東泉寺는 사뇌야詞腦野 북쪽에 있다」에서 목욕시키니 몸에서 광채가 났다. 새와 짐승이 따르며 춤추고 천지가 진동하며 해와 달이 맑고 밝으니 혁거세왕赫居世王이라 이름했다. … ⑥ 위호位號를 거슬감居瑟邯이라 했다. 또는 거서간居西干이라 하니, 이것은 그가 처음 말할 때 스스로 일컬어 "알지거서간閼智居西干이 한번 일어났다"고 했으므로 그 말로 인해 부른 것인데, 이로부터 왕자王者의 존칭이 되었다. … ⑦ 이날 사량리沙梁里 알영정閼英井 가에 계룡鷄龍이 나타나 왼쪽 겨드랑이에서 동녀童女를 낳으니, 용모가 수

려했다. 그러나 입술이 닭부리와 같아 월성月城 북천北川에서 목욕시키니
그 부리가 떨어져나갔다. 그래서 그 냇가를 발천撥川이라 한다. ⑧ 남산南
山 서쪽기슭에 궁실宮室을 짓고「지금의 창림사昌林寺이다」두 성스런 아
이를 봉양했다. … 두 성인聖人의 나이 13세가 되던 오봉五鳳 원년元年
갑자甲子에 남자아이는 왕이 되고서 여자아이를 후后로 삼았다. … ⑨ 61
년간 나라를 다스리다 왕이 하늘로 올라갔다. 7일 후에 유체遺體가 땅에
흩어져 떨어지니 왕후王后도 죽었다고 한다. 국인國人이 합하여 장사지내
려 했는데 큰 뱀이 따라다니며 이를 못하게 하니, 오체五體를 각기 장사지
내 오릉五陵을 만들었다. 또한 사릉蛇陵이라고도 하니 담엄사曇嚴寺 북쪽
의 능이 이것이다. 태자太子 남해왕南解王이 왕위를 이었다.7)

위 사료에 대해서는 6촌에 대한 지배자의 등장 과정을 반영한다는 견
해와8) 후대의 6부를 바탕으로 부회되었다는 견해가9) 대립되어 왔다. 이
사료는 후대 신라인의 시각으로 정리된 저본에 바탕으로 두고서 고려시
대에 최종 정리된 것이 분명하다. 이와 관련하여 상대 박씨왕통이 고려
초에 성립되었다는 견해는10) 위 사료의 완성이라는 차원에서는 의미가
있지만, 여기에 반영된 역사적 사건과 이를 바탕으로 한 자료의 변형 과
정을 파악하는 것은 별개의 문제이다. 이를 완벽하게 파악하는 것은 현
실적으로 불가능하다. 본장에서는 위 사료에 반영된 몇 가지 요소를 추
출하여 전체적인 경향을 파악해 보자.

우선 『삼국사기』 신라본기 시조 즉위조에서는 6촌을 구성한 주체가
조선유민朝鮮遺民이라 했다(A-②). 그런데 혁거세 38년조에서는 진역秦
役을 피해 들어온 사람들이 마한의 동쪽에서 진한과 잡거雜居했다고 전한
다. 이는 B.C. 3세기 말~B.C. 2세기 초에 진입한 유민들이 사로국의 건
국을 주도했다는 설명이므로 위 사료와 부합하지 않는다. 물론 두 시기
에 각각 유이민이 들어왔을 가능성도 있지만, 양쪽 기사에서 내세운 건
국세력은 분명히 주인공과 해당 시기를 달리하고 있다. 이는 두 기사가
서로 다른 자료 계통에 근거했음을 보여준다. 『삼국사기』 신라본기 혁거

세거서간조 혹은 그 저본은 6촌을 구성한 주체와 관련하여 둘 이상의 서로 다른 저본으로 구성하면서 전후 맥락을 충분히 고려하지 못한 셈이다.

이 중에서 진秦망명인설은 『삼국지』 진한조에서 진한의 구성원이 진秦망명인들이었다고 한 노인들의 전승을 토대로 했을 것이다. 진한인들의 일부가 이들에 의해 구성되었을 가능성은 인정될 수 있지만, 이들이 사로국을 세우고 마한과의 교섭을 주도했다고 보기는 어렵다. 이는 사로국의 건국세력을 구성한 한 측면을 그 전체인 것처럼 표현했다는 점에서 문제를 안고 있다. 반면 조선유민이 진한 지역으로 유입했다는 것은 시기적으로나 정황적으로나 별다른 오류를 담고 있지 않으며, 조선상朝鮮相 역계경歷谿卿이 동쪽의 진국辰國으로 갔다는 사례와도 모순되지 않는다. 진망명인설과 조선유민설은 각각 타당성을 가지고 있지만, 전체적으로 보면 후자가 실제에 가깝다고 볼 수 있다.

『삼국사기』 신라본기 혁거세 5년조에서는 알영정閼英井에서 알영閼英이 탄생하자마자 왕비가 되었다고 하여 시간성을 무시했다. 이는 혁거세 17년조에서 거서간과 왕비가 순행했다는 기사와는 부합하지만, 그 자체로는 문제를 안고 있다. 반면 『삼국유사』에서는 혁거세와 알영이 거의 같은 날 차례대로 탄생했고 두 인물이 모두 13세 되는 해에 각각 왕과 왕후가 되었다고 하였다. 이는 자체적으로는 문제가 없지만, 두 인물의 출생 시기가 지나친 우연을 전제로 하고 있어 신뢰도가 더 낮다고 생각된다. 이는 혁거세·알영의 탄생과 사로국의 성립을 합리적으로 설명하려 시도한 결과로 볼 수 있다.

혁거세의 탄생에서는 말과 나정·소벌공·대란大卵·동천東泉이 등장하는(A-③) 반면, 알영의 탄생에서는 노구老嫗와 알영정閼英井·용11)·계룡鷄龍·북천北川이 등장한다(B-⑦). 우물을 탄생의 매개로 내세운 점은 공통적이지만, 대부분의 요소들은 직접적인 연관성이 확인되지 않는다. 양쪽의 요소들이 상호 대칭성을 보이지도 않는다. 그렇다면 두 인물의 탄생에 나타나는 모순은 동일한 사료를 제작하는 과정보다 별도의 자료를 통합해 정리하는 과정에서 초래되었을 가능성이 크다. 그 모순은 신라본기나 저본의 작성자가 두 인물에 대한 기사를 고의적으로 조작해 넣은 결과이기보다 양쪽 자료를 모두 우호적으로 수용하려 시도한 결과일 것이다. 혁거세와 알영의 탄생에 대한 전승은 각각 독립적으로 전해지다가 신라본기 또는 그 저본에서 하나로 통합되었음을 알 수 있다.

혁거세가 탄생한 계기는 자료별로 서로 다르게 전한다. 『삼국유사』에서 이것은 6부의 시조가 알천에서 건국의 필요성을 논의한 결과였다(B-④). 문맥상으로 보면 이 과정에서 6부 시조가 했던 역할은 모두 동일하다. 반면 『삼국사기』에서 혁거세의 탄생은 고허촌장 소벌공蘇伐公이 나정蘿井에서 대란大卵을 발견한 결과였다(A-③). 고허촌장 소벌공을 내세운 동기는 명시되지 않았다. 예를 들면 고허촌을 계승한 사량부가 신라에서 주도적으로 역할을 한 시기에 이러한 전승이 생겨났을 가능성이 고려될 수 있다. 그런데 금석문에서 6부가 확인되는 6세기에는 탁부 즉 양부의 역할이 두드러진다. 김씨왕대인 내물마립간대 이후에도 박혁거세와의 관계에서 고허촌을 내세울 가능성은 희박해 보인다. 석씨왕 시기에도 이는 마찬가지로 적용될 수 있다. 하대의 박씨왕대인 신덕왕~경애왕 시기에 이러한 전승이 만들어졌을 가능성도 마찬가지이다. 신덕왕은 아달라의 원손遠孫이라 하여,[12] 직접적인 시조를 혁거세라고 내세우지 않았기 때문이다. 따라서 고허촌장을 혁거세의 탄생과 연결해 내세울 만한 동기도 희박했던 셈이다. 이상의 시기를 배제할 때, 혁거세와 소벌공을 연결한 기록은(A-③) 적어도 상대 박씨왕대의 마지막인 아달라대 이전의 전승에 토대를 두었을 것이다.[13]

반면 6부 시조가 건국의 필요성을 논의했다는 『삼국유사』의 기록은(B-④) 극히 유교적인 색채로 포장되었고, 후대 6부의 존재를 크게 중시하여 서술되었다. 더욱이 6촌장이 하늘로부터 특정한 산으로 하강했다는 점, 시조의 성씨와 이름이 명시된 점으로 보면, 혁거세의 탄생에서 6부 시조의 역할이 동등했다는 위 기술은 6부별 성씨와 시조명 그리고 시조의 '하강처'가 설정된 이후의 인식을 반영한다. 부별 성씨의 배정은 유리이사금 9년의 일로 전하지만, 6부의 성씨가 출현한 시기는 중고기 말부터 중대까지로 추정된다.14) 특히 6부별 시조의 설정과 탄강誕降은 6부의 지배세력이 성씨를 보편적으로 사용하면서도 각 부의 지배세력이 독자적인 성姓을 내세웠던 시기를 반영하고 있다. 이러한 인식은 6부에 대한 신라의 행정적 지배가 정상적으로 작동하던 하대까지는 생겨나지 않았을 것이다.15) 이 기사의 세주에서는 천복天福 5년(940) 6부명이 개정되었다고 했으니(B-①), 위와 같은 인식은 940년을 전후한 고려적 분위기에서 완성되었을 가능성이 크다. 혁거세의 탄생에서 6부의 시조가 동일한 역할을 했다는 기술은 이러한 시기의 인식을 전제로 했다고 생각된다. 이보다는 고허촌장의 역할을 중시한 『삼국사기』의 기술이 실제에 더 가까웠을 것이다. 사료 B-①~④는 이러한 전승을 바탕으로 고려 초기까지 변형을 거쳐 완성되었다고 볼 수 있다.

여기서 사로국의 성립 과정은 두 자료에서 모두 혁거세의 B.C. 69년 탄생과 B.C. 57년 즉위로 정리되었다. 그런데 『삼국사기』에서는 혁거세의 즉위 시기가 오봉五鳳 원년(B.C. 57) 4월 병진이라 하고서 같은 해 정월 15일로도 전해진다고 했다(A-①). 『삼국유사』의 세주에서는 혁거세의 출생 시기를 건호建虎 원년(A.D. 25) 혹은 건원建元 3년(B.C. 138) 등으로 전하는 고본古本을 소개했다(B-③). 『삼국유사』의 찬자는 이를 부정했으나, 혁거세의 건국에 대한 기사가 실제로는 B.C. 2세기 말~A.D. 1세기경의 상황을 정리했음을 보여준다.16) 이는 거서간의 출현과 재위가 위 사료의 정리보다 훨씬 복잡한 과정이었음을 시사한다.

혁거세는 거서간居西干이라 했는데, 진인辰人의 말로 왕을 가리킨다 하고서[辰言王] 이것이 귀인貴人에 대한 칭호라 하였다(A - ⑤). 이는 특정한 인물보다는 다수 지배자에 대한 일반명사적 칭호일 가능성을 보여준다. 혁거세는 알지거서간閼智居西干이라고도 불렸다고 하는데(B - ⑥), '알지'는 우리말로 소아小兒라는 의미를 담고 있어[17] 뒤에 거서간이 된 아기 정도로 볼 수도 있다. 그런데 알지는 초初·시始·시조를 의미하므로[18] 알지거서간은 최초의 거서간을 가리킬 여지가 있다. 또한 혁거세의 탄생부터 거서간이 왕자王者의 존칭이 되었다는 것은(B - ⑥) 한 개인을 지칭하기보다 복수의 代에 걸친 상황을 묘사한 것으로 보아야 자연스럽다. 『삼국유사』 왕력과 제2대 남해왕조에서 남해차차웅을 지칭한 '거서간'도 혁거세거서간과 함께 이사금대 이전 복수의 왕대를 포괄적으로 나타낸 사례이다. 그렇다면 『삼국사기』 혁거세거서간조는 사로국의 건국 이후 복수의 왕대를 시조 1대로 정리했다고 생각된다. 이를 인정할 수 있다면, 6촌장이 거서간을 추대했다는 기록은 건국의 배경이 되었던 장기간의 과정과 그 결과가 하나의 장면으로 집약된 것으로 볼 수 있다.

혁거세가 B.C. 57년 4월 병진(28일[19])부터 A.D. 4년 3월까지 연·월이 정확히 들어맞는 만60년 동안 재위했다는 것은 초기기사를 부정하는 근거의 하나로 이용되어 왔다. 그러나 이러한 재위 기록은 사로국의 연원을 인위적으로 끌어올리려는 목적보다는 전승이 불확실한 복수의 代를 합리적으로 정리하려는 시도의 결과로 볼 수 있다. 예를 들면 건국한 월·일이나 거서간의 어의에 대해 서로 다른 기록을 제시한 것은 저본들을 충실하게 반영하려는 시도를 보여준다.

금성의 위치에 대한 기술도 동일하지 않다. 『삼국사기』에서 거서간은 동 21년 경성京城에 금성金城을 축조하고[20] 동 26년 이곳에 궁실을 지어 거주했다고 한다.[21] 그 위치가 탈해 9년조에서는 시림始林(계림) 동쪽이라 하고[22] 지리지에서는 월성의 서북쪽이라 하여[23] 유사한 범위를 보여주고 있다. 그런데 혁거세거서간 21년조와 26년조의 금성이 탈해 9년조의 금성과 같은 위치를 가리키는지는 분명하지 않다. 『삼국유사』에서는 혁거세거서간의 궁실宮室이 고려시대의 창림사昌林寺가 있었던 남산 서록에 위치했다고 전하기 때문이다.[24] 이와 관련하여 『삼국사기』 혹은 『삼국유사』를 중시하는 방향에서 다양한 견해가 제출되었고, 금성이 왕도王都 전체를 가리키는 대명사라는 견해도 있다.[25] 이와 관련하여 혁거세의 탄생 과정을 중시하면 거서간기의 금성 위치는 남산 서록이었을 가능성이 크다.[26] 사로국의 탄생 이후 국읍의 위치가 이동했을 가능성을 고려하면 금성 위치에 대한 기록의 차이는 기술의 대상 시기가 다른 데 기인할 것이다. 해당 기사의 차이는 저본의 차이에서 발생했을 가능성이 크다.

이상을 고려하더라도 건국기사의 사실성 여부를 평가하는 것은 별개의 문제이다. 복수의 저본이 혁거세대 기사의 신뢰도를 전적으로 담보할 수는 없으며 비교자료가 충분하지 않기 때문이다. 다만 대외교섭 기사는 최소한의 비교가 가능할 것이다. 건국기사에서 사로국은 진한 지역의 대외교섭권을 대표하게 되었다는 방향으로 일관되게 기술되었다. 예를 들면 『삼국사기』 혁거세거서간대의 대외기사 중에서 진秦의 유민들이 사로국을 세웠다는 것은 사로국의 건국을 전체적으로 설명할 수 없지만, 보다 앞서 성장했던 마한이 한군현漢郡縣과의 교섭에서 진·변한에 대해 일정한 영향력을 행사했을 가능성은 배제할 수 없다. 마한과의 교섭을 주도했다는 호공瓠公은 탈해대까지 모습을 보여 정상적인 수명으로 납득할 수 없지만, 이 기간을 가계내의 계승으로 볼 여지가 있다.[27] 혁거세거서간 30년조 낙랑과의 마찰도 B.C. 108년 한군현의 설치나 동예 방면에 대한 통제를 전제로 하면 실제로 발생했을 가능성이 없지 않다. 혁거세대의 대외관계 기사 중 적어도 일부는 사로국이 진한 지역에 대한 대외교섭권을 확보하는 과정을 반영한다고 보아도 좋을 것이다.

　그러나 구체적으로 살펴보면 그대로 수용하기 어려운 측면도 있다. 혁거세 8년조에서 왜인倭人들이 갑자기 시조의 성덕聖德을 인정했다는 것은 사로국이 진한 지역의 주도세력으로 등장한 상황을 보여주는데, 여기에 이르는 과정은 생략되었다. 19년조 변한의 항복은 사로국이 최소한 진한 소국을 대표하여 낙동강 하구의 교역권을 장악한 이후의 상황을 반영할 것이다. 53년조 동옥저의 사신은 이 방면에 대한 낙랑군의 지배력이 떨어진 이후의 상황을 반영할 것이다. 이상의 대외교섭이 이루어지기까지 중간 과정이 기록상으로만 누락되었다고 볼 수도 있지만, 전체적으로 보면 사로국이 진한 지역의 대외교섭을 주도하기까지의 과정이 시조대에 집약 기술되었을 가능성이 크다. 혁거세거서간대 사로국의 대외관계 기사는 사실성을 인정할 수 있는 요소와 수용하기 어려운 요소가 복합된 셈이다.

　이상과 같이 건국기사를 비롯한 혁거세거서간대 기사들은 저본자료를 누층적으로 활용하였다. 그 결과 B.C. 2세기 말~A.D. 1세기에 걸친 거서간의 탄생과 재위 과정이 6촌장의 거서간 추대와 혁거세거서간 1대로 집약 정리되었다. 이를 통해 사로국의 성립과 대외교섭권의 확보, 6부에 대한 통치, 금성이라는 통치공간의 확보 등 거서간의 통치과정을 비교적 완결성 있게 서술하였다. 반면『삼국유사』신라시조 혁거세왕조는 고려 초까지 변화한 6부에 초점을 맞추어 평균적으로는 신뢰도가 떨어지지만, 건국과 관련한 저본 자료를 비교적 다양하게 활용하였다. 저본 자체의 불충분성과 기록 간의 차이로 인해 현존하는 건국기사는 원형을 반영하는 요소와 후대에 변형된 요소를 모두 담고 있다. 그렇다면 후자의 현상을 파악하여 전자를 드러냄으로써 사로국의 건국과 사로 6촌을 이해하는 전제조건으로 활용해야 할 것이다.

3. 간층의 세력기반과 사로 6촌

사로 6촌은 거서간을 추대했다고 전하지만, 사로국에서 차지한 세력의 비중이나 그 실체에 대해서는 충분히 해명되었다고 보기 어렵다. 그런데 사로국의 지배세력은 거서간 이하의 간층干層으로 구성되었다. 사로 6촌이 역사적 실체로서 존재했다면, 그 지배집단은 간층 내에 포함되었을 것이다. 그 안에서의 위상은 사로 6촌의 실체를 파악하는 수단으로 활용될 수 있다.

간干은 족장28) 혹은 군장·대인을 뜻한다.29) 간층은 부족장인 간干을 중심으로 그와 친연관계에 있거나 그의 통치에 협조하던 지배층을 가리킨다. 이는 개별 읍락과 국읍 단위의 지배집단을 모두 포괄한다. 그 중에서 어떠한 공간적 기반을 가지는가에 따라 사로 6촌의 실체는 크게 달라질 수 있다.

『삼국사기』는 시조 즉위조에서 6촌명을 기재했고, 유리이사금 9년조에서는 이를 바탕으로 바꾼 6부 이름을 간략히 정리했다. 『삼국유사』는 6촌과 6부에 대한 정보를 비교적 상세히 소개했다. 이상을 정리한 것이 <표 1>이고, 이에 대한 기존의 위치비정을 정리한 것이 <표 2>이다.

<표 2>의 진한 6촌설은 『삼국유사』에서 6촌의 범위로 언급한 '진한'을 변한과 상대되는 광의의 개념으로 파악하고 지명의 유사성을 근거로 해당 위치를 경상도 일대로 비정한 것이다. 그런데 사료 B)에서 진한이 언급되긴 했으나, 이것이 경주 이외 지역을 대상으로 했다고 보기는 어렵다. 6촌명과 경상도 각 지 지명 간의 유사성도 6촌과 경주 지역의 관계를 부정하기에는 충분하지 않다고 생각된다. 그렇다면 사로 6촌의 범위에 대해서는 경주분지설과 현 경주시설 중 어느 쪽이 타당한가가 관건이라 할 수 있다.

〈표 1〉『삼국사기』와 『삼국유사』의 6촌

촌명 (부명)	閼川楊山村 (及梁部)[梁部]	突山高墟村 (沙梁部)	觜山珍支村 [혹 干珍村] (本彼部)	茂山大樹村 (牟「漸」梁部)	金山加利村 (漢歧[祇]部)	明活山高耶村 (習比部)
위치	曇嚴寺 북쪽	·	황룡사 남쪽 味呑寺 남쪽 부근	·	栢栗寺 북쪽 금강산 일대	·
촌장 (姓)	閼平(李)	蘇伐都利 (鄭)[崔]	智伯虎 (崔)[鄭]	俱禮馬(孫)	祇沱(裵)	虎珍(薛)
촌장 탄강지	瓢嵓峰	兄山	花山	伊山(皆比山)	明活山	金剛山
천복5년 (940)	中興部	南山部 (太祖)	通仙部	長福部	加德部	臨川部
소속 부락	波潛, 東山, 彼上 등 東村	仇良伐, 麻等鳥, 道北, 廻德 등 南村	柴巴 등 동남촌 (황룡사 남 味呑寺 남쪽 옛터가 崔侯의 옛집)	朴谷村 등 서촌	上西知, 下西知, 乃兒 등 동촌	勿伊村, 仍仇彌村, 闕谷(葛谷) 등 동북촌

※ '[   ]'는 『삼국사기』의 표기이고, 나머지는 『삼국유사』에 따름.

〈표 2〉 6촌의 위치 비정

연구자	村(部)	閼川楊山村 (及梁部)	突山高墟村 (沙梁部)	觜山珍支村 (本彼部)	茂山大樹村 (牟梁部)	金山加利村 (漢歧部)	明活山高耶村(習比部)	출전
진한6촌설	末松保和	경주	상주	성주	?	?	?	1)
	金哲埈	경주	옥천-상주	비정 보류	청풍-예천	김천-성주	경주-영천	2)
	千寬宇	경주	옥천-상주	영해-울진	의성-예천	개령-성주	경산-영천	3)
	宣石悅	경주	상주-안동	울진	의성-예천	개령-성주	안강-영천	4)
경주분지설	藤島亥治郎	경주평야	남산서록 주변	낭산 남쪽	모량리	소금강산 서쪽	명활산성 주변	5)
	今西龍	邑城남쪽	남천상류	남천하류	모량천	?	兄江하류	6)
	李丙燾	남천이남~남산서북	남천 北, 서천 南, 궁성 西	인왕동	효현리	소금강산 주변	보문리~낭산	7)
	李鍾恒	서악리	남산-경주평야	명활산~보문리	금척리	?	소금강산 下	8)
	李基東	남산 서북	서천 東의 남천 이북	낭산 서쪽	서천 以西의 선도산 以東	소금강산 서남	명활산 서남	9)
	金元龍	南山北西麓~月城	西岳 일대	인왕동	모량·금척리	소금강산	보문동	10)

연구자＼村(部)	閼川楊山村 (及梁部)	突山高墟村 (沙梁部)	觜山珍支村 (本彼部)	茂山大樹村 (牟梁部)	金山加利村 (漢歧部)	明活山高耶村(習比部)	출전
金貞培	蘿井,南山, 曇嚴寺방면	효현동~ 昌林寺 址	낭산 일대	모량천, 모량리	?	?	11)
전덕재	월성~ 인왕동	인왕동~ 남산	인왕동 동남	선도산~ 금척리	인왕동 東	인왕동 동북	12)
이부오	월성 인근의 남천 일대	나정일대~ 남산 산록부	낭산 일대	모량리~ 형산강 이서	소금강산 일대	명활산 인근	13)
박홍국 외	경주선상지 대부분	남산 서북록 일대	형제봉 남조양동 주변	학성 남쪽	북천 북 황성동~ 헌덕왕릉	명활산 서~ 분황사· 신문왕릉	14)
현경주시설 三品彰英	경주읍동반부~ 내남면 북반부	울산방면 3·4리	치술령· 모화리방면	모량리, 박곡리	북천상류~ 동해안~ 하서리	영일방면	15)
현경주시설 李鍾旭	월성 부근	오릉~ 산내면	월성東南 ~ 외동읍	월성以西~ 서면	월성以東~ 양북면·오천읍 경계	월성以北 ~ 견곡·천북면	16)
현경주시설 권오영	·	·	조양동~ 입실리	사라리	황성동	·	17)
현경주시설 이형우	남산북록의 남천유역	사정동	남천상류 ~ 황룡사	모량,건천, 효현동	북천~ 천북면	보문동	18)
현경주시설 이인철	남천~경덕왕릉 일대	반월성서~ 현곡면	낭산 남~ 외동읍	건천읍 일대	북천~ 안강읍남부	천군동~ 천북면	19)

* 이 표의 일부는 필자의 2000 앞글 <표 2>를 참조하였다.

1) 末松保和, 앞의 책, 305쪽.

2) 金哲埈,「新羅 上代社會의 Dual Organization」(上)『歷史學報』1, 1952, 4
   4~46쪽.

3) 千寬宇,「三韓의 國家形成」(上)『韓國學報』2, 1976, 23~24쪽.

4) 宣石悅,『"三國史記" 新羅本紀 初期記錄 問題와 新羅國家의 成立』, 부산
   대 박사학위논문, 1996, 94~95쪽.

5) 藤島亥治郎,「朝鮮建築史論」(其一)『建築雜誌』, 1930, 16~17쪽.

6) 今西龍, 앞의 책, 1933, 5쪽.

7) 이병도, 앞의 책, 1976, 601~603쪽.

8) 李鍾恒, 앞의 논문, 1969, 45~46쪽. 단 건국이후 6부는 현 경주시로 확대되었
   다고 한다(앞의 논문, 41쪽).

9) 李基東,『新羅骨品制社會와 花郎徒』, 일조각, 1984, 194쪽.

10) 金元龍, 앞의 논문, 1976.

11) 金貞培,『韓國古代의 國家起源과 形成』, 高麗大出版部, 1986, 324~327쪽.

12) 全德在, 앞의 논문, 1995, 16쪽.

13) 이부오, 앞의 논문, 2000, 185~186쪽.

14) 朴洪國 외,「斯盧 6村의 위치에 대한 試論」『新羅文化』21, 2003, 129~
    130쪽.

15) 三品彰英,『三國遺事考證』(上), 塙書房, 1975, 416~453쪽.

16) 李鍾旭, 앞의 책, 1982, 23~24쪽.

17) 權五榮,「斯盧六村의 위치문제와 首長의 성격」『新羅文化』14, 1997, 2~3쪽.

18) 李炯佑,『신라초기국가성장사연구』, 영남대출판부, 2000, 50~51쪽.

19) 李仁哲,「斯盧 6村의 형성과 발전」『震檀學報』93, 2002, 6~10쪽.

경주분지설은『삼국유사』신라시조 혁거세왕조의 위치비정에 주된 근
거를 두고 있다. 여기서 알천 양산촌은 담엄사(오릉 인근) 북쪽이라 했다.
양산楊山은 남산을 가리키며,『삼국사기』탈해이사금 즉위조에서는 월성
과 인접한 것으로 나온다. 이에 양산촌은 남산과 가까운 남천 일대를 포
함할 것이다. 알천은 북천에 해당하며, 양산촌을 이은 급량부는 후대에
소사小祀인 부정제部庭祭가 이루어진 곳이므로[30] 왕경의 중심부를 포함했
을 것이다. 이러한 조건을 만족시키는 알천 양산촌은 월성 인근과 남천
일대로 생각된다. 돌산 고허촌은 양산 기슭의 나정 주변으로 전해지므로

(A-③) 나정 일대로부터 남산 산록부까지로 볼 수 있다. 자산 진지촌은 황룡사 남쪽이라 하므로 낭산 일대에 해당한다. 무산 대수촌은 모량리 일대라는 데 견해가 일치되어 있다. 다만 진성여왕의 화장한 뼈를 뿌렸다는 장소로서 모량牟梁 서악西岳이 보이므로31) 무산 대수촌은 형산강 이서의 서악산 일대를 포함했을 것이다. 금산 가리촌은 백률사 북쪽 금강산 일대라 했으니 소금강산 일대에 해당한다. 명활산 고야촌은 촌장이 탄강했다는 금강산보다는 촌명 자체를 중시해 명활산 주변으로 볼 수 있다. 이상의 공간은 경주분지와 거의 일치한다.

현 경주시설은 천복 5년(940) 6부의 이름을 바꾼 뒤 여기에 소속된 부락에 근거를 두고 있다. 알천 양산촌과 연관된 동촌東村의 동산東山은 『경상도속찬지리지』(1469) 경주부조에서 동산동東山洞으로 확인되며, 『동경잡기』에서는 경주부 북쪽 35리라 했다. 이곳은 경주시 천북면 동산리東山里 일대로서, 경주분지에 접한 소금강산의 동북쪽으로 꽤 떨어져 있다. 돌산고허촌에 연원을 둔 구량벌仇良伐은 『동경잡기』에서는 구량화촌仇良火村으로서 경주부 남쪽 8리에 있다했고, 현재의 울산광역시 두서면 구량리로 추정된다. 마등오麻等烏는 고을 남쪽에 위치하며 그 남쪽으로 흐르는 천川이 있다고 했으니,32) 구량벌과 방향이 유사했던 셈이다. 금산 가리촌과 연관된 동촌東村의 상서지上西知·하서지下西知는 동해안의 경주시 양남면 하서 일대로 추정되고 있다. 같은 동촌의 내아乃兒는 『경상도속찬지리지』 경주부조에 등장하는 잉아촌仍兒村과 명칭이 유사하고, 『동경잡기』 각동各同조에서 장기현·이견대에 이어 언급된 내아리乃兒里를 고려하면 하서 북쪽의 나아리 일대일 것이다. 명활산고야촌에 속한 동북촌의 갈곡葛谷은 『경상도속찬지리지』 경주부조에서 촌명으로 등장하며, 『동경잡기』에서는 경주부 북쪽 30리라 하여33) 천북면 갈곡리로 추정된다(이상 <그림 1>).

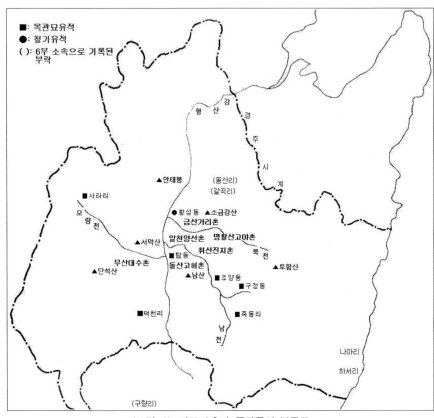

〈그림 1〉 사로 6촌과 목관묘의 분포도

이처럼 6부의 소속 부락은 현 경주시의 외곽까지 포함했다고 전한다. 경주분지 중심으로부터 해당 범위로의 방향은 6촌의 근거지와 어긋난 경우도 보이는데, 촌장의 탄강지라는 산과는 대체로 방향이 일치하고 있다.

이는 각 부의 소속부락이 사로 6촌의 성립 당시보다 부별部別 성씨가 설정된 이후의 상황에 초점을 두어 정리되었음을 보여준다. 부별 성씨의 조상을 언급한 곳에서 천복 5년 6부의 개명이 세주로 소개된 점으로 보아(B-①) 6부에 해당 부락을 소속시킨 시기의 하한도 이와 무관하지 않다. 여기서 신라 6부가 운영된 시기에 이들 부락이 부별로 소속되었을 가능성도 고려될 수 있다. 그러나 중고기 금석문이나 하대까지의 『삼국사기』·『삼국유사』 기사에서는 동일한 촌리명이 확인되지 않는다.

여기서 신라 왕경 주변의 군·현 분포는 6부나 6촌의 외연을 추정하는 데 참고가 될 수 있다. 신라 시기에 경주의 북쪽으로는 막야정(천북면)과 기립현(장기읍)이, 서쪽으로는 북기정(현곡면)과 상성군이(서형산군)이, 남쪽으로는 남기정(남산)이, 동쪽으로는 대성군(명활산성)과 동기정(동방동)이 설치되어 있었다. 통일신라기에는 왕경의 중요성 때문에 경주 인근에 치소가 밀집해 있었던 것이다. 그런데 940년 경주에 대도독부가 설치되면서 그 주변의 치소들은 대거 경주에 합속되었다. 그 결과 경주는 장기현, 연일현, 안강현, 임천현(영천), 헌양현[언양], 울주현 등과 접하였다. 이들과의 경계는 오늘날의 경주시[34]<그림 1> 및 <표 1>의 6부 소속 부락 범위와 거의 일치한다. <표 1>의 소속 부락 범위는 경주대도독부가 설치된 고려 초의 경주에[35] 가깝다. 따라서 6부의 '소속 부락'을 사로 6촌의 범위와 동일시할 수 없다.[36]

그런데 신라의 왕도는 35리 6부로 구성되었으며, 길이가 3,075보이고 너비가 3,018보였다. 월성의 둘레가 1,023보였던 점과 비교하면,[37] 신라 6부는 현 경주시보다 경주분지 일대를 중심으로 했다고 보아야 옳다. 건천읍 일대의 무산대수촌을 제외하면, 이 범위는 6촌에 대한 『삼국유사』의 위치비정과 대체로 일치한다. 결국 사로 6촌의 실제 범위는 현 경주시보다 경주분지설이 더 타당하다고 볼 수 있다<그림 1>.

이 경우 각 촌의 근거지는 직경이 2~3km 내외에 불과하다. 이 정도의 공간은 다수 읍락을 포괄하는 정치체보다는 소읍락에 가깝다. 또한 이들 사이에는 완충 역할을 할 수 있는 지형적 경계도 부족한 편이다.

이러한 공간은 정치적 지배와 군사적 방어, 그리고 생산·유통을 독자적으로 운영하는 단위정치체가 형성되기에 곤란한 조건이다. 따라서 사로 6촌이 각각 자치적 기반을 유지했다고 보기는 어렵다.

사로국의 바탕이 되었던 읍락집단과 관련하여 주목된 세력은 B.C. 6~B.C. 2세기의 지석묘 집단들이다. 경주 지역의 고인돌 군집 중 A원圓은 강동면 남서부·천북면 서북부·안강읍 동남부에, B원은 경주시내 일원에, C원은 경주시 서단·건천읍·서면 일대에, D원은 경주시 동남방, 외동읍 일대에, E원은 내남면 남부의 형산강 양안에 분포한다.[38] 고인돌의 개별 군집은 대체로 하천과 함께 독립적 분지를 끼고 있어 읍락세력이 단위정치체로 성장하기에 적절한 지형적 조건을 갖추고 있다. 사로국을 구성한 정치체들은 경주분지뿐만 아니라 그 외부의 고인돌 군집 지역에도 기반을 두었다고 생각된다. 그 중에서도 사로 6촌이 반영하는 경주분지는 중심 공간을 이루었다고 볼 수 있다. 이 범위에서도 다수의 소읍락이 분포했을 것이다. 사로 6촌은 각각 이러한 소읍락을 토대로 형성되었다고 볼 수 있다.

그런데 6촌장은 건국을 논의할 때 각 성씨의 시조로서 자제들을 이끌었다고 한다(B-①, ④). 이는 6촌장으로 표현된 세력이 가계집단에 근거했음을 보여준다. 다만 돌산 고허촌, 알천 양산촌 등지에서 다수의 가계집단이 확인되는 점으로 보아 6촌장 세력은 해당 촌의 다수 집단 중에서 우세한 가계집단의 대표자였다고 생각된다.

사로 6촌은 예부터 진한 땅에 있었다고도 하고(사료 B) 조선유민으로 구성되었다고도 한다(A-②). 전자는 사로국 건국 이전부터 존재했던 토착세력과 유이민세력을 포괄할 것이며, 후자는 고조선 멸망 이후 유입한 세력들을 가리킨다. 사로국의 건국에서 조선유민이 주도적 역할을 한 점과 비교할 때, 사로 6촌은 경주분지 일대에 새롭게 정착한 조선유민을 중심으로 기존 토착세력까지 포함한 세력으로 볼 수 있다.

이 중에서 고허촌에서 탄생했다는 혁거세는 유이민 세력으로서 사로국의 간층을 대표했다. 필자의 견해처럼『삼국사기』신라본기의 혁거세 거서간대가 B.C. 2세기 말~A.D. 1세기를 반영한다면, 혁거세는 한 개인이 아니라 조선유민 중의 최고 간층으로 성장한 지배집단을 함축적으로 나타낼 것이다. 사량리에서 탄생했다는 알영은 우물 곁에서 탄생한 점 때문에 토착 선주세력인 지신족地神族으로 추정된 바 있다.39) 그런데 혁거세도 나정蘿井 곁에서 탄생했고, 알영은 노구老嫗에 의해 거두어졌다는 점에서 아진포구의 노모老母에 의해 거두어진 탈해와 공통된다. 알영과 연결된 닭은 혁거세의 탄생을 불러온 말보다 토착적 요소가 있지만, 알영의 탄생을 초래한 용이나40) 계룡도(B - ⑦) 외래적 요소가 강하다. 또한 건국기사에서 유이민 - 토착세력의 대응은 이미 혁거세 - 소벌공 사이에 이루어졌고, 알영은 이후에 별도로 등장한다. 이는 기존 유이민 세력 외에 새로운 유이민의 등장으로 볼 수 있다는 점에서 알영도 유이민 세력일 가능성이 크다.41) 월성 일대에 정착해 있었던 호공瓠公도42) 거서간의 통치에 참여했다고 하므로 건국세력과 무관하지 않을 것이다. 호공은 왜로부터 들어왔다고 하므로, 경주 일대에 정착한 세력이 서북한 지역을 포함해 다양한 지역에서 유입했음을 알 수 있다.

반면 알영을 거두었다는 노구는 아진포구의 노모, 즉 아진의선阿珍義先과 비교하면 토착세력으로 볼 수 있다. 혁거세를 거두었다는 고허촌장 소벌공蘇伐公은 6촌장의 하나로 등장하는데, 유이민의 최고 지배집단과 대응한다는 점에서 토착세력을 대표하는 세력이었을 가능성이 크다. 소벌은 사로국을 지칭했던 서야벌徐耶伐과43) 이름이 유사하다는 점에서 경주 지역을 대표하던 기능과 무관하지 않을 것이다. 공公은 간干의 한역漢譯이다. 소벌공蘇伐公은 서야벌 즉 서벌徐伐 지역 최고의 간위자干位者로

서[44] 6촌의 제정祭政을 주관한 수장首長이었다.[45] 따라서 소벌공은 경주분지의 간층을 통솔하던 세력을 상징한다고 볼 수 있다.

그런데 알천 회의에서는 거서간의 추대와 건국이라는 문제를 놓고 6촌장이 공동으로 협의했다고 전한다(B-④). 이로 보면 소벌공은 5촌장에 대해 절대적인 지배력을 행사했다기보다 간층의 공동사안에 대한 주도권 정도를 행사했을 것이다. 경주분지를 넘어선 세력들은 소벌공과 별다른 관계를 보여주지 않는다. 소벌공의 주도권은 대체로 경주분지에 한정되었음을 알 수 있다. 소벌공은 고허촌을 기반으로 사로 6촌 범위의 소읍락 연합체를 이끌었다고 볼 수 있다. 사로 6촌이 각각 다수 가계집단으로 구성된 소읍락이었다면, 소벌연합체蘇伐聯合體는 경주분지 내에서 공동사안을 기반으로 일종의 단위정치체를 이룬 셈이다. 이를 통해 소벌공 집단은 경주 분지의 토착세력 중에서도 상위 간층으로 성장했다. 반면 소벌공 외의 촌장은 건국 과정에서 역할이 두드러지지 않은 점으로 보아 대체로 중하위 간층에 머물렀다고 생각된다.

경주분지의 외부에서는 아진포구의 아진의선阿珍義先이 주목된다. 그녀는 경주분지와 단절된 동해안에 근거했고 탈해의 출현과 관련하여 제천의례를 행한 점으로[46] 보아 이 일대를 지배하던 단위정치체의 간층으로 볼 수 있다. 또한 탈해를 거뒀다는 점에서 이 집단은 토착세력으로 파악된다.

그런데 서북한 지역의 영향을 받은 B.C. 1세기경의 유물은 경주 동남부의 입실리, 조양동, 탑리, 죽동리 등지에서 조사되었다(<그림 1> 및 Ⅳ장 <표 3>). 이는 경주분지 외부에서도 유이민 세력이 광범위하게 정착했음을 보여준다. 다만 사료상으로 보면 경주분지의 외부에서는 기존 읍락에 기반을 둔 토착 간층의 세력 비중이 상대적으로 컸음을 알 수 있다.

이처럼 사로국이 성립하기 이전 경주분지와 그 외부에서는 토착세력과 유이민으로 구성된 세력이 공존하면서 간층으로 성장하고 있었다. 경주분지의 외부에서는 고인돌 군집을 계승하여 자치적 기반을 유지한 읍락邑落 간층의 비중이 상대적으로 컸다. 경주분지에서는 조선유민으로 구성된 유이민 집단이 상위 간층으로 성장하고 있었다. 소벌공처럼 소벌연합체를 이끌던 토착세력도 상위 간층을 형성했다. 반면 나머지 촌장으로 기록된 세력들은 대체로 중하위 간층을 이루었다. 결국 건국기사의 사로 6촌은 경주분지 소읍락들의 유력 집단 중에서 소벌연합체를 무대로 성장한 일부 상위 간층과 중하위 간층을 가리키며, 유이민과 토착세력을 모두 포함했던 것이다.

4. 거서간의 출현과 간층의 동향

경주분지와 그 외곽에서 간층이 성장하고 있었다면, 거서간의 출현은 이들의 세력기반과 입장에 초래된 변화와 무관하지 않을 것이다. 본장에서는 이들의 동향을 중심으로 6촌장이 거서간을 추대했다는 기사의 의미를 밝혀보려 한다.

거서간은 앞서 언급한 것처럼 왕王 내지 귀인貴人을 가리킨다고 했다. 이는 공식적 왕호이기보다 거서간의 위상이 다른 간층보다 우월함을 나타낸 표현일 것이다. 그 위상에 대해서는 제정祭政 미분화시대의 부족국가 군장이라는 견해가 있다.[47] 남해차차웅이 제사장의 성격을 띠었다는 점으로 보면 이는 타당한 지적이지만, 거서간의 위상을 충분히 담아냈다고 보기는 어렵다. 그런데 거서居西는 주主~상上을 의미하므로[48] 거서간은 사로국을 대표하는 최고의 간을 가리킨다. 그렇다면 경주분지와 외곽지역에 분산되어 있던 간층이 거서간을 중심으로 새로운 지배질서를 만든 계기가 무엇에 있었는지 주목된다.

거서간의 탄생은 고허촌장 소벌공의 우연한 발견으로 이루어졌다고 하는데, 이는 그 추대 과정에서 소벌공 집단의 역할이 컸음을 반영한다. 그 계기는 혁거세의 출생이 신비하고 기이한 데 있었다고 전한다(A−④). 이는 사로국의 탄생을 전제로 거서간의 출현이 필연적 귀결이었다는 관점을 정리한 것으로 보인다. 이와 달리 '임금이 없어 백성들이 방자하고 제멋대로 하는 대로 따른' 데 대응하려는 목적이 있었다고도 전한다(B−④). 이것도 유사한 관점을 보여주지만, 간층 사이에서 새로운 지배질서의 필요성이 대두되었을 가능성을 시사하고 있다. 그렇다면 경주분지에서 소벌공을 중심으로 단위정치체를 구성한 사로 6촌 사이에 어떠한 변화의 계기가 생겼는지 주목된다.

진한 12국은 점진적인 과정을 통해 성립되었다. 처음에 6국이었다가 차츰 12국으로 나뉘어진 사실이[49] 이를 말해준다. 그렇다면 간층의 대표자가 출현할 필요성은 경주뿐만 아니라 여러 지역에서 조성되어 있었다고 생각된다. 사로국의 성립은 진한 지역에서 비교적 이른 시기에 이루어졌다고 추정될 뿐이다. 뒤집어 보면 간층이 거서간을 추대한 배경은 경주 지역의 특수한 문제보다 이들 세력 사이의 보편적 과제를 해결하는 데 있었을 가능성이 크다.

사료 A·B에서 6촌장은 모두 거서간 추대의 필요성을 안고 있었다. 그 주도세력은 필자의 검토로 보면 경주분지의 간층이었다. 이를 통해 제어하려 했다는 '방자한 백성'은 건국을 주도하지 않은 세력 내지 경주 외곽의 세력, 그리고 일반민들로 볼 수 있다. 거서간의 추대는 이들을 효과적으로 통제하기 위한 시도였을 것이다.

이를 주도한 대표적 세력은 위 소벌공 집단이었다. 알영을 거둬 키웠다는 노구도 토착세력에서 성장한 간층으로서 거서간의 추대에 참여했

다. 사로 6촌의 대부분을 차지한 중하위 간층은 이에 협조한 것으로 보인
다. 결국 거서간의 출현은 혁거세와 알영, 호공 등으로 상징되는 우세한
유이민 집단과 토착세력인 소벌공 집단 등이 주도하여 이루어졌다. 이는
토착세력 간층과 유이민 간층 사이에 이루어진 타협의 결과이기도 했다.
건국기사에서 소벌공이 혁거세의 탄생을 발견했다는 설정은 이러한 상
황을 집약해 상징화한 것으로 볼 수 있다.

그 계기는 일차적으로 유이민의 증가에서 찾아질 수 있다. 조선상朝鮮
相 역계경歷谿卿이 우거왕右渠王에 반발해 동쪽의 진국辰國으로 이주했을
때 2천여 호가 함께 따랐다는『위략魏略』의 언급처럼,50) 조선유민의 경
우도 서북한 지역의 지배세력이 다수의 민民을 동반한 경우가 많았을 것
이다. 이들이 경주 일대에 정착함에 따라 경주분지와 외곽의 소분지에서
는 상호 이해관계를 조절하고 세력의 안정을 도모할 필요성이 증가했다.
서북한 지역에서의 정치적 경험과 이들이 보유한 군사적 기반은 유이민
세력의 결속을 확대하고 경주 지역 간층 사이의 경쟁에서 우위를 확보하
는 기반으로 작용했다. 토착 간층이 유이민 세력의 우위를 인정하고 타
협하는 과정에서 간층 사이의 관계를 안정시키는 것이 거서간 추대의 일
차적 목적이었을 것이다.

거서간의 추대를 주도한 세력은 남산 서록~월성 일대에 근거지를 두
었으므로, 사로국이 탄생하는 과정에서 이 지역이 중심지 기능을 수행했
음을 알 수 있다. 반면 경주분지 외곽의 간층은 거서간의 추대 과정에서
별다른 역할을 보이지 않았다. 이는 사로국의 성립에서 그들의 역할이
상대적으로 적었을 가능성을 보여주지만, 경주분지에서 소국의 탄생이
그 외곽지역 세력의 동향과 무관했을 리는 없다. 예를 들면 아진포구 일
대에서 자치적 기반을 유지했던 아진의선阿珍義先은 혁거세의 해척지모海
尺之母였다는 점에서 시사되듯이 거서간과 협조관계에 있었다51). 탈해의

출현시에 아진의선이 했던 제의기능을 혁거세의 제관적祭官的 직능으로 보거나[52] 바다 관련 직책으로 볼 수도 있지만,[53] 이는 경주분지 외곽의 간층이 자치권을 유지한 채 거서간의 통치에 협조한 사례로 볼 수 있다.

여기서 기원전후의 경주 지역에 조성된 목관묘는 거서간의 출현과 관련하여 경주분지 내·외에서 간층의 동향을 파악하는 데 도움을 줄 수 있다. 우선 B.C. 1세기부터 A.D. 2세기 초까지 경주지역에 조성된 목관묘들을 정리하면 <표 3> 및 Ⅲ장의 <그림 1>과 같다. 이에 따르면 B.C. 1세기경 경주 지역에서 철기와 청동위세품을 부장한 목관묘는 거의 남천의 상류인 조양동~죽동리 일대에 단독묘 형태로 조사되었다. 그러나 경주 지역 전체로 보면 체계적인 조사의 비중이 낮아 당시의 간층이 이 방면에서만 거주했다고 단정할 수 없다. 조선유민이 산곡지간에 정착했다는 기록처럼 목관묘를 조성한 간층은 경주분지와 그 외곽에 분산되었다고 보아도 좋을 것이다.

〈표 3〉 기원전후 경주지역 목관묘의 청동기·철기

시기	묘곽	鐵斧			鐵鎌	따비	刀子	鐵鑿	鏡		鐵劍	鐵鉾	鐵鏃	銅劍	銅鉾	銅戈	기타	근거
		板狀	鑄造	鍛造					漢鏡	방제경								
기원전1세기	입실리	1								1				7	2	1	거여구, 세문경, 마탁	1)
	조양동5	1	2		1				1	2						1	동탁2, 다뉴경, 漆丸棒, 환두도자	2)
	탑리																轡	3)
	죽동리													1	1	1	竿頭鈴, 소동탁 등	4)
기원전후~2세기기초	황성Ⅰ-다-1				1		1										철겸(?), 철편, 철괴	5)
	황성Ⅰ-다-8																철기 無	5)
	황성Ⅰ-다-9		1		1		1						1				철괴	5)
	황성Ⅰ-다-11			2													숫돌, 철판, 철괴, 구슬철괴, 모루돌	5)

시기	묘곽	鐵斧			鐵鎌	따비	刀子	鐵鑿	鏡		鐵劍	鐵鉾	鐵鏃	銅劍	銅鉾	銅戈	기타	근거
		板狀	鑄造	鍛造					漢鏡	방제경								
황성Ⅰ-다-12													1				환두도자, 숫돌	5)
황성Ⅰ-다-15																	철기 無	5)
황성Ⅰ-다-16																	철기 無	5)
조양동11	1	5		1		1							2				철사, 궐수형철기편	2)
조양동23			1	1														2)
조양동28		1	1	1		1				1							철사	2)
조양동31			1	1	1													2)
조양동35			1	1														2)
조양동38	8	2	2	1		2	1	4		1							이형철기, 철사, 청동검파두식	2)
조양동52	1		2	2		1							1		1		철사, 철부	2)
조양동58		1	1										1				숫돌	2)
조양동60	8		2			1							1	5	5		재갈, 마형대구, 청동검파, 철사	2)
구정동	多		2	1									1	2	4	3	鍬形鐵器, 동탁, 철부	6)
덕천리124																	마형대구	7)
덕천리130	1		1	1		1					1	1	4				환두도자, 不名철기	7)
덕천리131																	철기 無	7)
덕천리135																	不名철기	7)
사라리78		*																8)
사라리110		*	*	*														8)
사라리130	70	4		3		1							24	1			세형동검2, 小刀4,청동팔찌12점, 청동가락지17, 호형대구2,방제경4,銅泡9,靑銅釧, 鐵鍑, 鑣轡3, 8자형銅器,	9)
탑동21-3·4번지											3	6	1				궐수형철기[재갈?], 철복[추정]1	10)

*이 표의 일부는 이부오, 앞의 논문, 2000 <표 1>을 이용함.

* 이 표의 시기구분에 대해서는 아래 참고문헌과 최종규, 『三韓考古學硏究』, 서경문화사, 1995 ; 鄭仁盛, 「낙동강 유역권의 細形銅劍文化」『嶺南考古學』

22, 1998 ; 이청규,「영남지방 청동기문화의 전개」『嶺南考古學』21, 1997 참조함.

1) 朝鮮總督府,「南朝鮮に於ける漢代の遺蹟」『大正11年度古蹟調查報告』第二冊.

2) 최종규, 앞의 책, 1995, 212～214쪽 ; 국립경주박물관,『경주 조양동 유적』Ⅱ, 2003, 53～61쪽.

3) 朝鮮總督府, 앞의 책, 79～82쪽.

4) 國立中央博物館·國立光州博物館,『韓國의 靑銅器文化』, 1992, 49쪽.

5) 隍城洞遺蹟發掘調查團,「慶州 隍城洞 遺蹟 第1次 發掘調查槪報」『嶺南考古學』8, 1991 ; 계명대학교박물관,『慶州 隍城洞 遺蹟』Ⅴ, 2000, 58～59쪽.

6) 金元龍,「경주 구정리출토 금석병용기 유물에 대하여」『역사학보』1, 1952 ; 國立中央博物館·國立光州博物館, 앞의 책, 1992, 52쪽 ; 최종규, 앞의 책, 1995, 137～139쪽.

7) 영남문화재연구원,『경주 덕천리유적』Ⅱ, 2008.

8) 이주헌,「경주지역 목관·목곽묘와 사로국」『사로국시기의 경주 무덤과 지역집단』, 한국상고사학회, 2006.9, 55～56쪽.

9) 박승규,「경주 사라리유적 130호묘에 대하여」『신라문화』14, 1997. 1～13쪽 ; 하진호,「경주 사라리 130호묘에 대한 고찰」『사로국시기의 경주 무덤과 지역집단』, 한국상고사학회, 2006.9, 19쪽.

10) 한국문화재보호재단,『경주 탑동 21-3·4번지 단독주택신축부지내 유적 소규모 발굴조사 - 지도위원회자료 - 』, 2010.5.18

기원 전후가 되면 조양동 유적에서 목관묘들이 동편의 산기슭 쪽으로 올라가면서 조성되었다.[54] 그 중에서도 서력기원 전후의 조양동 38호가 한경漢鏡 4점 외에 비교적 많은 철기를 부장했다. 가까운 시기의 묘들은 비슷한 간격을 두고 조성되었으며, 조양동 60호로 대표되는 2세기 초의 목관묘들은 그 동쪽으로 군집해 있다. B.C. 1세기부터 A.D. 2세기 초까지 조양동 집단은 이 일대에 근거를 두고 비교적 우세한 세력을 유지했음을 알 수 있다.

내남면 덕천리의 130호·131호·135호에서는 조양동 38호 것처럼 구연

부에서 동최대경胴最大徑으로 흐르는 선이 직선적이지만 동최대경에서 비교적 둥근 느낌으로 꺾인 주머니호가 조사되었는데, 조사 범위가 한정된 점으로 보아 덕천리 집단의 거주시기도 기원전후에 국한되지는 않았을 것이다. 다만 철기와 위세품의 출토가 미미한 점으로 보아 조양동 집단에 비해 세력이 약했다고 볼 수 있다.

사라리에서는 2세기 초경의 130호 목관묘가 철기와 위세품에서 압도적인 우위를 보이면서 일반 군집묘를 거느리고 있다. 이 때문에 사라리 130호의 주인공은 모량부의 지배자55) 내지 중심읍락의 간干56) 혹은 경주지역 집단의 최고지배자,57) 혁거세 집단,58) 사로斯盧 서북권역의 최고지배자,59) 삼한三韓의 왕묘왕묘王墓王墓 등으로 해석되었다.60) 그런데 이를 계승한 사라리 집단은 그에 걸맞는 세력을 보이지 않으며, 이들의 선대는 어느 정도의 세력을 이루었는지 확인할 길이 없다. 이 점과 건국기 사를 고려하면 사라리 집단은 경주분지 외곽의 우세한 간층으로 보아야 할 것이다.

경주 분지에서는 탑동 21－3·4번지 목관묘에서 철모 3점, 철촉 6점, 동검 1점 외에 재갈의 일부로 추정되는 궐수형철기와 철복이 조사되었다. 목관묘의 조성 시기는 조합식우각형파수부호와 주머니호의 형태를 통해 사라리 130호와 동일하게 추정되었다.61) 철복이나 재갈을 보유한 점으로 보아 그 주인공 집단은 대체로 2세기 초 이전부터 인근의 오릉·천관사 일대를 무대로 적지 않은 세력을 이루었다고 추정되지만, 조사면적이 매우 협소하여 구체적인 상황까지 파악하는 데에는 한계가 있다.

이상과 같은 목관묘의 분포는 사로국 건국의 주도세력이 남산 서록 일대에 근거했다는 사료상의 검토와 큰 차이를 보인다. 특히 3세기까지 경주분지에서 우월한 목관묘와 목곽묘가 확인되지 않아 고고학적으로는 조양동~구정동 일대의 목관묘와 목곽묘가 주목되어 왔다.62) 목관묘 단계인 기원전후의 경주 지역은 읍락사회를 벗어나지 못한 것으로 이해되었다.[63] 그러나 목관묘와 목곽묘는 원래 봉분이 두드러지지 않고 경주분지가 오랜 기간 왕경이었던 점을 고려하면, 지금까지 조사된 유적의 현상만으로 사로국의 중심세력을 판단하는 것은 설득력이 충분하지 않다. 목관묘 자료가 경주분지에서 두드러지지 않고 각 분지에 분산적으로 조사되었지만, 그 주인공 집단이 상호 고립적으로 존재했는지의 여부는 현재로서는 문헌자료와의 비교를 통해 파악되어야 할 것이다. 전체적으로 보면 B.C. 1세기~A.D. 1세기에 경주의 각 읍락에서 간층은 지속적으로 세력을 유지하면서도 세력에 따라 부침이 적지 않았음을 확인할 수 있다. 또한 목관묘 군들이 경주분지를 가운데 두고서 분포하는 것은 남산 서록 일대가 사로국 건국의 중심지로 전하는 점과 어긋나지 않는다.

이와 관련하여 황성동 집단의 역할이 주목된다. 황성동유적의 Ⅰ지구에서는 철괴, 숫돌 등의 출토로 보아 철기 제작과 관련되었을 것으로 추정되는 주거지들이 조사되었다. 이 중에서 황성동Ⅰ-다-1호·8호·12호·15호에서는 조양동 38호와 유사한 주머니호가 출토되어 적어도 기원전후부터 이 일대에서 철기가 제작되었음을 확인할 수 있다. 조사된 토기가 보여주듯이 이 주거지의 주인공들은 1세기 초경 철기제작이라는 특수한 기능을 가진 집단공방 취락지를 형성하였다.[64] 철괴와 모루돌 외에 철기 제작용인 구슬형 철괴가 조사된 Ⅰ-다-11호는 2세기 초중엽으로 추정되었는데,[65] 유구의 위치로 보면 위 주거지들에 연속되어 사용되었을 가능성이 크다. 이곳의 거주민들은 적어도 서력기원 전후부터 장기간에 걸쳐 철기를 제작해 주변으로 공급한 셈이다. 경주 각 지의 목관묘 집단이 세력을 유지하는 속에서 경주분지의 한 집단이 철기제작 기능을 오랫동안 담당했다면, 철소재와 완제품에 대한 생산과 소비를 매개로 경주 일대에서 비교적 안정적인 유통체계가 유지되었음을 알 수 있다.

황성동 유적의 제철기능은 삼국시대까지 지속되었는데, 이곳의 제철 집단은 경주 일대를 직접 통제하기보다 경주 지역 지배집단의 통제 아래에서 생산의 한 축을 담당하였다. 사로국을 대표한 최고의 간층은 다른 세력에서 찾아져야 한다. 앞의 사료를 부정할 만한 적극적인 증거가 없는 한, 그 세력은 남산 서록에 근거했던 상위 간층으로 볼 수 있다. 결국 황성동 제철집단을 주도한 세력은 경주분지에서 사로국의 통치에 협조한 간층을 구성한 셈이다.

<표 3>에서 보듯이 이들을 중심으로 한 철기 생산의 확대는 경주 일대에서 그 유통을 확대시켰다. 이를 원활히 수행하기 위해서는 읍락 단위로 형성되었던 정치체가 보다 넓은 단위로 통합될 필요가 있었다. 그 중에서도 외곽 지역에 대해 중심지기능을 수행하기에 적합했던 경주분지 일대의 세력들은 가장 유리한 입장에 있었다. 이는 경주분지를 포괄하는 지배자로서 거서간이 출현하는 배경이 되었다.

사료 A·B에서 사로 6촌의 거서간 추대는 경주분지에 토착했던 상위 간층인 소벌공을 매개로 중하위 간층이 사로국의 건국에 협조했음을 보여준다. 반면 '방자한 백성들'이 문제로 지적된 점으로 보아 여기에 협조하지 않은 세력들도 존재했을 가능성이 있다. 경주분지 외곽의 간층은 거서간의 추대에 적극적으로 참여한 사례가 드문 편이다. 이들은 자치권을 유지한 채 사안에 따라 거서간의 통치에 협조했다. 소분지별 세력에 따라 목관묘의 부침이 심했던 것은 간층의 자체 세력기반, 주변 읍락의 간층이나 거서간과의 관계에 따라 세력의 변화가 적지 않았음을 반영한다. 사로 6촌의 거서간 추대 기사는 이러한 사정을 일일이 열거하지 않고 경주분지라는 공간에 한정해 사로국의 탄생을 필연적 과정으로 간결하게 정리한 것이다.

거서간의 출현이 서북한 지역에서의 정치적 경험과 군사적 기반을 적

지 않은 배경으로 삼았다는 점에서 당시의 사로국은 2차국가적 요소를
띠었다고 볼 수 있다. 그런데 이는 토착세력인 소벌공 집단이 행사하던
대표권이 질적으로 강화되고 대상범위가 확대된 결과라는 점에서 1차국
가적 요소를 전제로 한 것이기도 하다. 결국 거서간의 출현과 사로국의
성립은 1차국가적 요소를 기반으로 탄생한 2차국가의 사례를 보여주는
셈이다.

5. 맺음말 -거서간기 6부 기사의 의미-

『삼국사기』 신라본기 혁거세거서간조가 복수의 거서간대를 압축한 것
이라면 해당 기간에 사로 6촌의 성격은 어떻게 변화했는지 파악할 필요
가 있다. 본장에서는 이를 통해 거서간대 기사에 언급된 6부의 의미를
밝힘으로써 맺음말에 대신하려 한다.

『삼국사기』 신라본기에서 사로 6촌은 거서간을 추대한 뒤 모습을 감
춘다. 이는 경주 분지의 간층이 실제로 사라졌다기보다 사로국의 통치질
서로 편입된 결과일 것이다. 그 대신 등장하는 것이 6부 기사이다. 건국
기사에서도 사로 6촌六村은 진한 6부六部가 되었다고 한다(A - ②). 이는
후대에 6부가 편성되기까지의 추세를 간략히 언급한 것으로 볼 수 있다.
거서간을 추대한 이들을 6부六部로 표현한 것도(A - ④) 같은 맥락이다.
『삼국유사』에서 6촌장을 6부의 조祖라 한 것이나(B - ①·④) 제3대 노례
왕조에서 이름을 고치기 이전의 6부도 동일한 추세를 고려한 표현이다.
건국기사 이후의 혁거세거서간조에 기재된 6부 기사는 다음이 유일하다.

C. 왕이 6부六部를 순무하니 비妃 알영이 이를 따랐다. 농상農桑을 권하고

독려하여 지리地利를 다하였다.[66]

여기서 거서간은 6부에 농상農桑을 권하여 지리地利를 다했다고 한다. 혁거세거서간 38년에는 거서간의 등장으로 인사人事가 잘 다스려지고 천시天時가 순조로와 창고가 가득차고 백성이 공경과 겸양할 줄 알게 되었다는 호공瓠公의 말이 전한다.[67] 이러한 기사에는 어느 정도 신라 왕의 이상적인 유교관념이 투영되었을 것이다.[68] 그러나 이러한 기사들은 거서간을 중심으로 한 사로국의 지배질서가 정착되어 간 과정을 전제로 했다고 생각된다. 거서간과 6부의 관계는 다음 자료에서도 나타난다.

> D. 왜인이 병선 백여 척을 보내 해변의 민호民戶를 약탈하자 6부六部의 군센 병사들을 보내 이를 막았다. 낙랑은 (우리) 내부가 비었다고 여겨 매우 급하게 금성金城을 공격해 왔다. 밤에 유성流星이 니티나 적의 진영에 떨어지자 그 무리들이 두려워 물러가다가 알천閼川 가에 주둔하면서 돌무더기 20개를 만들어 놓고 떠났다. 6부六部의 군사 1천 명이 이를 추격했는데, 토함산吐含山 동쪽으로부터 알천에 이르기까지 돌무더기가 있는 것을 발견하고 적이 많다고 여겨 중지했다.[69]

남해차차웅은 거서간이었다고도 하므로, 위 사료도 거서간기 6촌의 상황을 반영할 것이다. 여기서 6부는 왜인과 낙랑의 공격을 막기 위해 경병勁兵 내지 군사를 동원하는 단위로 운영되었다. 초기 기사에 나타나는 6부병과 관련하여 부의 독자적 운영을 강조하는 견해와[70] 거서간의 통제를 받는 군사력이라는 견해가 있다.[71] 전자의 경우 6촌은 건국 이후에 각각 단위정치체가 되었던 셈이고, 후자의 경우 6촌은 사로국의 하위 단위로 편성된 셈이다. 이에 대한 판단은 중고기 초까지 신라의 지배구조에 대한 해석과도 연결된 문제이다. 여기서는 거서간기 기사에 등장하는 6촌·6부의 성격에 한정해 살펴보려 한다.

거서간은 6촌장의 추대로 즉위했다고 하는 만큼 거서간의 권력은 이들과의 관계 속에서 일정하게 제한되었을 가능성이 있다. 반면 6촌장이 거서간을 추대한 뒤 사료상으로 흔적을 남기지 않은 점이나 거서간의 순무 기사에서 6부가 통치의 객체로 등장하는 점으로 보면, 사로 6촌의 독자성 역시 제한적이었다고 생각된다.

거서간 위位는 적자嫡子에게 계승되었다고 전한다.[72] 그런데 유리대儒理代 이후에도 이사금 위를 박·석·김 세 집단이 교대로 차지했던 점으로 보더라도 거서간 위位를 한 가계집단이 독점했다고 판단하기는 어렵다. 거서간 위도 이사금 위처럼 유력한 간층 내의 집단들 사이에 교체되었을 가능성이 있다. 알영 집단은 거서간과 혼인관계를 맺어 사로국 최고의 간층을 이루었다고 한다. 이사금의 계승 범위를 고려하면, 혁거세와 알영은 실제로는 각각 사로국의 최고 간층을 구성한 복수의 가계 집단을 의미할 것이다.

유력한 간층에 포함된 호공 집단은 월성 인근을 무대로 사로국의 대외교섭을 주관하여 거서간의 통치에 적극적으로 참여하였다. 이 집단은 적어도 탈해대까지 사로국의 통치에서 큰 비중을 차지했다. 반면 고허촌에 근거했던 소벌공 집단은 거서간 추대에서 주도적 역할을 한 뒤 사료상에서 모습을 감춘다. 이는 토착세력으로 구성된 소벌공 집단의 세력이 상대적으로 위축되었음을 반영한다. 이외에 5촌 세력도 구체적인 모습을 확인할 수 없다. 상위 간층의 존재로 보아 5촌 세력이 거서간기 동안 상위 간층으로 갑자기 편입되었다고 판단하기는 어렵다. 대신 사로 6촌이 사료 C·D처럼 6부로 바뀐 이후, 신라본기에서는 6부 기사가 지속적으로 등장한다. 이는 6촌 집단, 즉 경주분지의 각 지에 근거했던 간층이 사로국의 통치에 협조하는 과정에서 거서간을 중심으로 한 통치질서에 편입되었음을 반영한다. 다만 이러한 과정이 사료 C·D처럼 일거에 이루어졌다고는 볼 수 없다. 사로 6촌이 진한 6부가 되었다는 기록과(A - ②) 마찬가지로, 사료 C·D는 거서간기의 6촌을 6부가 편성된 이후의 관념으로 정리했다고 볼 수 있다.

건국기사에 나타나는 사로 6촌은 공간적으로는 거서간을 중심으로 한 상위 간층의 지배대상이었다. 계층면에서는 사로국의 통치에 적극적으로 참여하는 상위 간층부터 이들의 통치에 협조하는 중하위 간층까지 다양한 수준을 반영하고 있다. 이러한 역할의 기반은 다수 읍락으로 구성된 단위정치체보다 기존 소읍락 내의 가계집단 및 거서간과의 관계에 있었다고 생각된다. 후대의 6부가 신라의 지배 대상인 동시에 지배자공동체로서 이중적 모습으로 나타나는 것도 거서간에 의한 지배대상으로서의 공간과 간층의 근거지라는 이중성에 연원을 둔 것으로 볼 수 있다.

그 중에서도 고허촌에 근거했던 사량부沙梁部와 양산촌에 근거했던 급량부及梁部는 중고기 금석문에서 각각 사탁부와 탁부로 계승되었다. 주지하듯이 중고기 금석문에 등장하는 유력한 인물들의 대다수는 위 2부를 관칭하였다. 건국기사의 유력한 촌이 중고기의 유력한 부로 연결된 것은 6부의 탄생과 성격에 대해 시사하는 바가 적지 않다. 이는 6부의 연원과 변화 과정에 대해 보다 구체적으로 검토할 필요성을 제기하는 것이다.

주석

1) 今西龍, 『新羅史研究』, 近澤書店, 1933, 30~32쪽 ; 이부오·하시모토 시게루 옮김, 『이마니시 류의 신라사 연구』, 서경문화사, 2008, 38쪽 ; 李鍾恒, 「新羅六部考」 『國民大學論文集』 1, 1969 , 26~28쪽.

2) 李丙燾, 『韓國古代史研究』, 博英社, 1976, 600쪽.

3) 盧泰敦, 「三國時代의 '部'에 關한 研究 - 成立과 構造를 中心으로 -」 『韓國史論』 2, 1975, 19쪽 및 28~29쪽 ; 李文基, 「新羅 中古의 六部에 관한 一考察 - 骨品制와 관련하여 -」 『歷史敎育論集』 1, 1980, 69~70쪽 ; 全德在, 『新羅六部體制研究』, 一潮閣, 1996, 42쪽, 56쪽, 106쪽 ; 문경현, 「上中古期 新羅六部의 史的 考察」 『國史館論叢』 45, 1993, 142~143쪽.

4) 李鍾旭, 『新羅國家形成史研究』, 一潮閣, 1982, 56~73쪽 : 「新羅上代의 王京六部」 『歷史學報』 161, 1999, 29쪽.

5) 이성주, 「1~3세기 가야 정치체의 성장」 『韓國古代史論叢』 4, 1993, 127쪽.

6) 『삼국사기』 권1, 신라본기1, 시조 즉위년.

7) 『삼국유사』 권1, 기이1, 신라시조 혁거세왕.

8) 이병도, 앞의 책, 599~602쪽 ; 金元龍, 「斯盧六村과 慶州古墳」 『歷史學報』 70, 1976, 4~12쪽 ; 이종욱, 「新羅 上古時代의 六村과 六部」 『震檀學報』 49, 1980, 30~31쪽.

9) 末松保和, 『新羅史の諸問題』, 東洋文庫, 1954, 241쪽, 294~307쪽 ; 文暻鉉, 『新羅史研究』, 경북대 출판부, 1983, 36쪽 ; 武田幸男, 「新羅六部とその展開」 『朝鮮史研究會論文集』 28, 1991 ; 全德在, 「上古期 新羅六部의 性格에 대한 考察」 『新羅文化』 12, 1995, 10쪽, 17쪽.

10) 문경현, 앞의 책, 119쪽.

11) 『삼국사기』 권1, 신라본기1, 혁거세거서간 5년.

12) 『삼국사기』 권12, 신라본기5, 신덕왕 즉위.

13) 이 견해는 이미 제시되었는데, 석씨왕대 이후 혁거세를 시조로 모시는 건국관의 변화가 없었다는 점을 근거로 삼고 있다(김병곤, 「사로국의 출범과 신라

인의 건국관」『신라의 건국과 사로 6촌』, 2011년 신라사학회 추계 학술
대회 발표요지, 2011.10.7, 33쪽).

14) 전덕재,「경주 사라리고분군 축조집단의 정치적 성격과 그 변천」『한국상고사
학보』56, 2007, 157~161쪽.

15) 국가적 차원에서 부별로 성씨를 배정한 것은 신라 말 이후로 추정된 바 있다(문
경현, 앞의 책, 70쪽).

16) 이부오,「新羅初期 紀年問題에 대한 재고찰」『先史와 古代』13, 1999, 252쪽.

17)『삼국유사』권1, 기이2, 김알지 탈해왕대.

18) 문경현, 앞의 책, 128쪽.

19) 한국정신문화연구원,『역주 삼국사기』3 - 주석편(상) - , 1997, 11쪽 주3.

20)『삼국사기』권1, 신라본기1, 혁거세거서간 21년.

21)『삼국사기』권1, 신라본기1, 혁거세거서간 26년.

22)『삼국사기』권1, 신라본기1, 탈해이사금 9년.

23)『삼국사기』권34, 잡지3, 지리1 신라강계.

24)『삼국유사』권1, 기이2, 신라시조 혁거세왕.

25) 이상에 대해서는 姜鍾元,「新羅 王京의 形成過程」『百濟研究』23, 1992,
217~220쪽의 정리 참조.

26) 필자는 최초로 구축될 당시의 금성 위치를 월성 서북쪽으로 본 적이 있으나(이
부오,「기원전후 斯盧國의 支配構造 변화」『歷史教育』76, 2000, 194쪽), 여
기서는 건국 당시의 중심지와『삼국유사』신라시조 혁거세왕조를 중시하여 최
초의 금성에 대한 위치비정을 수정하였다.

27) 이부오, 앞의 논문, 1999, 256쪽.

28) 金哲埈,『韓國古代社會研究』, 知識産業社, 1975, 151쪽.

29) 이병도, 앞의 책, 597쪽.

30)『삼국사기』권32, 제사 小祀.

31)『삼국유사』권1, 왕력.

32)『삼국유사』권3, 탑상4, 天龍寺.

33) 閔周冕・이석호 역주,『東京雜記』, 동문선, 1991, 376쪽.

34) 全德在,「新羅 6部 名稱의 語義와 그 位置」『慶州文化研究』1, 1998, 15쪽.

35)『고려사』권57 지11 지리2.

36) 필자는 6촌 소속 부락이 1세기경까지 사로국의 세력권이 확대된 범위를 반영한
다고 본 바 있다(앞의 논문, 2000, 203쪽). 그러나 '소속 부락'의 반영시기를 고
려하면, 이를 반드시 세력권의 확산 결과로 단정하기는 곤란하다. 세력권의 공간
적인 확산보다 거서간과 외곽 읍락 간층 사이의 관계 변화가 더 중요한 해결과
제라고 생각된다.

37)『삼국사기』권34, 잡지3, 지리 1 신라강계.

38) 박홍국 외, <표 2>, 앞의 논문, 127~128쪽.

39) 金杜珍, 『新羅 建國神話의 神聖族 관념』, 一潮閣, 1999, 264쪽.

40) 『삼국사기』 권1, 신라본기1, 혁거세거서간 5년.

41) 알영이 알지처럼 닭 토템과 연결되었다는 점에서 김씨 집단이라는 견해도 있다
   (김철준, <표 2> 앞의 논문, 27~28쪽). 알지가 태어난 직후에 大輔가 되었다는
   점에서(『삼국사기』 권2, 신라본기2, 미추이사금 즉위년) 김씨 집단은 그 이전부
   터 존재했을 가능성이 있다. 다만 토템과 이름의 유사성이 동일한 집단의 근거
   가 될지에 대해서는 추가적인 검토가 필요할 것이다. 혁거세를 신라의 국조로서
   설정된 시조로 보고 '박씨' 세력을 알영과 관련시킨 견해도 있다(김선주,
   「신라의 건국신화와 알영」 『신라의 건국과 사로 6촌』, 2011년 신라사학
   회 추계 학술대회 발표요지, 2011.10.7, 81쪽). 시조에 대해 상징적 이미지
   가 부여될 가능성은 인정될 수 있지만, 혁거세거서간은 사로국의 상위 간
   층을 실제로 대표했던 여러 代의 거서간을 상징화한 것으로 생각된다.

42) 『삼국사기』 권1, 신라본기1, 탈해이사금 즉위년.

43) 『삼국사기』 권34, 지리1, 신라강계.

44) 三品彰英, 「古代祭政と樹林 - 徐伐の考察に因みて - 」『史學雜誌』 47-6, 1936,
   751쪽.

45) 三品彰英, 앞의 책, 1975, 420쪽.

46) 『삼국유사』 권1, 기이2, 제4탈해왕.

47) 이병도, 앞의 책, 599쪽 및 611쪽.

48) 徐毅植, 『新羅上代 '干'層의 形成·分化와 重位制』, 서울대 박사학위논문,
   1994, 24쪽 : 「5~6세기 新羅의 權力構造 變化 - 六部共論政治의 封建的 分
   權構造를 중심으로 - 」 『歷史敎育』 74, 2000, 95쪽.

49) 『삼국지』 권30, 위서30, 오환선비동이전 진한.

50) 『삼국지』 권30, 위서30, 오환선비동이전 한.

51) 『삼국유사』 권1, 기이2, 제4탈해왕.

52) 金杜珍, 「新羅 金閼智神話의 形成과 神宮」『李基白先生古稀紀念 韓國史
   學論叢』(上), 一潮閣, 1994, 61쪽.

53) 전덕재, 앞의 논문, 1998, 32쪽.

54) <표 3> 2)의 2003년 보고서, 도면 4.

55) 전덕재, 앞의 논문, 2007, 156쪽.

56) 이부오, 「尼師今代 초기 斯盧國 干位의 분화」『韓國上古史學報』 36, 2002,
   59쪽.

57) 박승규, <표 3>의 논문, 9쪽.

58) 김태식, 「新羅와 前期 加耶의 關係史」『한국고대사연구』 57, 2010, 285쪽.

59) 하진호, <표 3>의 논문, 34쪽.

60) 權五榮, 『三韓의 '國'에 대한 硏究』, 서울대 박사학위논문, 1996, 190쪽.
61) <표 3>의 한국문화재보호재단 지도위원회자료, 4쪽.
62) 이청규·박자연, 「사로국 형성 전후의 경주」 『고문화』 55, 2000, 21~54쪽.
63) 이주헌, <표 3>의 논문, 68쪽.
64) 계명대학교박물관, <표 3>의 보고서, 217쪽.
65) 孫明助, 「慶州 隍城洞 製鐵遺蹟의 性格에 대하여」 『新羅文化』 14, 1997, 9쪽.
66) 『삼국사기』 권1, 신라본기1, 혁거세거서간 17년.
67) 『삼국사기』 권1, 신라본기1, 혁거세거서간 38년.
68) 宣石悅, 「新羅 六部制의 成立過程」 『國史館論叢』 69, 1996, 83쪽.
69) 『삼국사기』 권1, 신라본기1, 남해차차웅 11년.
70) 盧泰敦, 「羅代의 門客」 『韓國史硏究』 21·22, 1978, 15쪽 ; 申衡錫, 「5~6세기 新羅六部의 政治社會的 性格과 그 變化」 『慶北史學』 15, 1992, 9~10쪽 ; 李文基, 「新羅의 六部兵과 그 性格」 『歷史敎育論集』 27, 2001, 98쪽 ; 전덕재, 앞의 책, 50쪽.
71) 이부오, 앞의 논문, 2000, 205쪽.
72) 『삼국사기』 권1 신라본기1 남해차차웅 즉위년.

ABSTRACT

Foundation of Silla and Salo Six Village-groups

Moon, Kyung-hyun

The Salo six village-groups existed in Gyeongju, the capital of Silla, dating from the first century B.C. However, my study shows that the Salo came into existence after the fourth century and the family names after the unified Silla period. My study also shows that the term "chon" (meaning 'village' in Sino-Korean) was used after the sixth century. Though it is generally claimed that Silla was established in the first century B.C., I argue that the historic foundation took place circa fourth century. I also claim that the royal Kim's reigned over Silla after the progenitor, unlike the legend on the foundation of Silla saying that the Park's were the royal family.

日文抄録

斯盧国の出帆と新羅人らの建国観

金 炳 坤

　　新羅を始まった三国の出帆は、後代の高麗と朝鮮とは違って開国に対する正確な認識を持って始まったのではない。また体系的な記録が定着する以前の時期でもある。それゆえに≪三国史記≫と≪三国遺事≫に伝わる新羅の建国紀年と過程は事実というよりは口伝と記憶に頼った内容を後代に整理した結果であろうと思う。

　　新羅人らが記憶していた斯盧国形成の基層集団(六村)は衛満朝鮮の成立前後、慶州に流入された(先来)古朝鮮の遺民達であると把握される。一方、始祖の赫居世は六村長に発見、養育され即位して斯盧国を建国したが、誕降者に表現されたことをみると外来の遺民であろうと思われる。現在の慶州についての考古学的な調査の成果を参考すれば、衛満朝鮮が滅亡した以後漢四郡の支配を避けて南下した(後来)古朝鮮集団の長であると考えられる。すなわち、慶州に先に来た古朝鮮の遺民が同じ由来を持った後来民を受け入れて斯盧国を出帆させたのである。すべての記録に新羅の建国紀年をBC57としているが、この年が古朝鮮が滅亡した後最初の甲子年という点が斯盧国の出帆と古朝鮮遺民の相関性に信頼を与える。おそらく新羅人らは自分達の淵源が古朝鮮にあったのを熟知していたゆえにBC57年を建国紀年として選択したのであろう。

　　赫居世は建国始祖であり初期王族の朴氏の始祖でもある。ところが新羅は上古期の朴・昔・金の三姓による王位交立があり、以後金氏王室の確立と金氏内での家系分化が行われた。この過程に始祖廟祭礼の変遷(始祖廟→神宮→五廟制)と共に始祖

観の多様化(金閼智→星漢→小昊金天氏→味鄒王)も存在した。それにも関わらず朴氏始祖の赫居世は建国始祖としての位相を維持した。これは金氏王権が確立された中古期はむろん専制王権期として評価される中代王室も改変できない建国観の確立があったからである。中代王室が小昊金天氏を始祖と主張したことを参考すればその以前に国家的な次元の建国始祖に対する歴史的定立があったからであろう。するとこれは真興王代の≪国史≫編纂期以外に特に比定されるべき時点がない。

ただ、赫居世の誕生日は異説があるが、金氏王の在位期にこれについての関心と整理があったとは考えにくい。朴氏王の在位期に赫居世に関連した行蹟の整理が数次あったが、≪国史≫編纂の時、定説が作られたと思われる。勿論関連した内容を全て事実であると考えることはできないが、このような固有伝承の基盤には古朝鮮の滅亡前後に発生した遺民達が慶州に数次定着して斯盧国を建立した行蹟がある。

ABSTRACT

Six Chons in Silla and Rites of Mountains

Chai, Mi-ha

This study first compared and studied myths of Six Chons recorded in
Samguksagi and *Samgukyusa,* and the records related to Six Chons in those
two history books had differences each other and the wrong point was
found in *Samgukyusa*. However *Samgukyusa* had some contents which are
not reflected in *Samguksagi*. And the location of Six chons except Moosan
desoochon was the north of Alcheon or near Alcheon by Chogangji of
chief of Six chons and by the names of Six chons.

Secondly, the original society of Six chons was formed by the migrants
of Choseon and united the aboriginal with ideas of "Cheon". But there
existed various influences in Six chons as the society of Six chons developed,
and the progenitor of Six chons was related with 'peak' or 'mountain' so
the myths of progenitor was changed accordingly. And the myth of
Seosoolseongmo in Seondo mountain was the one regulated the relationship
of Hyukgeose. Alyoung influence and Yookchon influence in the midst
period of Silla.

Meanwhile, the society of Six chons sacred the birthplace of progenitor
or the near mountains and performed rites to them, which consolidated
their community. But Silla organized these mountains under national rites

which symbolically showed each region was belonged to the power of Silla. However, the mountain near Alcheon yangsanchon(Yangbu) was not organized under the national rites of Silla far from other five chons. This meant Alcheon yangsanchon(Yangbu) was superior to other five chons(bu) in its position.

ABSTRACT

Founding Myth of Silla and Aryeong

Kim, Sun-joo

In the founding myth of Silla, Aryeong is hailed as the queen of Hyeokkeose(赫居世, founding king of Silla), but is of great importance. She has her own birth myth and with Hyeokkeose had called one of the two sage of Silla. In other founding myth in which dynastic founder was born by his mother, Aryeong is more magnified than Hyeokkeose is. This demonstrates that Aryeong was an important figure in the early stage of the Kingdom's founding. From the fact that each birth myth in the founding myth is related to progenitor transmission, I interpreted Aryeong as a progenitor of a powerhouse that played significant roles during foundation of Silla.

The earlier studies understood Alyeong in relation with the Kim clan whose progenitor is Alji(閼智). However this research suggests the possibility of her relation with the group of the Park(朴) clan who monopolized the throne in early Silla. And also I examined that the Park clan was closely connected with Goheochon which was one of the six villages in founding myth of Silla and was the substance of Saroguk, the leading chiefdom in Gyeongju area before the power leaded by Hyeokgeose was gathering strength.

This paper will argue that Areong was the progenitor of Saroguk, but since Saroguk and other little chiefdoms were integrated and developed to ancient kingdom, in the founding myth of Silla, Hyeokgeose who represents progenitor transmission of each tribe was portrayed as the founding king of Silla and Aryeong who was the progenitor of Saroguk as his queen.

ABSTRACT

The Related Study of Silla Wangkyung and Bukcheon Flood

Cha, Soon-chul

The appearance of Silla wangkyung(capital) was generally regarded to have been formed around the 8th century A.D., but the result of excavation research in the surround area of Dongcheon-dong, Gyeongju city shows that the Silla wangkyung might have been formed after 679 A.D. at the earliest. Bukcheon(north stream) that crosses the center of Gyeongju had suffered flood damage frequently in the old days. Hence in order to protect and maintain Silla's capital our ancestors took preventive measures of flood water management by constructing underground stone buildings and drainage canals.

But considering, as regards height of Bukcheon's river bed, that the ground elevation of southern shore area is higher than that of northern shore area, it is presumed that northern shore area suffered more damage from inundation of Bukcheon. To prevent flood damage the northern shore area seemed to have developed its downtown starting from the location of more than 100m northward from the present river bank revetment, but as confirmed at the site of Samsung Apartment, it could not prevent flood completely. Considering the difference in geographic features of Bukcheon between its northern part and southern part, it is believed that the northern part suffered more damage in times of flood.

Most drainage canals in Silla wangkyung were made in the way being linked to Hyeongsan River(that is located at western part of the capital) in conformity with the topography of 'east high west low.' Particularly, instead of direct linkage to the bank revetment side of Bukcheon, the drainage canals were constructed in the way to dispose sewage and wastewater of downtown through small streams or drainage facilities that were formed to flow westward pursuant to the topography, and such appearance was preserved continuously until through the Josun Dynasty.

Sacheonseongje which was one of the major ancestor memorial rites in those times would be conducted at Bukcheon as initiated by the concerned ministries, and then later its venue was transferred to Buddhist temples. The fact that temples that initiated the memorial rites in those times contain the character of 'Cheon' (stream) in their names is meaningful in relation to rites. In conclusion, the time period when Bangri was made in Dongcheon-dong area is presumed to be after the mid 7th century, and in view that old style roof-tiles which had been unearthed from the ruins of Silla at Dongcheon-dong surround was confirmed to have been used at Anapchi (pond of Silla Dynasty), it is highly probable that urban planning of the capital began after 679 A.D. which is lower limit on the age of the ruins.

日文抄録

居西干期において干層の動向を通じて見た斯盧六村の性格

李 富 五

　≪三国史記≫新羅本紀の赫居世居西干條は多様な底本を累層的に活用した．その結果 B.C.2世紀末～A.D.1世紀にわたった居西干の誕生と在位過程が集約されている．　≪三国遺事≫新羅始祖赫居世王條は高麗初期までの6部に焦点を合わせて建国と係わる底本を多様に活用した．　二つの資料に反映された架空の要素を選り分けて斯盧6村と居西干の間の関係を明らかにしなければならない．

　B.C.2世紀末の以後，慶州盆地では土着勢力である高墟村の蘇伐公集団が単位政治体である蘇伐連合体を導いた．　これを基盤にして蘇伐公集団は上位干層を形成したし，他の村長勢力は概して中下位の干層を成した．朝鮮遺民が新しく定着した以後には流移民勢力が上位の干層を形成した．　建国記事に見える斯盧6村は土着勢力と流移民勢力を含んで慶州盆地で成長した一部の上位の干層と中下位の干層を示す．慶州盆地の外郭では多数の単位政治体が存在したし，自治的な基盤を維持した土着的な干層の比重が相対的に大きかった．

　朝鮮遺民が増加して鉄器の生産と流通が拡がるによって慶州盆地とその外郭で利害関係を調節する必要性が生じた．　これは慶州盆地による中心地機能を浮上させた．　南山の西麓の一帯に根拠した赫居世・閼英集団は西北韓地域

での政治的経験と軍事力を土台にして干層の間の競争で優位を占めた. 慶州盆地で土着した上位の干層がこれらの優位を認めて中下位の干層と一緒に居西干を推戴した. 慶州盆地の外郭で干層は自治権を維持したまま居西干の出現を認めた. 居西干に対する斯盧6村の推戴は以上の過程を象徴的に表現したのだ. 居西干の出現は1次国家的要素を基盤として2次国家が誕生した過程を反映する.

居西干期の記事に言及された6部は居西干による支配対象として, そして干層の根拠地としての性格を皆帯びた. 斯盧国の支配権は複数の家系集団で構成された居西干集団と闕英集団を中心に安定した. これらの根拠地だった高墟村は中古期から楊山村と一緒にそれぞれ沙喙部と喙部という新羅の中心空間として確認される. これは新羅6部の淵源を把握するのに一つの時事点を提供する.

<종합토론>

"신라의 건국과 사로 6촌"

일시: 2011년 10월 7일(금) 16:30~18:00
장소: 경주 보문단지 힐튼호텔 대연회장
좌장: 김두진
발표: 김병곤, 채미하, 김선주, 차순철
토론: 권덕영, 김복순, 강영경, 함순섭, 김창겸, 방청객

김두진: 국민대학교 정년을 한 김두진입니다. 어쨌든 신라 6촌과 신라 건국의 문제를 특히 표암유적과 연결시켜서 종합적으로 본다는 이 학술대회는 여러 가지 의미가 있다고 생각합니다. 그런데 그와 같은 6촌기록이나 신라 건국에 대한 기록이 너무나 적기 때문에 기존 학계에서도 여러 가지 학설이 있습니다. 오늘은 그와 다른 새로운 학설을 소개해 주기도 했습니다.

제가 여기서 할 역할은 이 학설들이 여러 개 달라졌을 경우에 가능한 원자료의 모습이 이렇다 하는 방향으로 의견을 좁혀가는 그런 역할들을 하도록 하겠습니다. 그리고 발표만 하고 아직 지정토론이 안되었기 때문에 저희가 시간이 6시까지 하면 1시간 20분 정도인데 네 분 발표에 대한 지정토론과 답변만 해도 근 한 시간이 될 것입니다. 그렇기 때문에 가능

한 한 한 주제에 대해서 10분 정도 발표, 토론이 10분 정도로 크게 넘어가지 않도록 부탁드리겠습니다.

우선 김병곤 교수님의 사로국의 출범과 신라인의 건국관 발표입니다. 그래서 아까 조범환 교수님께서 발표에 대한 요약을 간단히 했기 때문에 더 붙이진 않겠습니다. 토론자인 권덕영 교수님은 부산외국어대학교에 계시고 신라 하대의 대중관계, 신라방 관계에 대한 연구로서는 가장 선구를 달리고 있는 그런 분입니다.

부탁드리겠습니다.

권덕영: 예. 조금 전에 사회자 선생님이 소개하신 권덕영입니다. 제가 사실 오늘 급하게 오다보니까 안경을 빠트려서 글자가 조금 안보일지도 모르겠습니다. 그렇다라고 양해해 주시면 고맙겠습니다.

제가 김병곤 선생의 발표에 대해서 토론문을 간단하게 작성을 해서 발표 요지에 실려 있습니다. 그게 41쪽인데 그걸 다 말씀드리지는 않고요, 그리고 거기서 제가 세 가지 문제를 지적을 했습니다만은 마지막 한 가지 문제는 상당히 복잡하고 골치 아픈 문제입니다. 그래서 세 번째 문제는 빼고 두 가지 문제에 대해서만 말씀드리겠습니다.

사실 사로국 건국문제 같은 것은 우리역사 특히 한국고대사에 관심을 갖고 있는 사람이라면 누구나 한번쯤은 생각해봤을 문제입니다. 그런데

도 해결하지 못하는 난제, 두
고두고 풀 수 없는 난제라고
생각합니다. 그런데 오늘 김병
곤 선생님께서는 아주 치밀한
사료분석을 통해서 이 문제를
제가 볼 때에는 아주 명쾌하게
풀어냈다고 생각합니다.

다, 발표내용을 파악하고 계
시겠지만, 발표 요지는 한마디
로 요약을 해서 사로국을 건국
한 집단은, 사로국을 건국한
사로 6촌집단과 박혁거세 집단은 고조선 유민이라는 겁니다. 여기 사로
6촌장들의 후손이신 분들이 계십니다마는 발표에 따른다면 여기에 계신
여러 선생님들은 다 고조선의 유민에서 나온 겁니다. 후손이라는 셈이죠.

어쨌든, 이게 큰 요지이고, 또 하나는 왜 사로국을 B.C. 57년에 건국했
다. 왜 신라를 B.C. 57년에 건국했다고 하느냐면, 이 고조선 유민이기 때
문에 고조선이 망한 다음에 갑자년. 갑자년이라는 것은 음양오행설에서
혁명이 일어나고 사회가 새롭게 바뀐다는 의미가 있지요. 그래서 B.C.
57년이 갑자년이기 때문에 갑자년을 건국 기년으로 삼았다라고 내용을
요약할 수 있습니다.

이러한 김 선생님의 발표는 흥미로운 것은 말할 것도 없고, 저는 상당
히 파격적이라고 생각합니다. 파격적이라고 하는 표현을 제가 쓰는 것은
대부분 이런 문제는 조심스럽기 때문에 '그렇지 않을까', '그렇게 생각한
다.' 아주 약하게 표현을 하는데, 김 선생님은 상당히 자신감 있게 표현
을 하셔서가지고, 파격적이라고 표현을 하고 싶습니다.

그런데 이렇게 파격적인 주장을 하시는 근거로서 삼은 게 『삼국사기』와 『삼국유사』의 건국설화 정도입니다. 그리고 사실 따지고 보면 『삼국사기』와 『삼국유사』는 고려 사람들이 본 신라의 이야기입니다. 고려 사람들의 눈을 통해서 재정리된 신라의 이야기인데 과연 이것을 가지고서 이렇게 파격적인 주장을 할 수 있을까 라는 게 제 생각입니다. 그래서 이런 『삼국사기』, 『삼국유사』뿐만 아니고, 그 당시 신라 사람들의 진술한 얘기가 담긴 금석문 같은데 또 고려시대 사람들의 금석문, 이런 자료들 그 외에도 좀 다양한 자료를 활용해서 이런 주장을 하면은 좀더 설득력이 있지 않을까라는 생각을 가졌습니다.

예를 들어가지고, 사실 신라 금석문을 찾아봐도 박혁거세 얘기는 잘 안나옵니다. 그렇지만은 성한이라든지 신라 김씨 시조에 관한 이야기 이런 것들은 많이 나와요. 그리고 또 박혁거세 얘기가 많은 신라 금석문에 안나온다는 사실 자체도 같이 고려를 해야 합니다.

그리고 또 하나는 12세기 자료인데 고려시대의 박경산이라고 한 사람의 묘지명을 보면 이 박경산이라는 사람은 신라 박혁거세의 후손이다라는 기록이 있습니다. 어쨌든 이러저러한 것, 『삼국사기』와 『삼국유사』가 아니라 그보다도 더 믿을 수 있는 자료까지도 활용을 하고 상호 교차 검토를 해서 이런 학설을 정리를 하면 더 효과적이지 않을까? 더 설득력 있지 않을까? 하는 게, 첫 번째 생각이고요,

그리고 두 번째로 오늘 발표하기 전에 사실 저는 이 발표문을 며칠 전에 사실 받았습니다. 그래서 쭉 읽으면서 제일 먼저 느낀 것은 이른바 성호 이익이라든지 조선 후기 실학자인 안정복 선생 등이 이야기했던 삼한정통론이라고 할까 마한정통론, 이게 떠올랐습니다. 왜냐 하며는 오늘 발표는 사로국의 건국 주체가 고조선에 있다는 유민이라고 어떻게 보면은 결론 부분에 포함시킬 수가 있는데, 고조선의 유민이 북쪽에서 내려

와 가지고 사로국을 건설했다. 그러면은 결국 사로국은 고조선의 유민, 고조선의 정통을 이어받았다고 하는 그런 뉘앙스를 받을 수가 있습니다. 그래서 저는 혹시나 발표하신 김병곤 선생께서 삼한정통론이 아니라 진한정통론, 아니면 신라정통론, 이걸 염두에 두고 이글을 작성하신 것이 아닌가하는 생각이 들었습니다. 그래서 혹시 제가 그런 생각을 했는데 나중에 김병곤 선생이 말씀하실 기회가 있으면 그런 생각을 과연 갖고 쓰신건지? 그 점도 좀 관련해 가지고 진한정통론이 과연 성립이 될 수 있을 건가? 하는 것도 나중에 같이 말씀해주시면 고맙겠습니다.

　그리고 세 번째 문제는 전문적인 문제이기 때문에 이건 생략하도록 하겠습니다. 이상입니다.

김두진: 아마 『삼국유사』, 『삼국사기』는 고려시대 자료니까 더 일차적인 자료가 있느냐는 그런 요지 같고, 또 하나는 대체로 이게 국사학계에서는 기자에서 삼한으로 이어지는 그런 정통론을 내세웁니다마는 마한으로 이어지는. 그런데 그것이 이제 신라정통론 또 진한정통론을 염두에 둔 게 아니냐? 그런 질문 같은데.

　김 선생님 좀 …

김병곤: 먼저 저의 부족한 발표논문에 토론을 맡아주신 권 선생님께 감사의 말씀을 드리고요. 한번더 감사의 말씀을 드려야하는 건 제가 발표문을 작성할 때 미처 생각하지 못했던 부분을 오늘 지적해주셨습니다. 거듭 감사의 말씀을 드리는데요.

　사실 당대 신라인의 시조관을 일정 부분 담고 있는 신라시대 금석문을 제가 검토하지 못한 것이 사실입니다. 그런데 다만 시기적으로 앞서는 포항 중성리비라던가 영일 냉수리비, 울진 봉평비 등에는 신라의 건국시

조에 관한 기록이 전혀 나오지 않고요. 관련 기사는 진흥왕 순수비에 이런 기사가 있습니다. '태조의 기틀을 이어받아 우러난 기운'이라는 내용이 있습니다.

태조가 여기에서 처음 나오고, 다음은 문무왕릉비입니다. 통일 이후이죠. 문무왕릉비에 보면, 그 바탕이 하늘에서 내리고 그 혼이 산악에서 나와, 탈자가 있습니다만, ○○를 개창했다는 15대조 성한왕이 나옵니다. 그런데 김인문묘비를 보면, 문무왕의 동생이지요, '태조한왕이 천년의 ○○를 열고'라는 기사가 나옵니다. 여기서 태조한왕, 한왕은 성한왕과 똑같다고 학계에서는 보고 있는데요. 또 이러한 태조 성한이 흥덕왕릉비편 조각에만 글자가 나오기 때문에 이런 것을 놓고 보면 신라 중고기, 진흥왕대 중고기 및 중대 왕실 문무왕릉비나 김인문 묘비 등에서 볼 수 있는 중대 왕실에서는 태조 또는 15대조로 성한왕을 서술하고 있습니다. 그런데 이러한 성한왕은 하대 고승인 진철대사와 진공대사의 탑비에도 등장하는데요. 본 비문에서는 태조 성한을 김씨 시조로 한정하고 있습니다.

그런 관계로 학계에서는 이 태조 성한을 김씨 시조인 알지의 아들로 음상사가 되는 세한이나 최초의 김씨왕인 미추왕 또는 관념상의 창업지주 등으로 비정하고 있습니다. 그러다보니 본고의 주요 고찰의 대상이었던 사로국의 건국시조, 박혁거세이죠. 혁거세와는 조금 다른 위상을 가진 인물로 판단이 될 수 있는데요. 아무튼 제가 김알지를 운운했기 때문에 성한에 대해서는 본고를 완성해 가는 과정에서 추가적으로 다루어야 할 좋은 지적을 해주셨다고 판단이 됩니다.

그 다음에 답변을 요구한 두 번째, 혹시 이 논문은 진한정통론 혹은 신라정통론을 위해 작성한 것이 아닌가? 내지는 이것에 대한 어떠한 발표자의 추가적인 의견을 듣고 싶다고 말씀하셨는데요. 사실 제가 평소에 신라사를 전공으로 하다 보니, 신라사를 다른 고구려사나 백제사보다 조금 아끼고 사랑하는 마음이 있는 것은 사실입니다. 그러나 이 본고를 통해서 신라정통론을 주장하려고 하는 것은 아니었습니다. 단지 주 분석 대상 자료였던 『삼국사기』에서 고조선과 연루되는 사로국의 출범을 기록하고 있기 때문에 이를 주목한 결과일 뿐입니다.

그런데 문제는 『삼국사기』의 편찬자인 김부식이 본 기사를 통해서 그러니까 혁거세 건국과정에 나오는 이 기사를 통해서 고조선과 연관되는 사로국의 출범을 인정해 일종의 신라정통론을 주장한 것으로 이해할 여지가 언뜻 보면 있을 수도 있습니다. 왜냐면 사로 6촌을 구성한 사람들은 조선 유민이었다고 하는 것을 만일 김부식이 강조했다면 김부식이 신라 정통론을 주장할 여지가 있긴 합니다만 그러나 『삼국사기』에 다른 기사들을 보면 김부식은 단군조선을 우리나라 역사의 시조 내지는 정통성을 부여할 만큼 적극적 내지 긍정적으로 인식했다고 판단되지는 않습니다. 그래서 사실 저는 김부식이 지닌 이와 같은 고조선에 대한 어떻게 보면 담담한 이해를 활용했을 뿐 특별히 무슨 신라정통론을 주장하려고 하는 그리고 제가 이 자리에서 뭔가 주목을 받아보려고 했던 모습은 전혀 없습니다.

상대적으로 후대에 작성된 일연의 『삼국유사』가 있습니다. 『삼국유사』에는 고조선에서 시작되는 그러한 기록을 의도적으로 마한과 연결시킵니다. 의도적으로 마한과 연결시켰다고 하는 것은 이전에 인용한 사서들을 의도적인 개작을 통해서 마한과 연결시켰고, 그러한 마한이 최치원의 삼한관을 이용해서 고구려에 연결된다. 그래서 일연의 『삼국유사』같은 경우 고조선의 정통이 고구려로 흐른다고 하는 그런 의도적인 편찬이 있습니다만 일연 스님이 편찬한 『삼국유사』에도 같은 고구려 시대의 사가라고 할 수도 있지만 고조선을 신라에 연결시키지 않았습니다.

물론 김부식과 일연이 다른 생각과 사관을 갖고 있었다고 일반적으로 이해하고 있지만 아마도 이 시기에는 고려시대의 고조선과 고구려를 연결시키려는 시도가 있었지만 그 다음은 고려가 되겠죠. 하지만 이 시기에 고조선을 신라와 의도적으로 연결시키려고 하는 그러한 의도가 있었다고는 보이지 않습니다. 그렇기 때문에 바로 신라 건국시조의 탄생담, 그리고 건국과정에서 나타난 이 기사 고조선, 조선의 유민들이 사로 6촌, 경주 지역에 분국하고 있어서 이들이 6촌에 있었다고 하는 건 아마도 신라인들의 고유 전승에서 비롯된 것이 아닐까, 이렇게 생각하고 있습니다.

이상으로 답변을 마치겠습니다.

김두진: 예. 어디 권 선생님 좀 더 ...

권덕영: 아니오. 나중에 시간이 나면은 그때 하도록 하겠습니다.

김두진: 그래요. 저 프론트 토론은 시간을 활용하기 위해서 나중에 드리겠습니다마는 우선 말씀을 하셨으니까, 지금 하신 분은 좀 짧게 ...

방청객 1: 경주란 말은 중국고금대사전에 뭐라고 나와있냐면은 다섯 번 옮기게 되어 있습니다. 중국역사에서요. 그 다음에 한반도에 경주에 오게 되는 것은 여섯 번째 옮깁니다. 처음 경주는 어디냐면은 중국의 정주입니다.

김두진: 저 시간을 조금. 간략하게 해서 요점만 ...

방청객 1: 경주가 다섯 번 옮겼고, 그 다음에 진왕이 신라의 시조인데 진시황이 망해가지고, 진시황은 14년 동안 집권했지 않습니까. 호혜가 그 아들입니다. 35년 동안 진나라 유지되고 망하자 그 유민들이 흩어져서 어디로 갔느냐 하면은 전부 흩어졌습니다. 흩어져서 내려온 게 250년 동안 떠돌이 민족이었고, 거기서 도적질도 하고, 거지질도 하면서 그래서 거지실국이라고 했습니다.

그래서 처음 신라가 서울이 금성이었거든요. 금성에 세워졌는데 그 뒤에 그 혁거세란 사람은...

김두진: 이, 미안합니다. 정말 30초 내로 ...

방청객 1: 서쪽에 거주해서 거서간이거든요. 그 사람이 누구냐면은 박씨가 아니고 김씨입니다. 김방위의 손자 김추입니다. 그 사람이 그 박혁거세가 됐는데 김부식이가 김추를 박씨로 바꿨냐 하면은 ...

김두진: 예. 알겠습니다.

방청객 1: 그 내용을 설명해 주십시오.

김두진: 사료상에 오류랄까, 그런 것은 아마 학문의 방법이 정말 객관적이라고 하면 그 쓴 사람의 의도를 추적을 하면서 밝히면 진실은 나타난다고 봅니다. 그렇기 때문에 아마 그 사료도 정말 그 쓴 사람의 의도를 따르면 진실이 있다고 봅니다. 그래서 참고로 하겠습니다. 다만 지금 이

토론은 시간상 여기서 마무리를 하는 방향으로 하겠습니다.

다만 아까 이 정통 문제는 오늘 아침에 문경현 교수님도 언급을 했습니다. 『삼국사기』, 저도 이걸 높이 평가합니다. 문경현 교수님뿐 아니고, 정말 신라·고구려·백제를 본기로 했다는 거, 높이 평가를 합니다. 그리고 무통이라고 합니다. 어디도 정통을 두지 않습니다. 그렇지만 신라가 거의 7/10의 기록을 차지하고 있습니다. 이런 점들 아마 토론에 있어서 이런 점들이 나타나지 않느냐, 또 지금 김병곤 선생님이 답을 하셨습니다만, 『삼국유사』 하면, 그 아까 고구려로 정통이 내려간다는 사료를 지적을 했습니다만, 연표에 보면 고구려 동명왕 같으면 단군의 아들이다. 『삼국유사』에는 딱 못을 박습니다. 그러면 그거는 고구려로 정통을 내세웁니다마는 『삼국유사』도 역시 뒤에 기이편에 쭉 내용을 추적해가는 것은 신라왕들로 채워져 있습니다. 그래서 이런 점들 정통은 분명히 마한으로 내려가고, 또 고구려 전통을 수용하고, 그렇지만 기록은 내용은 그렇지 않다. 그래서 그거는 우리가 간단하게 추적을 할 수는 없습니다.

아마 고려시대에 남겨진 자료가 신라가 10분의7 정도로 많았지 않느냐 대체로 그렇게 생각을 합니다만은 여러 가지 간단한 문제가 아니기 때문에 …

이 정도에서 첫 번째 문제는 그치는 걸로 하겠습니다.

두 번째, 채미하 교수님 발표에 대해서 신라의 6촌 설화와 산악신앙. 아마 채미하 교수님은 역사 중에서도 신화, 제의 전공입니다. 그래서 아마 정말 합당한 분이 발표를 해주셨다고 생각을 합니다.

여기에 대해서 김복순 선생님. 우리 김복순 선생님은 다 아시겠지만 동국대학교에 있고, 불교를 참 깊이 전공을 하신 그런 분입니다.

김복순: 예. 동국대학교의 김
복순입니다. 67쪽을 봐주시면
제 토론문을 거기에 써놓았습니
다. 채미하 선생님의 발표문이
굉장히 길고, 내용이 많기 때문
에 너무나 난해해가지고 제가
좀 토론문을 쓰는데 고생 좀 했
습니다. 그래서 앞부분에 제가
채미하 선생님 논문을 읽으면서
이해가 안되는 부분은 저 나름
대로 간략하게 정리를 했습니
다. 그것부터 잠깐 읽고, 그 다

음에 질문을 드리도록 하겠습니다.

채미하 선생님은 나희라 선생님하고 두 분이 신라의 국가제사, 시조묘
라든지 오묘제 등 많은 부분을 쓰신 걸로 알고 있습니다. 그래서 채 선생
님이 아마 초기 신라의 6촌과 산악신앙에 대한 논문도 그 연장선상에서
보신 게 아닌가 하는 생각을 했습니다.

선생님께서는 신라의 6촌이 6부로 변해가면서 그 세력기반이 다른 세
력과의 관계에서 어떻게 변화되어 가는가하는 것을 검토를 하셨습니다.
그래서 『삼국사기』와 『삼국유사』에 보이는 6촌 관련 사료를 검토를 하
고, 그 위치를 각각 비정을 하고 있습니다. 또 기존의 연구 성과를 검토
를 해서 6촌이 우리가 생각하고 있는 6촌보다는 신라의 6촌과 고려시대
의 6촌의 범위까지 반영이 되서 확장된 것이 아니냐 이렇게 보고, 원래
6촌이 어딘가를 비정도 했습니다. 그래서 알천 양산촌은 현재 경주시의
동천과 남산 지역이 합해진 것으로 보고. 또 돌산 고허촌은 남산 남쪽의

고이산과 북형산으로 보았는데, 사실 이 북형산으로 본 것에 제가 오늘 토론에 요점이 있습니다.

그 다음에 자산 진지촌은 청북면 화산리, 그리고 무산 대수촌은 모량, 금산 가리촌은 소금강 일대, 명활산 고야촌은 천군동과 보훈동에 걸쳐있는 명활산에 비정을 하고 있습니다. 그리고 알천 양산촌, 자산 진지촌, 금산 가리촌이 알천 북쪽에 있다고 보고, 명활산 고야촌은 알천과 가까운 곳. 이렇게 비정을 하셨습니다.

그리고 이제 6촌이 6부로 개칭이 되는데 그 전에 양산부, 고허부, 가리부, 간진부, 대수부, 명활부 이렇게 불리었다고 또 부를 쓰고 계세요. 그러면 그 전에 6촌에서 6부로 간 것이 어떻게 된 것인지 그 부분이 애매한 부분이 좀 있어서 뒤에 질문을 드렸습니다.

그리고 산악신앙과 제장. 이것은 아마 선생님의 전문인 것 같은데요. 그것을 통해서 알천 양산촌이 다른 다섯 촌과는 달리 선두에 나서게 된 게 아닌가하는 위상이 구별되는 걸로 파악을 하셨습니다. 이상의 내용을 가지고 제가 몇 가지 질문을 드리고자 합니다.

우선 첫 번째가 조금 전에도 말씀드렸다시피 그 돌산 고허촌에 대한 비정입니다.

이 내용에 보면 여러 선학들이 비정해 놓으신 내용을 쭉 정리를 하신 게 있습니다. 그런데 대부분이 이 돌산 고허촌은 남쪽의 고이산이나 남산으로 보고 있는 것은 공통적인데, 그 형산을 북형산성으로 보고 계세요. 보통 서형산성으로 보고 있는 것을 반대로 해서 보니까 여러 가지 문제가 나오고 있습니다. 그래서 거기에 대해서 선생님의 주장대로라면, 제가 볼 때는 범위가 너무 넓어지거든요. 남산에서부터 거의 포항 가까이 가는 쪽까지 그 범위가 확대가 되어 버리면 어떻게 될까? 하는 것입니다. 물론 이제 여러 가지 염두에 두고 쓰신 부분이 있겠지만 제가 생각할 때는 오히려 서형산성으로 보시는 게 좋지 않을까 하는 생각을 했는데, 그것은 아까 말씀대로 혁거세나 알영 세력이 또다시 선도산 세력으로 세력을 옮긴 것 같다는 말씀을 하신 거라든지 하는 것이 북형산성으로 본 대서 나온 변화가 아닌가하는 생각을 해서 첫 번째 질문을 드렸습니다.

그 다음에 두 번째 질문은 선생님께서는 본문의 내용을 보시면 주를 2, 3, 4번을 달아가지고 그 동안의 연구 성과에 대해 정리를 하고 계시고 있지만은 거기에 대한 분명한 지견을 말씀하시는 않고 계십니다. 다시 말씀드리면 4세기 분기설이라고 해서 그 이전에 것에 대한 어떤 부정적인 견해에 대해서 그것이 틀리다맞다라고 하는 것을 분명히 얘기를 안 해 주시고 그냥 6촌, 6부를 가지고서 설명을 하고 계시는데, 거기에 대한 선생님의 견해를 간단하나마 좀 듣고 싶고요.

그 다음에 조금 전에 말씀드렸습니다만은 6촌이 6부로 개칭됐는데 개칭되기 전에도 여기서 양산부, 고허부 등 부로 쓰고 계시는데, 그러한 부는 어떤 것인지? 거기에 대해서 두 번째로 질문을 드리고 싶습니다.

세 번째는 알천 양산촌 남쪽에 담엄사가 있었다고 하는 기록을 가지고 한 곳에서는 일연의 설을 인용을 해서 말씀을 하셨는데, 한 곳에서는 또 고고학적으로 그게 어딘지 잘 모르겠다 정확하지 않다라는 것을 말씀하셨습니다. 그렇다면 선생님이 보는 담엄사 터는 어디로 보고 계시는지? 이걸 여쭙고 싶고요.

네 번째는 사상적으로, 고조선 유민들이 이쪽 지역으로 와서 이쪽에 있는 주민들을 사상적으로 통제를 했다, 이런 말씀을 하셨는데, 실제로 거기에 보면 이 6촌장들이 임금이 없어 백성들이 모두 방종하여 제멋대로 놀고 있다, 이런 말이 같은 사료에 나오고 있습니다. 그렇다면 6촌의 원주민을 사상적으로 통제를 했는데 이들이 방종해서 놀고 있겠는가? 하는 생각이 들었습니다. 거기에 대한 질문을 드리고 싶고요.

다섯 번째로 조금 전에 말씀드렸듯이 알천을 중심으로 해서 북쪽과 그 근처에 있다라고 말씀을 하셨는데 그 가운데에서도 알천 양상촌은 알천 북쪽이 아니고 제가 알기로는 알천 남쪽으로 생각을 하고 있거든요. 무엇을 근거로 해서 북쪽이라고 하셨는지? 말씀을 해주셨으면 합니다.

마지막입니다. 마지막으로 알천 양산촌이 다른 다섯 촌과는 달리 부정제를 지낸다든지 해서 앞서가는 촌이었다라고 생각을 하고 계시는데, 나정이라든지 또는 헌강왕 때 남산신이 와서 춤을 추었다라든지 하는 그런 존재가 있기 때문에 그것도 역시 남산신이 춤을 춘 걸 가지고, 문경현 선생님은 춤을 추었으니까 아마 여자 산신 아니었겠는가, 산악신앙에 대해 쓰신 거에 대해서 제가 읽은 기억이 있는데, 그렇다면 과연 산악신앙이 없는 건지? 6촌의 하나로서 역시 산악신앙을 얘기할 수 있는데, 그렇다면 그건 어떻게 설명을 해야 하는지? 이렇게 물어보고 싶습니다.

이상 여섯 가지를 했는데, 선생님이 가능한 대답만 해주셔도 될 것 같습니다. 이상입니다.

김두진: 여섯 개가 여기에 분명하게 나와 있기 때문에, 저 답변을....

채미하: 네. 감사합니다. 제가 논문을 쓰면서도 계속해서 고민했던 부분을 적절하게 지적을 해주셨습니다. 그래서 그 질문에 대해서 하나하나 다 답변을 길게 말씀을 드리도록 하겠습니다.

첫 번째로 아까도 제가 말씀드린 것과 같이 돌산 고허촌이라고 했을 때 시조가 형산에 탄강을 했다고 합니다. 그래서 형산과 관련해서 북형산으로 보는 견해도 있고요. 서형산으로 보는 견해도 있습니다. 근데 제가 글을 처음에 썼을 때 서형산으로 하면 전체적으로 돌산 고허촌의 위치비정 그런 거와 연관 지어서 적당하겠구나 하는 생각을 해서 처음에 그렇게 썼었는데요.

『삼국사기』제사지 신라조를 보면 서술이 모량에 비정되어 있습니다. 모량은 무산 대수촌이 있었던 지역이고, 돌산 고허촌 지역은 나중에 사량부로 되는 겁니다. 그런 걸로 봤을 때 과연 그게 돌산 고허촌이 사량부인데 모량부와는 좀 맞지 않는 그런 구성이 있어서 이제 형산이라고 얘기하는 곳을 찾아보니까 서형산, 북형산 그렇게 있

는 것이고, 그리고 북형산이라고 얘기했을 때 형산강을 따라서 알천 쪽으로 해서 남산으로 이렇게 돌산 고허촌 세력이 넘어오지 않았을까라는 추정을 하게 되었습니다. 그러다보니까 실제로 무산 대수촌 같은 경우에는 서천 건너편에 있는 것이고요. 나머지 5촌 같은 경우에는 돌산 고허촌은 형산, 북형산에 있다가 점차적으로 어떤 통로를 통해서 알천을 넘어서 고이산이라고 하는 남산에 정착을 하지 않았을까 하는 생각을 하게 되었습니다. 그렇다고 했을 때 돌산 고허촌이 정확하게 큰 범주는 어디냐에 해당하느냐라고 했을 때는 저는 그걸 지금 현재 어떻게 말씀을 드릴 수는 없습니다. 그렇지만 제 생각으로는 다섯 촌과 대비되는 무산 대수촌이 있는 것이고 그렇다고 한다면 이 무산 대수촌 같은 경우에는 어떻게 보면 다섯 촌과는 지역적 뿐만 아니라 문화적으로 구별되는 어떤 존재가 아니었을까라는 그런 생각을 하게 되었습니다.

그리고 실제로 보다보면 그 알천 양산촌도 마찬가지지만 알천과 연관

된 표암이라고 했을 때 표암이라는 곳이 알천 양산촌의 시조인 알평이 초강한 지역이지 않습니까? 그랬을 때 처음에는 거기에서 위치지어져 있다가 점차적으로 세력이 확대되면서 남산 쪽으로 넘어오면서 그 지역을 다 다스리지 않았을까? 라는 생각을 하게 되었습니다. 그런 걸 봤을 때 형산을 서형산으로 보게 된다면 제가 얘기하고자하는 거랑은 상당히 달라지는 부분도 있겠고요. 그렇지만 다시 한번 생각을 해본다면 서형산으로 비정을 한다고 하더라도 그게 어떠한 식의 변화가 있었는지 모량부로 넘어가면서 그 때 부로 변화가 되면서 과연 어떠한 식의 변화가 있었는지를 좀 더 찾아보게 되면은 어떠한 해결책을 마련할 수 있지않을까 그런 생각이 듭니다. 그래서 이 부분에 대한 것은 보다 더 제가 공부를 한 다음에 더 내용을 보충을 하겠고요. 그리고 그것과 관련해서 여러 선생님들과 의견을 들어보고 맞추도록 하겠습니다.

그리고 두 번째로 선생님께서 말씀하신 부분이 이 6촌과 관련해서 6촌의 존재에 대한 기왕의 연구 성과에서 말하고 있는 여러 부분에 대해서 저의 정확한 의견을 말해달라고 말씀을 하고 계십니다. 사실 제가 모든 걸 주로 처리해 놓은 것은요 지금 현재 제가 할 수 없기 때문에 간단하게 처리를 했습니다. 그래서 제가 지금 현재 6촌과 관련된 이러저러한 부분에 대해서는 명확하게 어떤 시기라든지 그러한 부분들을 말씀을 현재로서는 드릴 수가 없습니다. 그러다 보니까 제가 글을 쓰면서도 이게 몇 세기일 것이다. 뭐 어떤 식으로 변화됐을 것이라는 부분도 실제로 6촌 사회 단계, 그리고 사로국 단계, 신라가 고대국가로 건국한 이후 단계, 뭐 그런 정도로만 이렇게 잠깐잠깐 언급을 했습니다. 그래서 이 부분 같은 경우에는 공부를 하면서 다시 한 번 생각을 해보도록 하겠습니다.

그리고 알천 양산촌, 그러니까 6촌이 저희가 알고 있는 신라 6부로 변화되기 전에 『삼국사기』 유리왕조를 보면 양산부, 고허부, 가리부, 간진부, 대수부, 명활부로 바뀌어져 있는 모습을 볼 수가 있습니다. 그래서 저는 이 사료를 보면서 도대체 이것은 무슨 얘기를 하는 걸까? 그리고 뒤에 나오는 신라 6부와 어떤 관계가 있을까? 라는 고민은 했는데, 제가 여기에서 주목한 것은 처음에는 시조의 탄강지인 앞에 있는 촌명에 알천이면 알천, 돌산이면 돌산…고 지역에서 뒤쪽으로 가다보면 양산부라는 게 보다 더 큰 방점이 찍히지 않았을까라는 생각이 든다는 것입니다. 그래서 6촌이라는 전체적인 모습을 봤을 때 6촌의 그 촌명은 복합명사로 만들어진 것이고, 앞에 있는 것은 시조의 초강지와 연관된 것이고, 뒤에는 영역이 확장된 어떠한 모습을 보여주는 것이 아닐까라는 생각을 했습니다. 그래서 6부와의 관계, 신라 6부와의 관계를 염두에 두고 썼다기보다는 실질적으로 6촌의 영역 확장과 신라 6부로 되기 전의 영역 확장과 연관 지어서 생각을 해봤습니다.

세 번째 선생님께서 말씀하시는 담엄사같은 경우에는요, 이 부분도 제가 현재 어디다라고 명확하게 말씀을 드리지 못합니다. 그리고 대체적으로 지금 명확하게 어떠한 사지라고 얘기했을 때 정확하게 황룡사같은 경우에는 전체적으로 뭐가 나오니까 확실하게 따져지지만 담엄사를 고고학적으로 이 지역이다라고 비정해 놓은 부분도 정확하게 제가 어디이다라고 말씀을 드릴 수 없고요. 그리고 기왕의 연구 성과에서도 그러지 않을까라는 정도였기 때문에 제가 이 부분과 관련해서도 어떻게 오릉 남쪽의 절터이다라는 것이 정확하지 않다고 말씀을 못 드리겠고요. 정확하다고도 말씀을 못 드립니다.

그리고 넷째 부분 같은 경우는 6촌이 조선 유민이 기반이 돼서 마련됐고요. 그리고 이제 6촌장들은 천강설화를 가지고 있다고 말씀드렸습니다. 그래서 천강신화를 가진 6촌장들이 기왕의 그 지역에 살았던 여러 사람들, 그러니까 원주민이라고 하는 그 사람들을 사상적으로 아마 통제하지 않았을까? 라는 생각을 저는 해봤습니다. 그렇지만 사회가 계속적으로 그 상태로 남아있지 않다는 것이지요. 그랬을 때 혁거세가 등장하기 직전 내지는 그 전에 6촌장들이 사로 지역에 왔었을 때는 그 원주민들을 통제했다고 할지라도 혁거세가 들어오기 직전, 그 시기에는 대체적으로 사회분위기가 전체적으로 어지러워지지 않았을까? 그러면서 6촌장들이 새로운 세력을 갈구하지 않았을까? 그리고 그러한 표현이 '임금이 없어 백성들이 모두 방종하여 제멋대로 놀고 있다.'라는 그런 표현으로 사료에 등장하지 않았을까? 그런 생각을 해봤습니다.

그리고 다섯 번째로 저는 6촌이 6부로 바뀌면서 아마 6촌세력들은 다른 세력에게 흡수되지 않았을까? 라는 그런 생각을 해봤습니다. 알천 양산촌과 돌산 고허촌의 경우를 볼 때 혁거세 집단과 알영집단이 등장하면서 보다 큰 세력의 어떻게 보면 동화, 흡수보다는 동화되지 않았을까? 그런 생각을 했고요. 그리고 금산 가리촌은 나중에 신라 6부 중에 하나인 한지부로 변화가 되는데 한지부 세력의 가장 대표적인 게 탈해 세력이라고 얘기를 하고 있습니다. 그러했을 때 아마 그런 쪽으로 변화되지 않았을까? 그렇지만 선주민이라고 하는 6촌 세력들 역시 그 기반을 형성하고 있었을 것이다. 그렇지만 사로국이라는 국가가 성립이 되면서 실질적으로 그들이 계층적으로 나눠지는 것이잖아요. 그래서 나중에 고대국가가 성립되고 난 이후에는 골품제 하에서 6두품 정도의 등급을 받는 것처럼 이런 식으로 단계가 나눠지지 않았을까? 하는 것들을 염두에 두면서, 이러한 6촌이 6부로 바뀌면서 기존 6촌 세력이 흡수 동화되지 않았을까? 하는 표현을 쓰고 있습니다.

그리고 알천 양산촌, 자산 진지촌, 금산 가리촌이 알천 북쪽에 있다고 제가 말씀을 드렸는데요. 여기에서 제가 알천 북쪽에 있다고 말씀을 드린 것은 앞에 나오는 촌명과 관련된 것입니다. 그래서 시조가 탄강한 지역과 관련된 지역을 찾아보니까 실제적으로 알천 북쪽에 있다가 남산 쪽으로 내려오는 그러한 모습이 보여지는 것 같아서 제가 알천 북쪽이라고 썼습니다.

그리고 알천 양산촌이 부정제를 지냈다고 했는데요. 이 부정제를 지낸 장소가 양부입니다. 그리고 양부 나름의 전통이라고 얘기해 볼 수 있는 것이 알천 양산촌 지역이었고, 그러기 때문에 비록 양부에서 부정제를 지냈지만 미루어 생각해 보건대 알천 양산촌, 그전부터 있었던 알천 양산촌의 나름의 기반이 그것이 나름의 영향을 주지 않았을까, 그리고 그러한 것들이 다른 다섯 촌과는 좀 다른 알천 양산촌의 위상이 되지 않았을까? 그런 생각이 들었습니다.

그리고 나정과 남산신의 존재와 관련되서 생각을 해보면 나정 같은 경우에는 지금 현재 신궁을 제사 지낸 장소 이런 식으로 말씀을 많이 하고 계시는데요. 아까 김복순 선생님께서 말씀하시기를 이렇게 나정과 남산신의 존재, 그런 것들을 봤을 때 과연 남산이라는 곳이 산악신앙이라는 게 없었느냐는 질문을 하셨습니다. 그랬을 때 저는 분명히 산악신앙은 있는데 제가 주목한 것은 이러한 산악신앙이 있음에도 불구하고 이 남산지역이 신라 국가제사에 편제되지 않은 이유가 무엇일까? 라는 것입니다. 나머지 다섯 촌과 관련된 여러 지역들은 신라 국가제사에 편제가 되는 것이거든요. 그리고 이러한 신라 국가제사에 편제된다고 얘기를 하는 것은 신라의 지배력이 그 지역을 지배했다는 소리입니다. 그렇지만 남산 지역같은 경우에는 알천 양산촌은 양부이고, 그리고 실제로 왕실집단과 관련된 지역이기 때문에 굳이 국가제사에 편제시키지 않더라도 충분히 자기네들의 그러한 것들을 영유하지 않았을까하는 생각이 들어서 제가 알천 양산촌, 양부랑 연결지어 가지고 산악신앙으로 말씀드렸습니다. 이상입니다.

김두진: 네. 감사합니다.

김복순: 예. 길게 말씀을 잘 해주서서 고맙습니다. 왕경의 6촌들이 모여 있던 지역이 그렇게까지 확대될 수 있던 것인지? 왕경, 왕기가 되도 그 지역으로 나갈까 말까인데 이 시기 6촌들이 북형산성이 있는 그 멀리까지 경주에서 차로 가도 20분, 30분 가야하는 지역에 과연 북형산성을 비정을 하는 것이 맞는 건지? 저는 아무래도 조금 의심이 갑니다.

그래서 그 점에 대해서 선생님이 지역을 조금 더 참조하서서 생각을 해보시는 게 어떨까 하는 생각입니다. 예. 이상입니다.

김두진: 예. 아마 김복순 선생님은 여기에 계시니까 실제 답사를 통해서 감각적으로 느끼는 그런 경험을 말씀해 주서서 아마 전개 모습이 사량부와 모량부의 어떤 주도권 문제 사료상의 분위기가 그렇습니다. 그래서 그런 것들이 쉽게 정하기 어려운 것이 아니냐는 그런 느낌을 받습니다.

나머지 문제는 이게 지금 채미하 선생님이 신라의 6부의 조상이 천강이다, 하늘에서 내려왔다. 간단하게 그렇게만 나와 있습니다. 천강신화는 하늘에서 내려오니까 산악신앙이고, 뭐 그런 겁니다마는 신화는 그런 천강신화가 있으면 또 지모신 중심의 땅하고 얽히는 것, 바다하고 얽히는 것, 또 우물하고 얽히는 그런 어떤 결합하는 신화도 있을 수 있습니다. 그래서 과연 이게 천강만 되느냐하는 문제, 그러니까 이게 천강을 지적하면서 산악이라는 것은 대단히 중요한 지적이라고 봅니다. 그리고 그것은 업적이라고 봅니다. 그렇지만 그것은 다음에 보면 알천을 우리가 발표를 하니까 그때 다시 토론을 하는 걸로 하겠습니다.

그리고 또 하나는 이제 이 6촌이 부로 바뀌는 것이 어떠냐? 뭐 이런 건데, 이건 대단히 복잡합니다. 대단히 복잡한데, 그 문제도 지금 방리를 다루고 있기 때문에, 마지막 토론에 방리를 다루고 있기 때문에, 그래서 그것은 크게 보면 수도의 체제가 부, 방, 리 체제에 들어가기 때문에 일단은 거기에서 토론하는 걸로 하고 넘어가도록 하겠습니다.

자, 그러면 그 다음 문제 … 김선주 선생님의 신라 건국신화와 알영의
문제인데, 아마 김선주 선생님은 고고학을 하셨습니다. 그래서 고고학적
인 경험으로서 신라 건국신화, 특히 그 알영이 지모신 관계 밝힌 것도
참 재미있는 발표라 생각을 합니다.

거기에 대해서 강영경 선생님도 전공이 그렇습니다. 정천신화, 우물신
화라고 할까 그런 신앙을 전공을 했습니다. 그래서 적격한 토론자라고
생각을 합니다.

저 … 강 선생님 부탁을 드리겠습니다.

강영경: 네. 방금 소개받은 강영
경입니다. 김선주 선생님이 발표하
신 신라의 건국신화와 알영에 대한
내용은 『삼국사기』와 『삼국유사』
에 기록되어 있는 신라의 건국신화
속에서 그 알영에 대한 내용을 주
목하고, 분석을 해서 알영의 족적
기반을 살펴보고, 또 알영족과 신
라 6부와의 관계에 대해서 발표를
하셨습니다.

그 내용의 결론은 알영은 지신계 선주민으로서 박씨 왕실의 조상이었
고, 박혁거세는 천강계 이주민으로서 특정집단의 시조로서 그동안 이해
를 해왔었지만 그렇다기보다는 국가시조로서 후대에 부계 중심으로 이
해하면서 박씨로 그 성씨가 기록된 것이라고 보셨습니다.

그리고 또 하나는 알영정은 사량부에 있었는데, 사량부 소벌공의 이름인 소벌은 서라벌을 약칭한 것으로 사로하고 관련을 지으시면서, 신라의 모체가 된 사로국 명칭이 사량부의 고허촌에서 유래가 된 것으로 보았습니다. 그러니까 결론적으로 알영은 신라 건국에 모체가 된 사로국 출신으로서 박씨왕실의 조상으로 보고 있습니다. 기존에 오늘 우리가 발표 내용에서도 나타났듯이 신라의 건국설화·신화하면 혁거세를 주목을 했습니다. 그래서 상대적으로 알영에 대한 연구는 크게 관심을 두지 못했었습니다. 그래서 그런 면에서 오늘 알영에 주목한 발표는 그 의미가 크다고 생각합니다.

특히 『삼국유사』와 『삼국사기』에 모두 다 같이 알영의 독자적인 출생담을 기록하고 있다는 점을 주목했습니다. 또 『삼국유사』에는 혁거세와 알영이 같은 날 출현한 것으로 기록되어 있고, 6부인들이 왕과 왕비를 함께 기다렸고, 왕과 왕비를 동시에 추대했고, 또 돌아가신 기록도 동시에 한 것으로 되어 있습니다. 또 알영과 혁거세를 2성으로 기록했고, 여군으로 표현했고, 6부를 다니면서 권독농상을 했고, 또 국호로 지정했던 계림국은 계정이라든가 계룡과 같이 알영과 관계된 주인공으로 해서 관계된 것으로 해서, 혁거세보다는 알영이 사로국의 건설, 또 계림국의 출현 이런 거에 더 밀접한 관련을 갖고 있었음을 살펴보았습니다. 또 시조모였던 서술성모도 혁거세보다는 계룡을 통해서 알영과 더 친연성을 지니는 것으로 서술되어 있는 것에 주목을 했습니다.

이와 같이 신라 건국신화의 내용 분석을 통해서 알영의 비중이라든가 지위, 권능 등이 결코 혁거세에 비해 낮지 않았으며, 또 어느 부분은 보다 더 비중 있게 의미를 지니고 있음을 지적하고 있습니다. 그런 의미에서 신라의 6촌 신화와 관련해서 알영에 주목해야 한다는 그 발표는 큰 의미를 가진다고 생각합니다.

다만 내용에 있어서 시조와 시조비를 모두 사량부와 관련된 것으로 본 것은 좀 더 설명이 필요한 것으로 생각이 됩니다. 왜냐하면 시조 혁거세가 출현했다고 하는 나정은 알천 양산촌과 관련되어 나타나 있고, 시조비인 알영의 알영정은 돌산 고허촌과 관련되어 있는 것으로 기록되어 있습니다. 발표자는 왜 이들을 사량부와 관련해서 보고 있는지 좀 더 설명해주시면 이해를 더 잘 할 수 있을 거라고 생각합니다.

또 소벌에 대해서 숫벌, 서라벌, 사로국, 고허 이렇게 음운학적으로 연결시키는 것은 좀 설득력이 약하다고 해서, 좀 다른 더 다양한 측면들을 가지고 보완을 해야 하지 않을까 그렇게 생각을 했습니다.

또 그리고 계속 형산이 문제가 되고 있는데요. 발표자께서 형산을 이번에는 선도산으로 보고 계십니다. 그런데 『삼국사기』에는 선도산이 모량에 있는 것으로 되어 있거든요. 그래서 사량부와 모량부의 관계에서도 이 문제는 좀 더 해명이 필요한 부분이라고 생각합니다. 네. 이상입니다.

김두진: 예. 김선주 선생님...

김선주: 예. 선생님 감사합니다. 워낙 선생님께서 조심스럽게 후학이 기가 죽지 않을까 싶어서 조심스럽게 몇 가지만 말씀해주셨는데요. 그 선생님께서 앞에서 그냥 제 논문의 의미에 대해서 말씀해주셨고 뒤에 제가 이 논문을 보강하려면 시조부부로 나오는 어쨌든 알영은 시조비로 나오고 시조로 나오는 혁거세, 그런데 제가 혁거세와 알영을 사량부

고허와 관련해서 설명한 부분에 대해서 실제 시조 혁거세는 알천 양산촌과 관련돼 있는데 그 부분에 대해서 어떻게 설명할 수 있는지 이야기를 하셨습니다. 저도 역시 혁거세 자체는 실제 혁거세가 대두되고 혁거세 자체를 추숭하고 했던 것은 실제 알천 양산촌과 관련이 있다고 생각을 합니다.

그런데 여기서 주목한 것은 바로 이랬던 혁거세를 발견한 것이『삼국사기』같은 경우는 그 발견하고 양육한 주체를 돌산 고허촌장으로 보고 있습니다. 이것은 뭘 의미할까? 라고 했었을 때 제가 혁거세를 그 단순한 사로국 단계의 시조가 아니라 신라 단계의 큰 국가적 단계의 시조가 아닐까? 라고 생각했던 부분과도 관련이 있는데 오히려 사로국 단계에서의 고허촌 중심의 세력이 그 나중에 알천 양산촌으로. 그러니까 고허촌장이 발견, 양육했는데 이 양육한 박혁거세 자체는 실제 알천 양산부랑 관련이 있다. 이러한 신화 구성에서 보여 주는 게 경주 내에서의 주도권이 고허촌에서 뒤의 그 알천 양산촌으로 확실히 이동한 그러한 면을 보여 주는게 아닐까. 저는 그렇게 이해를 조금 해봤습니다.

그리고 선생님께서도 제가 고허촌에 대한 알영 부분을 아무래도 주목을 하다보니까 알영이 나타났던 기반이 고허, 사량 그것을 사로국과 관련시킨데 대해서 제가 사실은 조금은 제가 보고 싶은 데로 보려는 게 있다 보니까, 정치하게 논지를 마련하지 못했거든요. 그 부분에 대해서는 저도 제가 조금 더 논문을 보완해야 선생님 지적이 맞는 것 같습니다. 앞으로 좀 더 보강을 하겠습니다.

그리고 사량부 형산을 앞에 채미하 선생님은 북형산 그쪽으로 봤는데, 왜 또 저는 여기서는 서형산으로 … 그런데 이 부분은 많은 생각을 좀 해봐야 하고, 저도 채미하 선생님하고도 의논을 좀 해봐야겠습니다만, 사실 채미하 선생님이 주목한 것은 제사 연구를 하시다보니까 제사지에 서술상은 모량으로 기록되어 있습니다. 그런데 저는 이거와 관련된 이해가

제사지의 이 기록은 통일신라시대에 기록이고, 실제 경주 시내에 어떤 왕경의 그 부에 범주가 처음부터 끝까지 변화 없이 쭉 갔느냐? 그게 아니라 약간 변화가 있지 않았을까? 그 변화라고 하는 그것을 조금 염두에 둔다면 실제 이 기록에만 주목해서 굳이 배제시키는 것 보다는 오히려 통일 이전에 어떤 거는 시조모 전승도 가지고 있고, 이런 데에서 남다른 의미를 가지고 있는 여기가 특히 이름도 형산인 여기가 조금 더 주목해서 바라봐야 하지 않을까라고 생각을 하는데요. 제 논리가 혹시 통일기에 제사조에 나타나는 것을 경시한 논리라면 나중에 좀 더 생각을 많이 하고, 이 부분에 대한 생각을 해 보겠습니다. 이상입니다.

김두진: 예. 감사합니다. 지금 그 발표하시는 분에서 알영을 이제 박씨 집단으로 보고, 그럼 박혁거세하면 신라의 상징적인 처음으로 봤습니다만은 그것은 우리 학계의 통설하고도 좀 다른 부분입니다. 그래서 다른 부분이 있다는 것은 학계의 발전을 위해서 좋다고 봅니다. 그렇지만은 다만 대체로 학계에서 알영을 알지의 경우는 김씨인데 알영을 김씨의 상징적인 신화로 연결시키려는 분위기도 있습니다. 그렇지만 물론 사료상으로 연결되는 것은 아닙니다. 사료상으로 김알지와 연결됩니다마는 알영은 사료상으로 연결되지 않습니다마는, 그런 분위기가 있습니다.

그래서 그 부분에 대해서 좀 더 말씀을 토론할 수 있으면 ....

강영경: 네. 정말 파격적인 견해였거든요. 그러니까 알영을 박씨 집단의 시조와 연결시킨 것은 지금까지 어느 누구도 그렇게 본 적이 없어요. 그런데 저는 거기에 대한 어떤 문제를 그렇게 제기한 것이 없었는데, 그게 왜 그러냐하면, 그러니까 그동안 김선주 선생님은 여성 신화에 많이 주목을 했거든요. 그러면서 내용에서 보면 혁거세와 알영이 결혼했을 때

그 후손들은 다같이 혁거세의 후손이기도 하지만 알영의 후손이기도 하거든요. 그 점에 주목을 하면서 논지를 전개하고 있어요. 그런 관점은 일면 타당하기도 하다는 것으로 제가 받아들였기 때문에 그거에 대해서 구체적인 어떤 해명을 요구하거나 그러지는 않았습니다. 그러니까 새로운 견해니까, 참고를 할 수 있다는 그런 생각에서 그렇게 했습니다.

김두진: 어디, 좀 다른 분 ... 권덕영 선생님 좀 ....

그러면 이거는 그대로 마무리를 하겠습니다. 그런데 학계의 분위기는 어떠하냐 하면 예를 들면 박씨, 김씨, 석씨 중에서 김씨가 최종적으로 왕위를 세습해 갑니다. 그랬을 경우에 김씨들이 어떤 조상에 대해서 더 신비화하고, 또 관념을 더 우월하게 만들고 ... 그럴 때 알영같은 경우에는 처음에 용이 나타나서 계룡이 나타나서 왼쪽 옆구리에서 태어나고 또 우물곁에 태어나고 그렇습니다만 뒤에 보면 그게 아리영정으로 바뀌고 ...

또 계룡의 왼쪽 옆구리에서 태어나고, 왼쪽 옆구리에서 태어나는 것은 미륵이 왼쪽이고 석가는 오른쪽이고, 그래서 불교의 권위를 빌리는 것이고, 또 아리영정에서 난다는 것은 요임금의 두 딸, 순임금의 부인 그걸 따온 것이니까, 또 중국에서 권위있는 신앙을 붙여왔다는 면에서 학계에서는 별의문 없이 지나왔습니다.

다만 역시 알영이 김씨라는 말은 안나오니까, 역시 이것도 우리가 하나의 학설로서 제시하는 것은 좋아 보인다고 생각합니다.

자, 마지막 문제 넘어가겠습니다. 차순철 선생님. 신라 왕경과 북천에서 아마 오랫동안 국립경주문화재연구소에서 아마 도시에 관해서 발굴을 계속했던 분의 논문 같습니다. 거기에 대해서 함순섭 국립대구박물관장께서 토론을 해주시겠습니다.

함순섭: 네. 방금 소개받은 함 순섭입니다. 사실 오늘 신라 왕 경과 북천이라고 하는 발표 내 용은 신라 건국이나 사로 6촌과 직접 관계가 없습니다. 내용 중 에 대부분이 6세기대 이후, 신라 왕경이 발전기에 접어들고 난 이 후의 양상이기 때문에 토론 내용 도 사실 거기에 집중할 수밖에 없 습니다. 그래서 실제로 오늘의 전

체 주제하고는 많은 부분에서 사실 어긋나 있다라고 말씀을 드리겠습니다.

우선 이 발표문은 근년까지 제시되고 있는 그 경주의 지리학적 연구 성과와 경주 왕경 유적의 발굴조사 성과를 주로 다루고 있습니다. 특히 그 경주선상지를 동서로 가로지르는 북천이 신라 왕경에 끼친 영향에 대 해서 주목하고 거기서 논지를 전개하고 있는 겁니다. 경주선상지에 대한 지리적 연구가 발표되기 이전에는 소위 북천이 범람해서 신라 왕경의 유 지라든지 발전에 많은 장애가 되었다는 얘기가 계속 있어 왔습니다. 그 런 논문들도 많이 발표되었고요.

그런데 관련 문헌에 천착한 시각은 하천 범람에 대한 실질적인 접근이 없었다는 것이지요. 그러한 문제점을 지니고 있었습니다. 그런데 근년의 지리학적인 실질적 조사가 이루어지고 난 뒤부터, 북천의 남쪽에 있는 신라 왕경의 중심지로 소위 북천의 범람은 실질적 진실이 아니다라는 판 단에 이르게 되었습니다. 발표자가 그런 시각을 그대로 받아들이고 있고 요. 그 시각에 맞춰서 북천 인근에서 나온 여러 유적들을 살펴보고 있습 니다.

소분지 개념을 적용했을 때 경주분지, 경주분지도 소분지 개념과 대분지 개념이 있습니다. 소분지 개념이라고 하는 것은 선도산, 남산, 명활산, 소금강산이 감싸고 있는 범위를 이야기 합니다. 경주분지에서 경주선상지는 보문호 직하에 있는 숲머리 일대가 선상지의 꼭지 부분인 선정이 되고요. 형산강의 중류에 해당하는 서천(西川)에는 배후 저습지가 있었는데, 배후 저습지는 서천을 따라 길게 형성되어 있었습니다. 그 배후 저습지보다도 더 동쪽 부분이 바로 선단, 선상지의 끝부분이 되는 그런 형상을 지니고 있습니다.

그리고 경주선상지를 관통하는 복류천이라는 게 있습니다. 선상지를 흐르는 냇물은 물이 항상 흐르지 않습니다. 일종의 건천이 되는 거죠. 학술용어로 복류천이라고 부르는데요. 그 복류천이 바로 북천이 되는 겁니다. 그래서 선상지에 대한 일반적인 시각에서 볼 때 경주선상지에서 복류천인 북천은 호우시에만 통행이 불가할 정도로 일시적으로 유량이 급격히 늘어날 수 있는 겁니다. 하지만 하천의 유량 증가만으로 남쪽의 신라 왕경 중심지가 침수될 가능성은 상당히 낮다고 판단하고 있습니다. 이러한 판단에 대해서 토론자도 일정 부분 동의합니다. 지금까지 발표자도 그렇게 발표했고, 많은 연구들이 현재는 그렇게 이루어지고 있습니다.

조선시대까지 경주에서 북천의 치수는 주로 하천의 좌안인 남쪽 방면에서 이루어졌습니다. 분황사 북쪽의 축대와 남고루 같은 것이 대표적인 예입니다. 그리고 『동경통지』나 숲머리에 있는 알천제방수개기關川堤防修改記, 이런데 보면 고려시대에 삼남의 장정을 모아가지고 천에 제방을 쌓았고, 조선 후기에 이를 다시 수리를 했다는 기록들이 다 남아있습니다. 그리고 『삼국사기』·『삼국유사』 그리고 고려와 조선의 기록으로 볼 때 호우에 의한 유량증가가 완전히 영향이 없는가? 이 문제에 대해서는 좀 약간의 이견들도 있습니다. 그러니까 홍수에 의해 완전히 잠기는 것은 아니고 다른 어떤 부분에서 분명히 영향이 있는 것 같다는 소수 의견이 남아 있습니다.

그걸 중심으로 해서 질문을 좀 해보겠습니다. 우선 경주선상지 안에는 저습지가 좀 있습니다. 그 대표적인 것이 바로 황룡사와 관련된 것이지요. 황룡사지, 사실 황룡이 나왔다고 하는 것 자체가 그쪽이 습지라는 이야기입니다. 그리고 또 하나의 대표적인 습지가 낭산의 동쪽에 있는 지금의 황복사지가 있는 그 동쪽에 있는 습지입니다. 그래서 이 습지들은 확실히 홍수에 의했다고 확정적으로 이야기 할 수 없지만, 하여튼 북천에서 발원하여 나온 물길에 의해서 생긴 습지는 확실한 것 같습니다. 그리고 그것이 일정 기간 머물렀기 때문에 습지로서 남아 있게 된 것이죠. 그래서 이러한 저습지, 경주선상지 내에 있는 습지의 형성과정에 대해서 발표자가 좀 더 구체적으로 설명을 해주어야 될 것 같습니다.

완전히 뭐 … 북천과 남쪽 부분은 관련이 없다라기 보다는 그러한 습지들이 증거로 남아있으니까, 그것이 어떻게 생겨나게 되었는지를 설명해 달라는 것입니다.

그런 가운데 신라 왕경의 경영이 고려 이후에 축소되고요. 특히 고려, 조선 시기가 되면 왕경의 대부분이 농지가 됩니다. 그런데 농경지에는 물의 공급이 필수적인 것이죠. 그래서 경주선상지에서 물을 공급할 수 있는 방법은 바로 북천밖에 없습니다. 북천에다가 보를 쌓는 방법밖에는 물을 공급할 수 있는 방법이 없는 것이죠. 사실 이것은 오늘날 현상입니다만, 보문호나 숲머리에 있는 보, 이것이 경주선상지에서 용수공급의 근간을 이루고 있습니다. 그래서 이러한 용수공급과 북천의 이용, 그것과 신라 왕경에서의 이용 이런 데에서의 관계성, 이런 것들에 대해서 혹시 발표자가 생각하고 있다는 게 있다면 알려주시기 바랍니다.

두 번째 질문하고 이어집니다만, 북천은 왕경의 입장에서, 남쪽에 있

는 왕경의 운영이라는 입장에서 봤을 때는 홍수보다는 용수 공급이 우선
이라고 저는 그렇게 생각합니다. 여러 망상의 유로가 형성되어 있다는
거죠. 아까 발표자도 남쪽에 수로가 있다고 설명을 했습니다. 그런데 이
망상의 수로라고 하는 게 자칫 잘못하면 요즘 말하는 도심 홍수의 원인
이 될 수 있습니다. 그래서 혹시 침수라고 하는 문제가 도심 홍수와의
관계 이런 걸로 볼 수도 있습니다. 대표적으로 1910년에 경주 읍성이 훼
철이 됩니다. 그 훼철될 때 그 근거가 되는 것은 경주 읍성 내부가 조그
만 비에도 물이 항상 차서 사람이 다닐 수 없다. 그러니까 그 성벽을 허
물자는 이야기가 나옵니다. 일종의 도심이 형성됐을 때는 그만큼 조그만
비에도 홍수에 취약할 수 있으니까, 혹시 그런 것들이 발굴 과정에 지금
까지 확인된 게 있는지? 좀 확인해 주시면 고맙겠습니다. 이상입니다.

차순철: 예. 질문 잘 들었습니다. 함순섭 대구 박물관장님 같은 경우에
경주에서 태어나셨고 어릴 적부터 경주의 지형의 변화를 계속 보셨기 때문
에 아마 이러한 질문에 있어가지고 세부적인 부분이 가능한 것 같습니다.

함 관장님께서 지적하신 것처럼 제가 발표했던 부분은 경주 시내에 있
어서 도심의 형성부분과 북천부입니다. 원래 말씀하신 것처럼 사로 6촌
의 형성과 관련된 어떠한 근거라던가, 이런 부분에 대한 설명이 앞에
부분에 언급이 거의 빠져있는데, 그 원인으로는 일단은 현재까지 경주지
역에서 발굴된 자료를 놓고 보았을 때 그 사로 6촌과 관련된 유적이 확
인된 것은 극히 드문 실정입니다. 탑동 목곽묘라든가 또는 황성동 일대
라든가 또 조양동 일대가 있지만은 전체적으로 경주시내에 대한 발굴조
사가 아직까지는 그 지표에 노출된 왕릉 중심으로 이루어지고 있기 때문
에 그 하부에 있는 유구, 그래서 아까 말씀드리면서도 동촌동 일대의 지
형이라든가 도로구조가 연대가 올라가 가능성이 있으므로, 앞으로 그 지

역에 대한 조사가 좀 더 이루어진
다면, 그 신라 삼국기에 있어가지
고 조금 빠른 시기, 어쩌면 6부와
관련된 유구가 나올 수도 있다고
보겠습니다마는, 현재까지의 조
사로 봤을 때는 아직 요원한 실
정입니다.

그러면 그 질문하신 내용에
대해가지고 답변 드리도록 하겠
습니다. 그 경주선상지에 있어가
지고 저습지의 형성과정은 중요한 문제입니다. 가장 비교해서 생각할 수
있는 부분이 경주 안압지입니다. 지금도 안압지의 물을 공급하고 있지만
은 안압지를 조성하면서 물을 공급하는 입수구와 출수구는 확인이 됐습
니다. 그런데 문제는 물을 끌어오는 입수구 부분이 어떻게 연결되는지에
대해서는 분명하게 확인이 안되어 있습니다.

그리고 저희 경주문화연구소에서 현 안압지 동편에 대한 발굴조사를
진행했습니다. 현재 보시면 안압지에 들어가서 가지고 동쪽으로 가면 안
압지에 물을 공급하던 수로가 있는데 그 수로랑 연결된 지역을 저희가
발굴조사를 했지만, 거기서 별도의 입수 시설이라던가 물을 갖다가 끌어
당기는 시설이 확인되지는 않았습니다. 그리고 이제 황룡사 일대의 물이
많다고 말씀하셨는데, 그 선상지 지형의 물이 그 지하수, 용출수가 나타
난 부분입니다. 그럴 때 그 용출수에서 이제 그런 저습지가 형성되는데,
이 저습지 부분에 있어서는 아마도 함 선생님께서 지적하신 것처럼 황룡
사를 중심으로 한 지역과 낭산 건너편 지역의 일정 부분의 저습지가 형
성되어 있었던 것 같습니다. 그래 가지고 그러한 저습지에서 나오는 물

을 가지고 차단하기 위해 가지고, 아까 발표문상에서 말씀드렸습니다만, 그 109페이지에 보면, 왕경 숲지역을 조사했을 때 저희가 점토로 만든 차수벽이 확인된 것이 있습니다.

그리고 그 다음에 110페이지에 그림 17번을 보시면 이 점토 차수벽이 원효로 그 보문동으로 들어오는 왕경 숲 지역인데, 거기에 동서방향으로 들어가다가 분황사 옆에 있는 원지유적에서 그 남쪽으로 꺾어 들어가 가지고 지금 구황동 사거리까지 연결되는 그런 점토 차수벽이 확인된 바가 있습니다. 당시 이 차수벽의 존재에 대해서는 그냥 어떠한 지하시설이기 때문에 용도에 대해서는 정확히 판단하지 못했으나 지금 자료로 봤을 때는 이러한 선상지에서 용출되는 물을 갖다가 차단하기 위한, 즉 다시 말하면 황룡사가 뻘층인데 단순히 흙과 돌을 메워가지고 성토를 한다고 해가지고 물이 없어지는 게 아닙니다. 결국은 그 물길을 갖다가 막아야 되기 때문에 이러한 대규모의 토목공사를 벌여서 차수벽 시설을 만든 것이 아닌가? 그러한 생각이 들고요.

그리고 이러한 선상지에 있어가지고 지역이 낮은 지역에 생기는 이러한 그 저습지 같은 경우에는 물에 대한 그 지하수 차단이라든가, 또 개간 등을 통해가지고서 그 경작지로 변환이 되기 때문에 이러한 부분에 대해서는 초기 단계보다는 통일기 이후부터는 대량, 대규모적인 어떠한 토지개량사업이 이루어지지 않았나? 하는 생각입니다. 그리고 북천에서 기원했던 이 부분에 대해 가지고 조선시대까지도 분명히 알천개수비에 나와 있듯이, 그 물을 댕겨 쓰는 문제에 대해가지고서, 당시 경주부 안에서 문제가 생깁니다. 이 부분에 대해서는 조철제 선생님께서 잠깐 언급을 하셨지만, 문제는 물을 갖다가 끌어당기는 방법에 있어서 결국 수로를 써야 하는데 알천개수비에서 문제가 되는 거는 북쪽이 아니라 남쪽 지역입니다. 결국 북쪽이 아닌 남쪽에서 물을 끌어당기기 위해서는 그런 시설이 필요했을 것이고, 거기서 모인 물을 갖다가 끌어당기기 위해서는 수로가 아마 필요했을 겁니다.

그런데 이제 수로 부분에 있어서 지금 얘기 나오는 거는 황룡사하고 분황사 사이에 보면 유채꽃밭 단지가 있는데 그 안에 보시면 황룡사에서 바라봤을 때 단이 뚝 떨어지는 지점이 있습니다. 그 쪽으로 해서 선덕여자중고등학교까지 약간 지형이 낮아지면서 도랑처럼 파인 곳이 있는데 이쪽으로 물을 빼지 않았는가? 하는 그런 의견이 있습니다만, 그 부분에 대해서는 좀 더 발굴 조사를 할 필요가 있고요. 다만 저희 연구소에서 일부 조사를 하다보니까, 그 물길이 지나갔다고 생각했던 하부에서 통일신라시대 건물지가 확인이 됐습니다. 그래서 아마도 통일신라 당시는 아니지만 아마 후대에 조선시대가 되겠습니다만, 그러한 어느 정도 일정 부분 그러한 물을 끌어당기기 위한 수로는 존재하지 않았을까 하는 생각은 듭니다.

그 다음에 취수 부분에 있어서 지금 배수로 부분을 지적하셨습니다. 이건 배수로란 것은 물을 빼기위한 시설인데 거꾸로 물이 역류되어 버리면 그것이 홍수의 원인이 됩니다. 서울 도심에서도 지하수가 혹은 하수도가 역류해 가지고 저지대가 잠기는 그러한 뉴스가 많이 나오고 있습니다. 그러기 때문에 함 선생님 말씀은 홍수가 났을 때 배수로가 거꾸로의 역할을 해가지고 왕경 도심이 침수되는 가능성 또는 그런 흔적이 있는지를 물어보신 겁니다. 그 저도 그 부분에 대해서는 과문하지만은, 연구소나 인접한 여러 발굴조사단에서 조사를 봤을 때 북천 이남과 북천 이북지역에 있어서는 약간 차이가 보입니다. 그 배수로가 계속 연결되는 것이 아니라 일정한 지점을 지나면 그 지하식으로 커다란 석조시설을 만들어가지고 그 석조로 물을 갖다가 집어넣는 그런 시설이 확인되고 있습니다.

황룡사 주변에서 나온 것을 본다면 예를 들어서 황룡사와 황룡사 서편 폐사지 사이에서 깊이 한 3m 정도의 수로가 나온 사례가 있고요. 그 다음에 선덕여자중학교와 고등학교 운동장 하단에 있는 지형입니다만, 인왕동 566번지라고 1968년도 조사였습니다만, 거의 20m가 넘는 커다란 길이를 가지는 석조가 조사된 바가 있습니다. 그리고 이러한 석조들을 보면 오랜 시간 동안 물이 들어가도록 한 입수시설을 보완해가지고 계속 물을 갖다가 집어넣는 구조가 확인되고 있기 때문에 아마도 통일신라시대에 있어가지고 이러한 배수망 시설은 전체적인 배수망 시설을 연결한다기 보다는 일정한 지역마다 지하에 수조를 만들어서 물을 빼는 이러한 구조가 아닌가 생각이 들고요. 그리고 이러한 석조유구들을 보면 주로 1m 이상의 모래층이 퇴적한 그런 양상들이 확인되기 때문에 아마도 물과 관련되어 있는 것은 분명한 것 같습니다.

근데, 고려시대나 조선시대로 가면 상황이 조금 달라집니다. 경주지역을 보시면 동고서저 남고북저의 지형을 가지고 있는데 성동시장이라던가 또는 아래시장 쪽에 발굴된 자료들을 보며는, 일정하게 뭐라고 할까요, 강이나 이러한 것은 아닌데 너비 한 2~3m 또는 10m 넘게 깊이는 1m가 안되고 얕은 구, 도랑같은 것들이 만들어져 있습니다. 그리고 어떤 도랑같은 경우는 넓기 때문에 그 도랑을 건너가는 나무 징검다리 같은 것도 만들어져 있고요. 그것들을 조사해 보면, 시기는 대부분 조선시대로 확인되고 있습니다만, 물의 흐름이 동에서 서 또는 북에서 남으로 흐르는 그러한 식으로 지금 연결되는 겁니다. 그런데 그러한 부분이 아마 시기를 달리해서 시설을 갖추지 않았나? 그렇게 생각합니다.

김두진: 예. 알겠습니다. 아마 도시공학 부분으로 발표를 하고 또 답변을 해주신 것 같습니다. 다만, 아마 『삼국유사』에 지금 1360방으로 나와 있지? 그런데 염불사조에는 360방으로 나와 있지요? 간단하게 말씀해 주세요.

차순철: 지금 1,360방이냐 360방이냐? 분분한 실정입니다.

김두진: 저... 결론이 안 나 있습니까?

차순철: 과거에 후시지마 가이지로라는 사람이 신라 왕경 조방도를 만들었습니다. 그래서 그게 맞다고 추정을 한다면은, 지금 95쪽에 있는 글입니다만, 여기에 보면 상당히 많은 방리가 설정이 되어있습니다. 그런데 이게 당시 지적도를 가지고 했지만은 아까 발표에서 말씀드렸듯이 시기에 따라서 방리의 규모가 변화하는 모습이 있기 때문에 전체 규모를 확인하기에는 약간의 문제가 있고요.

김두진: 네. 알겠습니다. 저희도 그 사료를 보면서 1,360방 했을 때는 신라의 전성기를 이야기합니다. 그러면 전성기에 몇 만호고, 사실유택이 있고, 하여튼 전성기를 이야기하고, 그 다음에 360방을 이야기할 때는 염불사에 관한건대 시대가 잘 안나와 있습니다. 그래서 이거는 점차 갖추어지면서 큰 게 아니냐는 생각을 합니다만 사료상으로는 그렇게 되어 있습니다.

그리고 알천 이북의 그거는 김주원의 세력이 알천 이북에 있어서 왕실을 흡수하고 강릉으로 가서 신라 왕실과 대항할 수 있는 세력이었다는 것은, 역시 이것은 방의 규모가 커야하지 않느냐? 하여튼 개인적으로 그런 생각을 해봤습니다.

우선 네분 발표를 이쯤에서 마치면서, 프론트에서 정말 길지 않게 아주 간단간단하게 질문을 해주시면 한 두서너 분 듣겠습니다. 질문이 있으면 해주시죠.

아까 그 하신 거? 아 그거는 우리가 사료를 보았을 때 사료해석의 문제거든, 그거는 사료를 누가 어떻게 해서 그렇게 됐느냐 하는 걸 연구를 하는 거니까. 또 그게 먼저가 되야 하니까.

다른 걸 좀 ... 예, 간단하게 ... 저 마이크 ...

방청객 2: 말씀 잘 들었고요. 여섯 가지 질문을 하려고 합니다.

김두진: 아, 시간이 부족하니까, 간단하게 해주십시오.

방청객 2: 저 형산이 경주의 서쪽 편에 있습니다. 저는 그렇게 알고 있는데요. 그 형산을 갖고 많은 이견을 갖는데 그게 의심이 돼서 말씀드리고요. 우선 우리가 『동경잡기』라고 하는 경주에서 유래되는 최초의 최치원 선생님이 쓰시고 정인보 선생님이 적하시고 이렇게 내려오는 『동경잡기』에 어느 거리에 무슨 사물이 있고 어디에 황룡사가 있고, 거기까지 상세히 기록돼 있는데 구태여 『삼국유사』나 『삼국사기』에 그렇게 하는 것보다는 그 『동경지』를 참고하시는 건 어떤가? 이런 의문이 생겼고요.

형산이라고 하는 것은 둥굴이라는 동네가 있습니다. 둥굴 아시죠? 얼굴같이 꼭 생겼습니다. 저희들은 유래적으로 그것이 형산이라고 알고 있고요. 그리고 모량이라고 교수님 말씀하셨는데, 모량이라는 것은 잘 모르겠고요. 모량에는 절이 몇 개 있는 걸로 제가 『동경지』에 봤습니다. 그리고 지금 손씨들이 무산 대수촌이라고 하는 것이 거기에 나와 있는 걸로 알고 있습니다. 그건 참고 안하시는지요?

그리고 신화라고 하는 것은 아까 어떤 분이 말씀하셨는데, 요임금의 이씨가 직계 후손이라고 그렇게 상고사에서 밝히고 있습니다. 그런데 그거에 대해서 말씀을 해주시면 좋겠습니다. 감사합니다.

김두진: 형산은, 아마 김복순 선생님이, 가장 그 쪽으로... 뭐, 서쪽으로

이렇게 해서....

김복순: 아, 다른게 아니고 아까 자꾸 북형산성을 말씀하셨는데, 지금 선생님이 채미하 선생님이 말씀하신 위치가 결국 시내를 벗어나면 어려울 것 같거든요. 명활산이라던지 금강산이라던지 그러한 것들이 거의 용광동, 보문 그리고 이 근처이기 때문에 처음에 선생님이 북형산성을 비정했을 때, 그렇게 되면 남산에서 저 유금터널 맞은편 쪽에 있는 그 국당마을 그쪽이 북형산성이 있거든요. 그렇게 되면 거기까지 그렇게 범위를 잡으면 도저히 저는 이해가 잘 안돼서 그래서 애초에 끄집어 내가지고 문제를 삼았던 건데, 선생님이 이 경주의 지리를 잘 모르서 가지고 서로 대화가 잘 안됐던 것 같습니다.

그 다음에 서형산성이 모량에 있다는 걸 자꾸 강조하시는데, 그 모량은 사실은 범위가 굉장히 넓습니다. 그래서 서형산성이 있는 선도산은 거의 저는 경주시내에 같이 있다고 생각을 하고요. 모량은 그 뒤쪽에 경주대학교에서 저 신경주 아래까지 쭉 뻗치거든요. 그러니까 위치상으로 보면 지금 북형산성을 얘기하는 거는 사로 6촌을 얘기할 때는 좀 어렵지 않을까? 이는 제 생각입니다.

김두진: 예. 알겠습니다. 지금 저 질문해주신 분은 학계에 대한 충정으로 받아들이겠습니다. 저도 신라사를 하면서 경주에 와서 한 1년은 있고 싶었는데 거의 못했습니다. 그래서 아마 한계가 있지 않느냐 그런 생각을 합니다. 아마 여기 와서 직접 부닥치면서 연구하는 그런 충정으로 받아들이겠습니다.

자, 다른 ... 예, 두 분만 더 받겠습니다. 선생님 먼저 하시죠. 그럼 마지막에 하고 마치겠습니다. 다만 좀 간단하게 ...

방청객 3: 교수님이 말씀하신 … 제가 그대로 낭독을 하면서 질문을 하겠습니다.

신라 건국과 사로 6촌 자산 진지촌 관례에서 본피부 세력의 크기나 문무왕 2년 김유신과 김인문에게 전공을 따져 본피부의 재물, 전장, 노복을 반으로 나누어 주었다고 한 것에서 알 수 있다. 여기에서 본피궁은 본피부의 본궁 궁전이었을 것이다. 그리고 제사지 신라조를 보면 영산제를 본피부. 본피 유촌에서 지냈다고 한 것에서 관심을 끈다. 대체로 본피 유촌은 남산 남쪽의 신유림으로 보고 있다. 실성이사금 12년에 따르면 남산에서 일어난 구름이 누각과 같았고 그 향기가 오랫동안 없어지지 않자 왕은 실성이 하늘에서 내려와 이곳은 복받은 땅이라 하여 이후부터 사람들이 그곳에서 나무를 베는 것을 금하였다고 한다. 이처럼 남산을 성지로 한 전승을 볼 때 신유림, 낭산 진지촌이 남산 남쪽이고 남산 남쪽에 관련된 자산 진지촌과 관련된 신성한 지역의 하나일 것으로 생각된다.

이렇게 말씀을 하셨는데, 끝에 가서 이 자산 진지촌이 알천 북쪽의 청북면 저쪽에 있다 이렇게 말씀을 하시거든요. 아까 여기 김복순 교수님이 지적을 여섯 가지 했던 것 중에 다섯 번째가 제가 이제 다시 질문을 드리는 겁니다. 근데, 우리 지금 경주에서 자산 진지촌은 남산 남쪽부터 시작해서 남쪽의 울산 봉화까지 진지촌으로 자산 진지촌으로 하기도 합니다. 그렇게 우리 경주에서 알고 행사를 하고 있습니다. 그리고 아까 채미하 교수님이 남산 남쪽이 자산 진지촌과 아주 가깝고 신성시되었다고 말씀하신 것은 우리가 생각했을 때 맞습니다. 그런데 자산 진지촌이 끝에 가서는 청북면 저 위쪽이다 이렇게 말씀하신 것은 그 좀전에 생각할 여지가 있지 않습니까. 그래서 질문했습니다. 이상입니다.

김두진: 예. 알겠습니다. 저 … 그런 것은 채미하 선생님 답변 안하셔도 될 것 같아요. 저 … 그 내용을 적어주시면 우리 논문에서 필자가 반

영하도록, 옳은 것은 반영하도록 그렇게 하겠습니다.

마지막... 정말 30초입니다. 자... 좀 하십시오.

방청객 4: 신라사학회와 표암문화재단에서 이 토론회를 마련해 주셔서 대단히 잘 들었습니다. 제가 드리고 싶은 이야기는 사로 6촌과 사로국에 대한 이야기인데, 지금 사로 6촌과 신라 6부에 관한 이야기는 그 근거가 되는 사료가 『삼국사기』로 알고 있습니다. 근데, 『삼국사기』 말고도 한국 고대사를 연구하는데 아주 중요한 사료가 있는데 진수의 한전입니다. 그 『삼국지』에 나오는 내용인데 그 한전에 보면 한전에도 진한과 그 신라에 대한 이야기가 많이 나오는데 진한의 6개의 나라가 세분되어서 12개가 되었다고 나오고 있습니다. 그런데 진한과 결부해 가지고 한국고대사에서 절대 놓치면 안되는 구절이 있는데 그게 진국과 진왕에 대한 이야기입니다.

제가 이야기 드리고 싶은 게 진국과 진왕에 대한 이야기를 드리려고 합니다. 진국은 사마천의 『사기』부터 나옵니다. 『사기』에는 중국으로 나오는 판본과 진국으로 나오는 판본이 있는데, 『후한서』같은 경우가 거의 『사기』를 베꼈다 할 정도로 거의 똑같다고 판단하고 있습니다. 근데, 그 『한서』에는 진국으로 나온단 말이에요. 진번진국으로 근데 사마천의 『사기』는 진한방진국으로 나온단 말이에요. 근데, 이게 다시 『삼국지』와 『후한서』에 그대로 다 진국으로 나옵니다. 근데, 그 진국의 왕을 진왕이라고 했느냐 근데 제가 봤을 때는 그렇습니다. 지금 저희들이 중국이라는 나라를 말할 때는 수나라도 중국이고, 당나라도 중국이고, 그전에 한나라도 중국이고, 중국이라는 땅덩어리에서 만들어졌던 모든 나라는 우리가 지금 중국이라면 다 통합니다. 진왕같은 경우도 제가 그렇게 인식하고 있습니다.

김두진: 예. 알겠습니다. 질문의 포인트만 해주세요.

방청객 4: 제가 5분 정도만 써도 되겠습니까?

김두진: 아니오. 30초.

방청객 4: 제 이야기 들으면, 제 이야기에 혹 하실 텐데요.

김두진: 그러면 적어서 내세요.

방청객 4: 아, 『삼국지』에 나오는 진왕이 뭐냐 하면은 신라의 왕이라는 이야기입니다. 무슨 얘기냐 하면 마한전의 진왕이 목지국을 다스렸다고 나옵니다. 그리고 한전 진한전에는 12국을 다스리는 왕으로 나옵니다. 근데, 그 진왕이 나오는 구절에 대해서 지금까지 제가 제대로 해석하신 분들을 제대로 못 봤습니다. 그 진왕이 나오는 구절이 뭐냐 하면은 신라왕이 다스린 나라에 대해서 설명하고 있는 겁니다. 그러니까 진한이라는 열두 개 나라를 직접 다스리고 그리고 변한지역에 열두 개 나라는 정복 전쟁을 해서 그 땅을 신라의 영역으로 편입시킨 거에요.

무슨 얘기냐 하면, 포상팔국 전쟁이 있는데 포상팔국 전쟁에서 가라의 어떤 그런 침공을 한 포상팔국을 가라 왕자가 신라에 사신을 파견해 가지고 그 전쟁을 하는데, 그 과정에서 신라는 가야를 완전히 병합해 버립니다. 그 전쟁 자체가 『삼국지』에 어떻게 쓰여져 있냐 하면은? 진한과 변한이 잡거한다고 되어 있습니다. 그게 무슨 얘기냐 하면은? 『삼국지』의 진왕 구절이 12국을 다스리는 내용과 진한과 변한이 잡거한 내용은 『삼국사기』에서 그대로 확인이 가능합니다.

김두진: 예. 알겠습니다. 저, 그 내용을 논문 쓰신 분이 아는 것도 있고, 모르는 것도 있고 할테니까, 참고하도록 하겠습니다.

신라 경주에 와서 이렇게 역사에 관심이 많다는 것을 느끼고는 정말 이것은 뿌듯한 일이다 그렇게 생각을 합니다. 저의 이야기를 마치면서 몇 가지만 우리가 정리가 안된 것들이 있습니다.

예를 들어 발표자도 유이민과 토착민을 이야기 할 때, 뭐 조선 유민이다 또는 6촌이다 또는 박혁거세이다 라고 아주 복잡하게 나옵니다. 그래서 이것은 주몽신화와 백제신화가 또렷하게 이동경로가 나와 있습니다. 근데 신라쪽의 신화가 하늘에서 왔다 이동경로가 분명히 안 나타나있기 때문에 나타나는 현상이기도 합니다. 그래서 이것은 여러 가지 견해가 있다고 해서 틀린 것이 아니고 아마 상호 보완할 수 있는 것이 아니냐. 그런 생각을 합니다.

그리고 오늘 발표 중에서 알영을 지적한 것은 참 의미가 있다고 생각합니다. 그거는 왜 그러냐 하면 주몽신화에 유화에 대한 이야기가 제법 길게 나옵니다. 그렇지만은 똑같은 주몽신화를 이야기하는 이규보의 『동명왕편』에는 그 유화에 대한 부분이 아주 길게 나옵니다. 그래서 그와 같이 긴 이야기가 이 정사로 편찬되면서 그 부분이 삭제되고 있다. 그러면서 아마 이 6촌장의 하늘에서 내려온 신화도 역시 그와 같은 것이 본래는 있었다고 봐야하지 않느냐? 그래서 오늘 알영을 지적하는 것은 그런 의미에서 대단히 의미가 있다고 생각을 합니다.

그리고 마지막으로 하나 지적하고 싶은 것은 부정제랄까, 우리가 쭉 신화를 발표하면서 오늘 발표가 그래도 건설적이다, 그런 생각을 한 것은 6촌을 흡수하고, 또 신화를 흡수하고, 그러면서 신라의 그 거대한 건국신화 박혁거세와 알영으로 해갔고 알지랄까 석탈해랄까 이런 것이 흡수해 가는 측면으로 보려고 하는 것 이것은 역시 한국 고대사회가 조그만한 소국과 같은 그 국가가 각각 신화를 가지고 있다가 이것이 합쳐지고 병합되면서 신라 연맹국이 생기고 그 다음에 거대한 영역국가의 신라가 만들어지고 그러면서 국가체계를 정비해 나가는 거하고 이거는 매치되는 것이 아니냐 일치되어 가지 않느냐? 그러면서 그런 시각에서 신화를 바라볼 수 있다. 그것 역시 오늘 발표에서 바람직한 것이 아니냐 그런 느낌을 받았습니다.

이제 제 이야기는 마치면서, 오늘 신라사학회 회장님께 마이크를 넘기 겠습니다.

김창겸: 예. 오늘 토론 좌장을 맡아 주신 김두진 선생님께서 굉장히 노고를 많이 하서 가지고 아주 종합정리를 잘 해주셨습니다.

오늘 우리 신라사학회가 서울에 있습니다. 그런데 처음으로 신라 왕 경, 경주에 진출을 해서 신라학술대회를 개최했는데, 정말 대단하십니다. 오후 1시부터 6시가 넘어서 장장 5시간 이상을 학술회의를 진행했는데 도 지금 부족해서 더 하자고 방청객이 지금 계속 토론을 요구하는 상황 입니다. 그런데 연구도 좋고 토론도 좋은데요. 지금 옆에서 밥이 부글부 글 끓고 있습니다. 밥은 먹어야 되겠습니다. 그래서 조금 있다가 식사 시 간을 드리기 위해서, 부득이 시간적인 제한 때문에 공식적인 토론은 여기 서 마치겠습니다. 그리고 식사하시면서 더 많은 이야기들은 여기 자리에 계시는 발표자, 토론자 선생님께 개별적으로 해주시면 좋겠습니다.

학술대회 내용에 대해서는 좌장께서 정리를 해주셨으니까, 제가 더 이 상 말씀을 드리지 않고요. 아까 잠시 시간을 내서 특별히 위덕대학교 박 홍국 교수님께서 표암 마애암각 현지조사 보고를 해주셨는데요. 이 내용에 대해서는 조만간 분석을 해 볼 필요가 있는 것 같습니다. 신라 건국, 특히 알평공 탄생 설화와 그 다음에 그것이 후대에 구비 전승되는 것, 그 다음 에 그것에 나오는 불교 신앙, 어쩌면 후대에 와서 아들을 낳게 해달라는 기자 신앙, 뭐 이러한 것들과 관련해서 한번 분석을 하고요. 또 그곳에 새겨져 있는 글자, 명문들, 이것에 대한 미술사적, 서예사적 분석도 할 필요가 있는 것 같습니다. 그렇게 정밀한 분석을 해서 이것이 갖는 신라 역사문화에서의 의의

랄까 의미가 파악되면, 아마 이것 자체가 신라 역사와 관련해서 문화재로서 상당히 의미가 있지 않느냐 하는 생각을 합니다.

오늘 여기서 당장 다 말씀드릴 수 없지만, 시간을 가지고 차근차근, 또 몇 차례 이러한 학술대회를 개최하면서 여러 가지를 논의하면 표암 문제라든가, 알천 문제라든가, 6부의 위치 문제라든가 하는 것들이 좀더 많이 밝혀지리라고 생각을 합니다. 여러 방청객께서도 계속 관심을 가져 주시고요. 향후에 경주에서도 하고 서울에서도 하고, 이러한 학술대회를 신라 건국과 관련해서 끊임없이 개최할 테니까, 오늘처럼 뜨거운 열의와 관심을 계속 가져 주시기를 부탁드립니다.

지금까지 수고해주신 발표자, 토론자, 그리고 사회자분들, 특히 끝까지 자리를 함께 해주신 방청객 여러분께 대단히 감사하다는 말씀을 드리면서, 학술대회를 마치겠습니다.

찾아보기

나

다

마

집필자

문경현	경북대학교
김병곤	동국대학교
채미하	경희대학교
김선주	다산학술문화재단
차순철	동국문화재연구원
이부오	백석고등학교

종합 토론자

김두진	국민대학교
권덕영	부산외국어대학교
김복순	동국대학교 경주캠퍼스
강영경	숙명여자대학교
함순섭	국립대구박물관
김창겸	한국학중앙연구원

신라의 건국과 사로 6촌

초판 1쇄 인쇄 ㅣ 2012년 7월 2일
초판 1쇄 발행 ㅣ 2012년 7월 10일

지은이 ㅣ 신라사학회
발행인 ㅣ 한정희
발행처 ㅣ 경인문화사
편 집 ㅣ 신학태 김우리 김지선 맹수지 문영주 안상준
영 업 ㅣ 이화표
관 리 ㅣ 하재일 고은정
주 소 ㅣ 서울특별시 마포구 마포동 324-3
전화: 718-4831, 팩스: 703-9711
이메일: kyunginp@chol.com
홈페이지: www.kyunginp.co.kr / 한국학서적.kr
등록번호 ㅣ 제10-18호(1973. 11. 8)

ISBN : 978-89-499-0847-2   93910
정가 : 20,000원
*파본 및 훼손된 책은 교환해 드립니다.